Diogenes Taschenbuch 22900

Diogenes Autoren Album

Herausgegeben von Daniel Kampa und Armin C. Kälin

Diogenes

Korrigierte und
aktualisierte Neuausgabe 2002
unter Mitarbeit von Andreas Wehrli
und Margaux de Weck

Umschlagillustration von Tomi Ungerer

Fotonachweis und Register
am Schluß des Bandes

300/02/8/2
ISBN 3 257 22900 3

William Faulkner genügte als Biographie der eine Satz: »Er hat Bücher geschrieben und ist gestorben.« Einem Leser seiner Werke würde er nicht genügen. Daß mit der Literatur auch die Frage nach ihren Urhebern aufkam, zeigt das Beispiel von Homer. Schon in der Antike wußte man so wenig über ihn und die Neugierde war so groß, daß Biographien zur Not erfunden wurden – sieben verschiedene.

Mit Homer beginnt dieses Album, das über 250 Diogenes-Autorinnen und -Autoren in Wort und Bild Auskunft gibt. Nicht alle von ihnen sind Schriftsteller. Auch Künstler und Wissenschaftler sind darunter, von denen Tagebücher, Briefe oder Zeichnungen veröffentlicht wurden, zudem zwei Übersetzer und eine Herausgeberin. Die 250 Gesichter dieses Albums fügen sich so zum Porträt eines Verlags, der mit Federico Fellini das Erzählen als das einzige Spiel betrachtet, das zu spielen sich lohnt.

Der wichtigste Teil der Biographien findet sich darum im Anhang dieses Bandes – in der Bibliographie, die alle im Diogenes Verlag erschienenen Werke der Autoren aufführt. Denn was wäre das Leben eines Autors ohne seine Bücher? »Die Literatur, wie letztlich jede Form von Kunst, ist das Eingeständnis, daß das Leben nicht ausreicht«, schrieb Fernando Pessoa. So möchte das *Diogenes Autoren Album* von der Biographie der Autoren auf ihr Werk verweisen, und es sei all jenen gewidmet, die ohne Bücher nicht leben können.

Die Herausgeber

Die Autoren

Homer

Für Gustave Flaubert war Homer »die Enzyklopädie. Er wußte alles.« Über Homer wissen wir nichts. Welche der etymologischen Deutungen seines Namens ist die richtige: ›der Blinde‹, ›die Geisel‹, ›das Pfand‹ oder vielleicht Homer als ›derjenige, der Menschen zusammenbringt‹ an Gelagen, bei denen die vortragenden Dichter im Mittelpunkt stehen? Zahlreiche Porträts und Büsten zeigen ihn mit einem entrückten, visionären Blick, stand doch in der Antike die Blindheit oft als Symbol für Inspiration. War er die Geisel eines Fürsten, oder waren seine Vorfahren Pfandsteller, Bürgen, was auf gute Herkunft schließen ließe? War er ein verarmter Lehrer oder aber ein wohlhabender Dichter? Was ist wahr an der Anekdote, nach der Homer im Dichterwettkampf gegen Hesiod aus Askra zwar die Gunst des Publikums, nicht aber den Lorbeer erringen konnte, weil die von ihm vorgetragenen Verse von Krieg und Schlachten handelten, jene von Hesiod aber zu Landbau und friedlichen Werken anleiteten? – Schon in der Antike herrschte Ratlosigkeit: Es gab sieben unterschiedliche Biographien, und mehr als sieben Städte stritten sich um die Ehre, als sein Geburtsort zu gelten. Gegen Ende des 18. Jahrhunderts wurde Homers bloße Existenz zum Zankapfel zwischen den Unitariern, die die *Odyssee* und die *Ilias* dem Genie einer einzigen Person zuschrieben, und Analytikern, die an mündlich überlieferte Einzellieder glaubten, die im sechsten Jahrhundert vor Christus zusammengetragen worden seien. Heute glaubt man wieder an einen Homer. Gesichert scheint, daß er im achten Jahrhundert vor Christus im kleinasiatischen Smyrna geboren wurde und auf der Insel Chios lebte. Von niemandem bezweifelt wird die fundamentale Bedeutung der beiden Epen für unsere Zivilisation, deren literarische Zeitrechnung mit Homer vor 28 Jahrhunderten begann.

Epikur

Epikur wurde auf Samos geboren, zur Zeit Alexanders von Mazedonien. Keine ruhige Zeit, und Epikur war einer der unfreiwilligen Nomaden jener Jahre, bis er nach Athen kam, wo er blieb – in einem kleinen Garten vor der Stadt.»Lebe im Verborgenen!« war das Motto, dem er mit einigen Jüngern und Jüngerinnen folgte – was viel Anlaß zu Gerede gab. Epikur hat zwar nicht weniger Schule gemacht als Buddha oder Jesus. Doch er selbst wurde verschrien, seine Lehre mißdeutet. Die Lust war für ihn zwar das höchste Gut. Doch um sie zu erreichen, lehrte er Genügsamkeit. Glück war für ihn die Freiheit von Geschäften, Sorgen und Leidenschaften. »Epikureer« indessen wurde im Laufe der Zeit zum Schimpfwort für den ausschweifenden Genießer. Es war zu fast allen Zeiten anrüchig, fürs *wahre* Glück zu sein.

Lao Tse

Leben und Werk des chinesischen Philosophen, dessen Name ›alter Meister‹ bedeutet, sind nur legendenhaft und mit widersprüchlichen Angaben überliefert. Er soll als Po-yang um 600 v. Chr. im Norden des chinesischen Reiches geboren worden und Reichsbibliothekar und Astrologe gewesen sein. Im Alter zog er sich in die Einsamkeit zurück. Andere Quellen nennen andere Namen, Berufe, Orte und Jahrhunderte. Neuere Datierungsversuche siedeln seine Wirkungszeit im vierten oder dritten vorchristlichen Jahrhundert an. Die Überlieferung schreibt ihm das *Tao-Te-King* zu, das ›Buch von Weg (Tao) und Tugend (Te)‹, das zwischen 300 und 250 v. Chr. entstand. Es ist eine Aphorismensammlung, die von der Harmonie zwischen Mensch und Kosmos handelt, vom Stillhalten, Nicht-Handeln und Abwarten.

Ovid

Er stammte aus einer alten römischen Adelsfamilie, war reich, exzentrisch und hatte Talent. Seine frivolen Dichtungen über Verführung, Liebe und *Metamorphosen* der Götter, die Unterweisungen in der Kunst der Liebe und seine fiktiven Liebesbriefe waren in aller Munde. Alle Türen Roms standen ihm offen, bis ihn Kaiser Augustus aus nicht ganz geklärten Gründen aus seiner geliebten Stadt verbannte. In Tomi am Schwarzen Meer, ohne Familie, einsam und fern vom kulturellen und gesellschaftlichen Treiben der Hauptstadt, beklagt er sein Leid in demütigen Bitten an den Kaiser und schmäht seine Feinde – ohne Erfolg. Er stirbt 18 n. Chr., ohne Rom wiedergesehen zu haben. Trotz allem behielt der Dichter recht: »... und trügt die Ahnung den Sänger nicht, so werde ich weiter durch alle Jahrhunderte leben!«

Seneca

»Wenn einem Europäer ein Unheil passiert, gibt es für ihn kein besseres Heilmittel als die Lektüre von Seneca«, so Montesquieu über die Schriften des Römers. Seneca schrieb Tragödien über gesteigerte Leidenschaften, Furcht und Grauen, doch heute werden besonders seine philosophischen Traktate gelesen. Nach einer Verbannung auf Korsika wurde er zum Erzieher des jungen Prinzen Nero berufen. Dessen maßlosen Größenwahnsinn konnte er nicht bändigen, auch nicht mit einer als Fürstenspiegel verfaßten Schrift über die Milde. Als Seneca ihm lästig wurde, bezichtigte ihn Nero der Beteiligung an einer Verschwörung und gab seinem Lehrer den Befehl zum Selbstmord. *Mächtiger als das Schicksal* ist der Menschengeist, so die Lebensweisheit von Seneca. Er öffnete sich, seiner philosophischen Unerschütterlichkeit bis zuletzt getreu, die Adern.

Epiktet

Nicht äußere Umstände machen uns zum Sklaven, sondern wir selbst. Derjenige, der das sagte, wurde selbst als Sklave geboren. Als sein Herr ihm mit einem Stock auf das Bein schlug, stöhnte er nicht, sondern sagte lächelnd: »Ihr werdet es brechen«. Der Herr schlug weiter, und als das Bein tatsächlich gebrochen war, sprach Epiktet: »Seht Ihr, ich wußte, daß Ihr es brechen würdet.« Wegen seines gelähmten Beines für körperliche Arbeit untauglich, wurde er zum Erzieher ausgebildet. Sein römischer Herr schenkte ihm die Freiheit. Als Kaiser Domitian in den Jahren 92/93 alle Philosophen aus Rom verbannte, zog Epiktet nach Griechenland, wo sich zahlreiche Schüler um ihn versammelten. Einer von ihnen, Flavius Arrianus, notierte seine mündlichen Vorträge und stellte die Lebenslehre des Stoikers im *Handbüchlein der Moral* zusammen.

Plutarch

Er war der Universalgelehrte seiner Zeit. Sein Werk umfaßt alle Bereiche antiken Wissens: Geschichte, Politik, Naturwissenschaft, Literatur, Philosophie und Theologie. Zu Beginn der Renaissance waren seine Bücher die Bestseller, welche die Antike populär machten. In seinen Schriften widmete er sich aber auch alltäglichen Sorgen, schrieb Traktate über die Neugier und die Geschwätzigkeit und gab liebenswürdige Hinweise zu ihrer Überwindung. Plutarch nahm viele offizielle Funktionen wahr, war Bauaufseher, Konsul, Statthalter und während zwanzig Jahren Oberpriester des Orakels zu Delphi. Viele Jahre verbrachte er auf Reisen und sah dabei die ganze antike Welt. Dennoch blieb Plutarch zeitlebens seiner Vaterstadt Chaironeia treu, einem Städtchen in Böotien, »damit es nicht noch kleiner wird«.

Franz von Assisi

Der Name Giovanni Bernardone hatte um 1200 in Assisi einen guten Klang; der Jüngling stammte aus begütertem Haus und lebte seinem Stand entsprechend verschwenderisch. Francesco, ›kleiner Franzose‹, pflegte ihn sein Vater zu nennen, der als Tuchhändler das Kulturland Frankreich auf vielen Geschäftsreisen kennen- und lieben gelernt hatte. Der Städtekrieg zwischen Assisi und Perugia, eine einjährige Gefangenschaft und eine Krankheit führten Franz auf den Weg der Bekehrung. Vor Gericht trennte er sich 1206 von seinem Vater. Bald schlossen sich ihm Gefährten an, es entstand eine Bruderschaft, die sich über die Jahre zu einem großen Orden ausweitete. Die Aussendungsreisen der Brüder führten bis nach Ungarn und Ägypten. Franz war der erste Heilige mit den Wundmalen Christi, und sein *Sonnengesang* ist – etwas profaner – das erste Gedicht in italienischer Sprache.

Meister Eckehart

Die Beschaulichkeit seines Lebens im Dienst seines Ordens und der Lehre wurde kurz vor seinem Tod durch die Anklage der Gotteslästerung erschüttert. In Avignon verteidigte sich Johannes Eckehart persönlich vor dem Papst und starb, noch ehe dieser 28 Sätze aus seinen Schriften verurteilte. In ihnen hatte er etwa behauptet, daß »die Welt von Ewigkeit her gewesen ist«, oder: »Gott liebt die Seelen, nicht das äußere Werk«. Eckehart wurde um 1260 in Hochheim bei Gotha aus ritterlichem Geschlecht geboren und trat in Erfurt sehr jung den Dominikanern bei. Seine Predigten machten ihn berühmt. Er leitete verschiedene Klöster und war Professor an der Sorbonne (daher der Zusatz ›Meister‹, der für ›magister‹ steht). Mit seinen auf deutsch geschriebenen Traktaten und Predigten gilt der Mystiker als einer der Begründer der deutschen Prosa.

DAN

Dante Alighieri

Die Liebe Dantes zu Bice Folco dei Portinari, genannt Beatrice, wurde Literaturgeschichte. Neun Jahre alt war er, als er sie zum ersten Mal sah, erst mit 18 traf er die nur wenige Monate Jüngere wieder, und 24 Jahre alt war sie, als sie starb. Viel hatte er nicht von ihr gehabt, aber sie wurde ihm zur Inspiration, angefangen bei der *Vita nuova*, seinem ersten Werk, bis zum letzten, der *Commedia*, die erst seit Boccaccio die *göttliche* genannt wird. Dante Alighieri studierte Jura, Philosophie und Theologie und heiratete drei Jahre nach Beatrices Tod Gemma Donati, mit der er seit seinem zwölften Lebensjahr verlobt gewesen war. Ab 1295 war er politisch tätig und bekleidete verschiedene Ämter. Im Kampf um die Unabhängigkeit seiner Heimatstadt Florenz gegen die Einmischungsversuche des Papstes Bonifacius VII. stellte er sich auf die Seite dessen Gegner, der sogenannt weißen Guelfen. Als er 1302 während einer diplomatischen Mission den Machtwechsel in Florenz verpaßte, wurde er in Abwesenheit von den schwarzen Guelfen zu zweijähriger Verbannung und sogar zum Tode verurteilt. Den Rest seines Lebens verbrachte er im Exil an verschiedenen Fürstenhöfen, u. a. in Verona, Lucca und Pisa, vielleicht auch in Paris. Sein Lebensende verbrachte er mit der Niederschrift der *Komödie* in Ravenna. Zweihundert Jahre nach seinem Tod besannen sich die Medici auf das verstoßene Genie und wollten dessen Gebeine von Ravenna nach Florenz überführen. In Ravenna versteckten daraufhin Mönche die sterblichen Überreste. Enttäuscht bauten sich die Florentiner ein Schaugrab. 1929 wurden in Florenz die Gebeine das letzte Mal ausgestellt, seither müssen sie als verschollen gelten. Vor einigen Jahren wurde nämlich bekannt, daß sie in der Nationalbibliothek in Florenz nicht mehr aufzufinden sind. So kam der größte Dichter Italiens zu zwei Gräbern und liegt in beiden nicht begraben.

Giovanni Boccaccio

Er war der dritte der ›tre corone fiorentini‹, der drei Florentiner Kronen. Nach Dante, dessen *Commedia* er kommentierte, und Petrarca, der ihn zum Humanisten machte. Als Lyriker reichte Boccaccio nicht an sie heran, so verlegte er sich auf die erzählende Prosa, wurde zum Erfinder der Novelle und gleich auch zu ihrem Meister. Er sollte, wie sein Vater, Kaufmann werden, doch die Lehre beim Bankhaus Bardi in Neapel vernachlässigte er, um am Hof der Anjou dem galanten Leben und der Literatur zu frönen. Nach dem Bankrott der Bank kehrte er 1340 ins unruhige Florenz zurück. Die Pest von 1348 überlebte er und verewigte sie in der Rahmenhandlung des *Decamerone*. Dank seines Ansehens übertrugen die Florentiner ihm immer mehr diplomatische Missionen, die ihn aber nicht seiner finanziellen Nöte zu entheben vermochten.

François Villon

Sein Œuvre ist dünn, was nicht verwundert. Zeitlebens war er auf der Flucht: vor Wachsoldaten und Handlangern strenger Bischöfe. Dabei hatte François Montcorbier, wie er eigentlich hieß, Glück: Ein Kaplan kümmerte sich um den armen, 1431 geborenen Jungen aus der niedrigsten Volksschicht und ermöglichte ihm ein Studium. Nur kurz hielt François es danach als Schreiber bei einem Juristen aus. Er verkehrte mit Dirnen und Zuhältern, wurde Mitglied einer Verbrecherbande und mußte nach einem Kirchenraub aus Paris fliehen. Auf seinen Wanderungen in der Provinz saß er zuweilen an der Tafel von Herzögen, die sein dichterisches Talent schätzten, dann wieder hinter Gittern, zuletzt in Paris, wo er zum Tode verurteilt wurde und seinen Hals mit einer Ballade ans Stadtparlament retten konnte. Was er danach getrieben hat und wann er gestorben ist, weiß niemand.

Thomas Morus

Er interessierte sich früh für Literatur und Philosophie, mußte aber wie sein Vater die Rechte studieren und wurde Richter. Eine diplomatische Mission in den Niederlanden führte er so gut aus, daß der König ihn als Berater an den Hof holte, wo er, der Politik und dem Machtspiel im Grunde abgeneigt, bis zum Lordkanzler avancierte. Eine enge Freundschaft verband ihn mit Erasmus von Rotterdam, den er in seinem Haus in Chelsea zur Niederschrift von *Lob der Narrheit* anregte. Er selbst begann in Holland mit seinem Meisterwerk *Utopia*, das 1516 erschien. Als strenggläubiger Christ verweigerte er Heinrich VIII. den Eid, als dieser sich zum Oberhaupt der englischen Kirche erklärte, und wurde 1535 als Hochverräter hingerichtet. Er starb als »the king's good servant, but God's first« und wurde 400 Jahre später von der römisch-katholischen Kirche heiliggesprochen.

Erasmus von Rotterdam

In Deventer besuchte der uneheliche Sohn eines Priesters die Ordensschule und trat nach dem Tod seines Vaters in das Kloster Emmaus in Steyn bei Gouda ein. Die fehlende Begeisterung für das Klosterleben machte er durch die intensive Lektüre der lateinischen Klassiker wett. Er wurde Priester, verließ das Kloster, studierte Theologie (in dieser Reihenfolge!) und gab 1516 die erste Druckausgabe des Neuen Testaments auf griechisch heraus, welche dann die Grundlage bot für Luthers Bibelübersetzung. Erasmus distanzierte sich von dem Reformator, wollte sich aber auch nicht unkritisch den Katholiken zugesellen. Seine glänzende Satire *Das Lob der Narrheit,* seiner eigenen Einschätzung nach eine »kleine Stilübung«, laut der darin personifizierten Narrheit ein »herausgeschwatzter Wörterplunder«, schrieb er innerhalb einer Woche nieder.

Michel de Montaigne

An seinem 38. Geburtstag zog er sich in den Rundturm seines Schlosses zurück, den er als Bibliothek eingerichtet hatte. Er hatte seinen besten Freund Etienne de la Boétie verloren und dessen Bücher geerbt, hatte geheiratet, den Titel Seigneur de Montaigne und das zugehörige Schloß mit dem Lehen geerbt und sein Amt am Gerichtshof von Bordeaux verkauft. Als Kind in die Obhut von einfachen Landleuten gegeben, hatte Montaigne Genügsamkeit und Vorurteilslosigkeit gelernt und später im väterlichen Schloß Latein, sozusagen nebenbei, da sein Hauslehrer mit ihm nur lateinisch sprach und auch die Eltern und sogar die Dienstboten sich an diese Regel hielten. Strenge Disziplin hatte er im Kollegium von Bordeaux erlebt, wo er nicht etwa wie zu Hause mit Flötenspiel geweckt wurde. 38 Jahre alt war Michel de Montaigne – seine Reisen nach Italien, seine widerwillig angenommenen Ämter als Bürgermeister von Bordeaux und als Vermittler zwischen Hugenotten und Katholiken standen noch bevor –, als er 1571 das Gespräch mit seinen Büchern suchte. Die Decke seiner Bibliothek zierten – und zieren noch immer – 57 lateinische und griechische Maximen. Seine bekannteste Maxime ist allerdings französisch und lautet: »Que sais-je?« Dieses skeptische »Was weiß ich denn?« wurde Montaigne zum Programm. In den Jahrzehnten des religiösen Fanatismus versuchte er, seine eigene Wahrheit zu suchen, und behauptete: »Die oberste Aufgabe, zu der wir berufen sind, ist für jeden, sein eigenes Leben zu führen.« Im Jahrhundert der Entdeckungen war er ein Christoph Kolumbus, der eine neue Reiseroute fand: jene zum eigenen Ich. Mit seinen *Essais* hinterließ er uns sein Logbuch, das auch nach vier Jahrhunderten unsere eigene Lebensreise begleiten und bereichern kann. »Daß ein solcher Mensch geschrieben hat«, so Nietzsche, »dadurch ist wahrlich die Lust, auf dieser Erde zu leben, vermehrt worden.«

Teresa von Avila

Mit sieben lief sie von zu Hause weg, weil sie bei den Moslems als Märtyrerin sterben wollte. Der religiöse Eifer war jedoch vergessen, als die Männer anfingen, ihr den Hof zu machen. Der Vater gab sie daraufhin in die Obhut von Augustinerinnen, wo sie ihren Entschluß, Karmeliterin zu werden, gegen die Familie durchsetzte. 1560 hatte sie schreckliche Visionen und erkannte, daß sie aus Eigensucht Ordensfrau geworden war, nicht aus reiner Liebe zu Gott. Sie folgte ihrem Ordensgelübde nun mit aller Strenge. Ihre Hingabe begeisterte viele Mitschwestern – es entwickelte sich eine Reformbewegung. 1562 gründete sie das erste von 15 reformierten Karmelklöstern. Ihre Wandlung war eng mit der Selbstbefragung und der Suche nach einer tiefen Beziehung zu Gott verbunden, was sie zur größten Mystikerin des Christentums machte. 1622 wurde sie heiliggesprochen.

Miguel de Cervantes Saavedra

Fünfmal hatte er versucht auszubrechen, einmal hatte er sogar einen Massenaufstand von 25 000 Sträflingen organisiert, aber aus seiner über fünfjährigen Gefangenschaft bei den Korsaren in Algier kam er auf höchst unspektakuläre Weise frei: Man zahlte für ihn ein Lösegeld. Der Sohn eines verarmten Wanderchirurgen, dessen linke Hand in einer Schlacht verstümmelt worden war, versuchte sich danach in Madrid als Theaterautor. Nach anfänglichen Erfolgen blieb ihm aber doch nichts anderes übrig, als Steuereintreiber zu werden. Wegen angeblicher Betrügereien und (unbegründeten) Mordverdachts saß er mehrmals im Gefängnis, wo er sich die Zeit mit Schreiben vertrieb. Der erste Teil des *Don Quijote*, mit dem Cervantes 1605 den modernen Roman begründete, bescherte ihm zwar Ruhm, den Rest seines Lebens mußte er aber dennoch als Günstling reicher Leute fristen.

William Shakespeare

Shakespeares Vater, ein Handschuhmacher, wurde dank seines florierenden Geschäfts Bürgermeister von Stratford, als William vier Jahre zählte. William besuchte die Lateinschule, verließ sie mit 16 und heiratete mit 18 die acht Jahre ältere Anne Hathaway. Schon sechs Monate später wurde ein Töchterchen getauft, 1585 wurden Zwillingstöchter geboren. Möglicherweise war Shakespeare danach Dorflehrer in Lancashire und gelangte um 1590 nach London. Er trat als Schauspieler auf, erste Stücke von ihm wurden gespielt. Als 1593 die Theater wegen der Pest geschlossen wurden, verwendete der arbeitslose Dramatiker seine Zeit darauf, ein langes Gedicht zu schreiben, es dem Grafen von Southampton zu widmen und so einen einflußreichen Gönner zu gewinnen. Die Theater öffneten die Pforten wieder, und Shakespeare gehörte jetzt als Schauspieler, Stückeschreiber und Teilhaber der Theatergruppe ›Chamberlain's Men‹ an. Er war an dem Unternehmen mit zehn Prozent beteiligt, was ihn zu einem wohlhabenden Mann machte. In seinem Geburtsort erwarb er Häuser und Ländereien. Die Truppe stieg zur königlichen Schauspieltruppe ›King's Men‹ auf. Nachdem die Pest erneut alle Theateraktivitäten für ein Jahr unterbunden hatte, fiel es der Truppe um Shakespeare schwer, dessen mittlerweile nicht mehr dem Zeitgeist entsprechenden Stücke dem Publikum schmackhaft zu machen. Das kümmerte den großen Dramatiker jedoch nicht, er hatte ausgesorgt, schrieb aber weiter, bis er sich um 1610 nach Stratford zurückzog, wo er den Lebensabend genoß. In seinem Testament gedachte der reichste Bürger und größte Grundbesitzer der Stadt sowohl Stratforder Freunden wie Schauspielerkollegen in London; seine Werke erwähnte er mit keinem Wort. Der 23. April 1616 war ein schwarzer Tag für die Weltliteratur: In England starb William Shakespeare, in Spanien Miguel de Cervantes Saavedra.

John Donne

Der Sohn eines reichen Londoner Kaufmanns studierte bereits als Zwölfjähriger in Oxford. Gierig nach Abenteuern und Ruhm segelte er als junger Jurist zu den Azoren und vergöttlichte die erotische Liebe in leidenschaftlichen Gedichten, die noch heute gelesen werden. 1601 ins Parlament gewählt, wurde seine vielversprechende öffentliche Karriere jäh unterbrochen, als er heimlich die minderjährige Nichte des Lordsiegelbewahrers ehelichte und mitsamt den Trauzeugen ins Gefängnis gesteckt wurde. Danach verfaßte er eine historisch angelegte Verteidigung des Selbstmords, die in der These gipfelt, Christus habe Selbstmord begangen. Er trat der anglikanischen Kirche bei und wurde zum berühmtesten Prediger seiner Zeit. Einen Monat vor seinem Tod hielt er von der Kanzel seine eigene Totenrede.

Baltasar Gracián

Seine Beredsamkeit begründete seinen Ruhm als Prediger und Professor an Jesuitenkollegien und machte ihn zum willkommenen Gast am Madrider Königshof, den er aus unbekannten Gründen nach kurzer Zeit enttäuscht verließ. Durch seine Schriften aber kam er in Verruf. Als sein Orden nämlich dahinterkam, daß er sie unter dem Namen seines Bruders veröffentlicht hatte, um der Zensur zu entgehen, wurde er mit Zellenhaft »bei Wasser und Brot« und »ohne Tinte und Feder« bestraft. Nach der Entlassung schrieb Gracián trotzdem weiter. Seiner Bitte, aus dem Orden austreten zu dürfen, wurde nicht entsprochen, man versetzte ihn statt dessen in die Provinz. Unter den Verehrern des pessimistischen Moralisten findet sich Schopenhauer, der das *Hand-Orakel* seines »Lieblingsschriftstellers« übersetzte und es als »Gefährten für das Leben« pries.

Molière

Eigentlich hätte er das väterliche Geschäft, die königliche Hoftapeziererei, übernehmen sollen. Jean-Baptiste Poquelin begann denn auch, das ihm zugedachte Metier zu erlernen. Doch die Liebe zur Schauspielerin Madeleine Béjart und jene zum Theater kamen ihm dazwischen. Er ließ die gesicherte Karriere links liegen, nahm den Künstlernamen Molière an und gründete mit seiner Geliebten das ›Théâtre Illustre‹, das nach zwei Jahren Bankrott machte. Er ging in die Provinz, wo er während seiner 13jährigen Wanderzeit Triumphe und Tiefgänge erlebte, sich vor allem aber vom einfachen Schauspieler zum Leiter einer Theatertruppe und zum Theaterautor entwickelte. 1658 kehrte er nach Paris zurück, spielte im Louvre vor dem unterhaltungssüchtigen Louis XIV., der Gefallen an den volkstümlichen Komödien fand – deren Tiefe er vermutlich nicht begriff. Er förderte Molières Truppe, die als ›Truppe des Königs‹ das Hôtel du Petit-Bourbon zur Verfügung gestellt bekam und später das Palais Royal, den damals größten Theatersaal Europas, in dem heute die Comédie Française untergebracht ist. Der ›Sonnenkönig‹ hielt seine schützende Hand über Molière und seine Schauspieler und protegierte sie vor Klerus, Adel und Rivalen. Feinde und Neider hatte Molière zuhauf: Als er die Tochter seiner ehemaligen Geliebten heiratete, behaupteten böse Zungen, seine Gattin wäre eigentlich seine eigene Tochter. Er schrieb über 30 Stücke, führte Regie und spielte fast jeden Abend die Hauptrolle. Nebenbei sorgte er dafür, daß genug Publikum in sein Theater strömte, und er hatte Verpflichtungen bei Hof: Molière arbeitete sich regelrecht zu Tode. Im dritten Akt der Vorstellung vom 17. Februar 1673, in der Molière als Todkranker die Titelrolle des ›eingebildeten Kranken‹ spielte, brach er zusammen und wurde in sein Haus in der Rue Richelieu gebracht, wo er kurz darauf – noch im Kostüm – verstarb.

Daniel Defoe

Der Sohn eines Kerzenmachers und Fleischers hatte ein wildes Leben hinter sich, als er mit 59 Jahren seinen ersten Roman schrieb, *Robinson Crusoe*, der zugleich als erster moderner Roman Englands gilt. Defoe sollte Pfarrer werden, ergriff aber den Kaufmannsberuf und reiste als solcher durch ganz Europa, geriet einmal sogar in die Hände algerischer Piraten und machte als Fabrikant, Großhändler und Importeur mehrmals Bankrott. Seine Tätigkeit als Journalist war nicht weniger gefährlich: politische und religiöse Flugschriften brachten ihn 1703 an den Pranger und ins Gefängnis – das Volk freilich jubelte ihm zu. Aus dem Gefängnis befreiten ihn einflußreiche Politiker, die ihn als Spion und subversiven Propagandisten für ihre Zwecke mißbrauchten. Seine erstaunliche literarische Produktivität indessen hatte darunter nie zu leiden.

Jonathan Swift

Zwei Onkel ermöglichten dem Halbwaisen eine gute Bildung. Nach dem Studium in Dublin wird Swift Sekretär des Politikers Sir William Temple, auf dessen Anwesen Moor Park ihm auch die Erziehung der jungen Esther Johnson anvertraut wird. Swift verliebt sich in seine Schülerin und schreibt ihr leidenschaftliche Briefe, Meisterwerke der Liebesliteratur. Doch bekannt wird er durch seine politischen Schriften und beißenden Satiren – die berühmteste darunter natürlich *Gullivers Reisen*. Swift ist mittendrin in den politischen Wirren seiner Zeit, mal auf dieser, mal auf jener Seite. Zeitlebens machthungrig, wird er schließlich Dekan der St. Patricks Kathedrale in Dublin. Gegen Ende seines Lebens leidet er an einem Gehirntumor, wird blind, taub, entmündigt und stirbt in geistiger Umnachtung. Sein letzter Wille lautet: Mit seinem Vermögen soll ein Irrenhaus gebaut werden.

Voltaire

Er studierte in den besten Schulen und verkehrte in mondänen Kreisen, bald bekannt als genialer Dichter, bald aber auch dem König lästig. Mit 23 Jahren mußte er für elf Monate in die Bastille, in der er zum Schriftsteller reifte. Zum Rebellen gegen die alte Ordnung wurde er im englischen Exil, in das er fliehen mußte, als er 1726 nach einem Wortgefecht mit dem alten Chevalier de Rohan von dessen Dienern verprügelt worden war. Mit nicht immer ganz sauberen Finanzgeschäften reich geworden, stand er gegen Ende seines Lebens auf seinem Gut Ferney bei Genf mit allen bedeutenden Geistern Europas und vielen aufgeklärten Herrschern in Briefkontakt und war eine öffentliche Macht, die ihrem Jahrhundert den Stempel aufdrückte. Gilt das 17. Jahrhundert als dasjenige des ›Sonnenkönigs‹ Louis XIV., so nennen die Franzosen das 18. Jahrhundert ›le siècle Voltaire‹.

Laurence Sterne

Sein Vater war ein verarmter Offizier mit reichen Verwandten, die das Studium von Laurence Sterne bezahlten. Theologie schien eine sichere Wahl. Sterne studierte ohne Interesse oder Eifer. Zwanzig Jahre lebte und predigte er als Vikar, heiratete die nicht an Grazie oder Geist, aber an Gütern reiche Elizabeth Lumley. Ab und zu ließ er die Messe ausfallen, weil er zur Jagd ging. Nachdem die zwei ersten Bände seines *Tristram Shandy* ihn 1759 berühmt gemacht hatten, ließen seine Geistesblitze und seine selbsteingestandene Unfähigkeit, »über ein ernstes Thema zwei Minuten nachzudenken«, ihn zum Mittelpunkt aller Gesellschaften in London werden. Er wurde Vikar in Coxwold, wo er jedes Jahr zwei weitere Bände schreiben wollte. Seine schwache Gesundheit machte dies unmöglich, und mit Reisen nach Frankreich und Italien versuchte er vergeblich, gesund zu werden.

Ulrich Bräker

Der Bauernsohn, im toggenburgischen Näbis geboren, wurde nach einer harten und entbehrungsreichen Jugend Leinenweber, Salpetersieder und Garnhausierer. Ein preußischer Werbeoffizier nutzte die Naivität des 20jährigen aus und zwang ihn, Söldner unter Friedrich dem Großen zu werden. Bräker desertierte in seiner ersten Schlacht. Wieder zu Hause, bildete er sich autodidaktisch weiter und wurde 1776 Mitglied der Moralischen Gesellschaft zu Lichtensteig und – nach deren Auflösung – der Literarischen Gesellschaft zu St. Gallen. Dank der Bibliotheken, die ihm nun zur Verfügung standen, war die immer größer werdende Schuldenlast kein Hindernis mehr für seine Leselust. In Wattwil starb Bräker als angesehener, verarmter Schriftsteller, aber auch als der kleine Händler vom Dorfe, der er in der Umgebung des wohlhabenden Bürgertums stets geblieben war.

Johann Daniel Tietz

Seine Leistung, die drei Bände der *Essais* von Michel de Montaigne übersetzt und innerhalb eines Jahres (1753/54) herausgegeben zu haben, wäre auch dann bemerkenswert, wenn ihm dabei wirklich ein (unbekannter) Freund geholfen hätte, wie er in der Vorrede zum dritten Band angibt. Tietz war 23 Jahre alt, als er die *Versuche* veröffentlichte, war gerade in Leipzig Magister geworden, hatte Rousseau übersetzt und sollte in den folgenden Jahren Professor für Mathematik und für Physik in Wittenberg werden. Neben Übertragungen aus dem Französischen und dem Englischen verfaßte Titius, wie er sich latinisiert nannte, ein deutsch-holländisches Wörterbuch und erwarb sich auch Verdienste um Erkenntnisse, die nicht sein Fach betrafen. So erörterte er etwa die Heilung des Tarantelbisses durch Musik oder warum Leute im Alter kleiner werden.

Choderlos de Laclos

Der Adel seiner Eltern war allzu jung, als daß er dem ehrgeizigen Offizier für die Karriere von Nutzen hätte sein können: Seit 1774 bevorzugte ein Erlaß des Königs alten Adel bei der Beförderung. Vielleicht fiel deshalb in seinem einzigen Roman, *Gefährliche Liebschaften*, die Kritik an der Korruption und Vergnügungssucht der Adeligen so scharf aus. Der Briefroman war ein Skandalerfolg und Bestseller – und blieb das Meisterwerk seiner Gattung. Von einer grundlegenden Abneigung gegen den Adel kann aber nicht die Rede sein, da Laclos nach der Revolution in Pamphleten für eine konstitutionelle Monarchie plädierte, was ihn beinahe den Kopf gekostet hätte. Unter Napoleon ging sein Jugendtraum in Erfüllung, doch das Glück währte nur kurz. Drei Jahre nach der Ernennung zum General starb Choderlos de Laclos an Typhus.

James Boswell

Frei von finanziellen Sorgen, frönte er nach einem Jurastudium seiner Leidenschaft, in Londoner Clubs mit bekannten Persönlichkeiten zu diskutieren. 1763 traf er in der Hinterstube eines Buchhändlers Dr. Samuel Johnson, den bedeutendsten Literaten der Zeit, der Schotten haßte, den Schotten Boswell aber zu seinem Vertrauten machte und mit ihm sogar dessen Heimat bereiste. Auf der obligaten Grand Tour durch Europa lernte Boswell Voltaire und Rousseau kennen. Nach zahlreichen Liebschaften heiratete er eine Cousine und versuchte sich erfolglos als Politiker. Auf den Tag genau 28 Jahre nach der ersten Begegnung veröffentlichte er *Dr. Samuel Johnson,* die erste Biographie, die in die Weltliteratur einging. Aus dem Schatten Johnsons trat er erst 150 Jahre nach seinem Tod: Ende der dreißiger Jahre entdeckte man sein Tagebuch, das umfangreichste, das je geschrieben wurde.

Johann Wolfgang Goethe

Er prägte den Begriff ›Weltliteratur‹ als Gegensatz zur nationalen, und er ist der erste und bis heute bedeutendste Deutsche, der zu ihren Vertretern gehört. Goethe jedoch als bloßen Dichter anzusehen wäre die unangemessenste Annäherung an ihn. Er war nicht zuletzt auch Politiker, Naturforscher und Philosoph. Seine Ideen wurden zum Teil erst im 20. Jahrhundert aufgegriffen, in der Anthroposophie Rudolf Steiners etwa oder im Kulturpessimismus eines Oswald Spengler. Goethes Vater war Kaiserlicher Rat in Frankfurt am Main, ein ernster und strenger Mann, seine Mutter hingegen besaß Heiterkeit und Phantasie. In Leipzig und Straßburg studierte Goethe Jura. Mit dem Werther-Roman schrieb er 1774 den ersten internationalen Bestseller. Auf Einladung von Herzog Karl August zog er nach Weimar, wo dieser ihn bald mit politischen Ämtern betraute. Der bekannteste Vertreter des Sturm und Drang wandelte sich unter dem Einfluß des Hoflebens und der ersten Italienreise zum Vollender des klassischen Formideals. Aus Italien zurück, schloß er 1788 einen freien Liebesbund mit Christiane Vulpius, die er erst 18 Jahre später heiratete. Er entlastete sich von den Regierungsgeschäften und behielt allein die Leitung eines Bergwerks. Daneben wurde er Direktor des Weimarer Hoftheaters. Seinem Freund Friedrich Schiller verdankte er entscheidende Anstöße zur Vollendung wichtiger Werke, wie etwa des *Faust*, an dem er während 60 Jahren schrieb. Goethe schuf nicht nur in allen Gattungen bleibende Kunstwerke, mit der Novelle und dem Bildungsroman führte er in die deutsche Literaturgeschichte auch neue Gattungen ein. Im Laufe seiner politischen Karriere war er unter anderem zuständig für die Kriegskommission, den Wegebau und die Oberaufsicht über die naturwissenschaftlichen Institute der Universität Jena. Der später bis zum Staatsminister beförderte Goethe wurde 1782 von Kaiser Joseph II. geadelt.

Charles Brockden Brown

Er wollte als erster Amerikaner von den Erzeugnissen seiner Feder leben – und war weder der erste noch der letzte, der daran scheiterte. Pech hatte der Sohn einer Quäker-Familie aus Philadelphia bereits mit seinem ersten Roman: Der Drucker verstarb, und dessen Nachfolger hielten die bereits gedruckten Seiten zurück, da Brown kein Geld hatte, sie zu bezahlen. So hat bis heute niemand diesen Roman lesen können, er blieb verschollen. Anderes ist zum Glück erhalten. Brockden Browns Meisterwerk ist der Roman *Arthur Mervyn*, der während einer Gelbfieberepidemie in Philadelphia spielt, geschrieben als Mischung zwischen *gothic novel* und Naturalismus. Auch als Journalist konnte Brown seine Familie nicht ernähren, zeitlebens war er deshalb im Handel tätig. Seine Erzählkunst bereitete Autoren wie Poe, Melville und Hawthorne den Weg.

Wolfgang Amadeus Mozart

Als Wunderkind, das mit sechs angefangen hatte zu komponieren, wurde Mozart in halb Europa gefeiert – eine Höllentournee, die den Knaben gesundheitlich auszehrte. Studien- und Konzertaufenthalte führten ihn nach London, Paris und Italien und immer wieder nach Wien – Reisen, von denen ihn der Erzfürstbischof von Salzburg, in dessen Diensten sein Vater und er standen, immer öfter zurückbeorderte. 1781 kam es zum Bruch, und Mozart ging nach Wien. Nach anfänglichen Erfolgen und der Heirat mit Constanze Weber – gegen den Willen des Vaters – entzog sich ihm die Gunst des Hofes und des Wiener Publikums immer mehr. In seinem 36. Lebensjahr starb er, zwei Kinder, eine Witwe, einen Haufen Schulden und ein unvollendetes Requiem hinterlassend, nicht zu vergessen seine Briefe, die so frisch und so originell sind wie seine Musik.

Jane Austen

»Sie lebte ein durchaus nicht ereignisreiches Leben voll von Nützlichkeit, Literatur und Religion«, schrieb Henry Austen über seine Schwester Jane. Mit sechs Geschwistern wuchs sie im Pfarrhaus von Steventon auf, zu Hause unterrichtet vom Vater, der ihre literarischen Neigungen förderte. Sie heiratete nicht – einen bereits angenommenen Antrag hatte sie nach einer durchwachten Nacht wieder abgelehnt – und blieb darum, wie es Sitte war, ihr Leben lang bei ihren Eltern und teilte deren zurückgezogenes Leben in der Provinz. Die Umzüge nach Bath, Southampton, Chawton und Winchester waren die Angelpunkte ihres Lebens, Familien- und Verwandtenbesuche dessen Inhalt. Jane Austen schrieb ihre Romane im geheimen; das Knarren ihrer Zimmertüre – die zu ölen sie mit Bedacht unterließ – warnte sie vor überraschenden Besuchen.

Heinrich von Kleist

Er wollte die größte Tragödie aller Zeiten schreiben und zerbrach daran, er sehnte sich nach einem freien Deutschland, doch Napoleons Armeen waren nicht aufzuhalten. Seine Hoffnung, politisch und literarisch wirksam zu werden, war zerronnen: seine Werke verkannt, die von ihm herausgegebenen *Berliner Tagesblätter* und das Kunstjournal *Phöbus* wurden verboten. Der Sohn einer alten preußischen Offiziersfamilie reist gehetzt und ruhelos durch Europa, immer bemüht, Zusammenhang in sein Leben zu bringen. »Das Leben ist ein schweres Spiel weil man beständig und immer von neuem eine Karte ziehen soll und doch nicht weiß, was Trumpf ist«. Am 20. November 1811 notiert Kleist: »Die Wahrheit ist, daß mir auf Erden nicht zu helfen war«. Tags darauf nimmt er sich, zusammen mit seiner Geliebten Henriette Vogel, das Leben.

Stendhal

Zeitlebens nur als Verfasser von Reisebeschreibungen und einer *Geschichte der Malerei in Italien* bekannt, nicht aber als Romancier, prophezeite er: »Wenn einmal die Phrase verschwindet, so ist meine Zeit gekommen« und »Ich werde um 1900 gelesen werden.« Er sollte recht behalten. Geboren wurde er als Henri Beyle 1783 in Grenoble. Er vergötterte seine Mutter, die er mit sieben verlor, und haßte seinen Vater, einen Anwalt. Dieser war Royalist, sein Hauslehrer Jesuit, er selbst wurde leidenschaftlicher Republikaner und Gegner der Kirche. Mit 16 ging er nach Paris, wo er sich als Komödienschreiber versuchte. Durch einen Verwandten bekam er eine Offiziersstelle in einem Dragonerregiment in Italien, das er zu seiner Wahlheimat erkor und als den einzigen Flecken Erde verherrlichte, wo Leidenschaft, Kunst und Musik noch möglich seien. Seine nicht unbescheidenen Erfolge bei der Mailänder Damenwelt trugen zu diesem Enthusiasmus bei. Mit dem napoleonischen Heer durchquerte er halb Europa bis Moskau; auch durch den Ort Stendal in Preußen führte sein Weg, welchen Namen er sich als Pseudonym zulegte. Als der Kaiser 1815 abdankte, war auch Stendhals Karriere im Staatsdienst beendet. Er zog nach Mailand, lebte von einer kargen Rente und beschäftigte sich mit der italienischen Kultur sowie mit zahlreichen, meist unglücklich endenden Liebschaften. Unglücklich waren auch seine Verleger: Von *Über die Liebe* wurden in elf Jahren nur 17 Exemplare verkauft. Nach der Revolution von 1830 wurde er Konsul in Triest und dann in Civitavecchia, wo er sich unsäglich langweilte, wollte ihn doch nicht einmal die Tochter seiner Wäscherin heiraten. Er riß nach Paris aus, wo er, fett geworden und lächerlich modisch gekleidet, bis zu seinem Tod Gesellschaften zu unterhalten wußte. Auf seinem Grabstein steht, auf seinen Wunsch: »Arrigo Beyle, Mailänder. Er lebte, schrieb und liebte.«

E. T. A. Hoffmann

Die Beliebtheit Hoffmanns beim Lesepublikum und bei den Herausgebern von Almanachen, die ihm seine Erzählungen aus den Händen rissen, war der Literaturkritik suspekt, lange über seinen Tod hinaus. Sie verspottete ihn als »Gespenster-Hoffmann« und sein Werk als »entsetzlichen Angstschrei in 20 Bänden«. Dennoch ist er einer der wenigen deutschen Schriftsteller, die in die Welt und die Weltliteratur hinaus gewirkt haben, kaum jemand außerhalb Deutschlands, der seine Erzählungen nicht geschätzt hätte. Wie kein anderer entsprach er den Idealvorstellungen vom Universalkünstler: Er war Zeichner, Maler, Komponist, Dirigent und Kritiker – doch Schriftsteller zumeist nur in seiner Freizeit. Und obwohl er durch seine Satiren wiederholt den Zorn seiner Vorgesetzten auf sich zog, machte er eine respektable Karriere als preußischer Beamter.

Joseph von Eichendorff

Seine Erzählungen und Gedichte machten ihn zum Klassiker zu Lebzeiten – im schlechtesten Sinne des Wortes. In den Jahrzehnten bis zu seinem Tod lebte er zurückgezogen im Kreis seiner Familie, von der Öffentlichkeit kaum wahrgenommen. 1851 schrieb Bismarck verwundert an seine Braut: »Weißt Du, daß der Mensch noch lebt?« Geboren wurde Eichendorff im polnisch-mährischen Grenzgebiet Oberschlesiens, einer Gegend, in der sogar der Adel arm war. Ein Jurastudium und die übliche Bildungsreise waren ihm noch vergönnt, dann mußten die väterlichen Güter verkauft werden. Eichendorff wurde Offizier und diente danach lange Jahre als preußischer Staatsbeamter. Das Geld reichte kaum, die schnell wachsende Familie zu ernähren. Trotz aller Hindernisse entstanden in dieser Zeit Werke, die zu den schönsten der deutschen Romantik zählen.

Arthur Schopenhauer

Bereits vor seinem 30. Lebensjahr stand nicht nur der Grundriß, sondern das ganze Gebäude seines Gedankensystems: 1818 erschien, von der Öffentlichkeit ignoriert, sein Hauptwerk *Die Welt als Wille und Vorstellung*. Genausowenig Erfolg wie als Autor hatte Schopenhauer als Hochschullehrer. Seine erste Dozentur in Berlin dauerte nur ein Semester. Er stand vor leeren Bänken, weil er seine Vorlesung auf die gleiche Stunde gelegt hatte wie der hochberühmte Hegel. Spätere Versuche an anderen Universitäten scheiterten, und 17 Jahre vergingen, bis Schopenhauer erneut einen Verleger gefunden hatte und publizieren konnte. Seine Kindheit war nicht weniger freudlos gewesen als die späteren Jahre. Das Verhältnis zur Mutter war gestört, und glücklich nannte er allein einen Aufenthalt fern seiner Eltern in Le Havre. Nach dem Tod des Vaters zog seine Mutter nach Weimar, wo die berühmten ›Theeabende‹ der erfolgreichen Schriftstellerin Mittelpunkt des gesellschaftlichen Lebens waren. Schopenhauer mochte weder ihre Romane noch ihre Liebhaber. Mit 17 wurde er »ohne alle gelehrte Schulbildung vom Jammer des Lebens ergriffen«. Das Studium der Philosophie drängte sich auf: »Das Leben ist eine mißliche Sache: ich habe mir vorgesetzt, es damit hinzubringen, über dasselbe nachzudenken.« Erst als er gegen Ende seines Lebens seine Gedanken als *Parerga und Paralipomena* ausführte, erntete er Ruhm. Es bildete sich ein kleiner Kreis von Verehrern um den flötespielenden »ungeselligen Gesellen«, den Gegner der »großen, aufgedunsenen Seifenblase der Fichte-Schelling-Hegelschen Philosophie« mit einem Faible für Pudel. Seine Hunde hießen ›Atma‹ (Weltgeist), waren sie artig, rief er sie ›Butz‹, beschimpfen tat er sie mit ›Du Mensch‹. Der Wappenspruch der Familie Schopenhauer lautete »point de bonheur sans liberté« – dabei entsprang gerade sein Pessimismus dem freien Geist in seiner extremsten Form.

James Fenimore Cooper

Mit Natty Bumppo alias Lederstrumpf schuf er den ersten Mythos der amerikanischen Literatur, den Pionier. Er selbst war auch ein Pionier: Neben Charles Brockden Brown war Cooper einer der ersten amerikanischen Romanciers. Begonnen hatte alles mit einer Wette. Als er einmal einen Roman las, ihn miserabel fand, in die Ecke schmiß und behauptete, es besser zu können, konnte seine Frau nur lachen: Er, der es nur schon haßte, einen Brief zu schreiben! Ein Buch hätte gereicht, um die Wette zu gewinnen, Cooper schrieb deren 47. Mit ihnen konnte er sich aus dem Schatten seines übermächtigen Vaters befreien, des Gründers von Cooperstown. Aus dem Taugenichts, der aus der Yale University hinausgeschmissen worden war und seinerseits Vaters Geld zum Fenster hinauswarf, wurde ein erfolgreicher Autor, und 1826 in Lyon sogar ein Konsul der USA.

Wilhelm Müller

»Das Wandern ist des Müllers Lust«, »Am Brunnen vor dem Tore« – Anfangszeilen vertrauter Volkslieder. Den Komponisten, Franz Schubert, kennen die meisten, den Dichter die wenigsten. Wilhelm Müllers Vater, ein Handwerker, durch die zweite Ehe zu etwas Wohlstand gelangt, konnte den Sohn auf die Universität Berlin schicken. Der Student nahm an den Freiheitskriegen gegen Napoleon teil sowie an einer Studienreise nach Griechenland und Italien, um griechische Inschriften zu sammeln. Die Reise weckte in ihm Sympathien für die mediterrane Lebensart und für den Freiheitskampf der Griechen gegen die Türken, die der ›Griechen-Müller‹, wie er bald genannt wurde, in vielen Gedichten bezeugte. Der Lehrer und herzogliche Bibliothekar, dessen »ewige Frische und jugendliche Ursprünglichkeit« Heine bewunderte, starb kaum 33 Jahre alt.

Alexander Puschkin

Nach dem Gymnasium, wo die poetische Begabung des zuweilen schwarzgalligen Spaßvogels aufgefallen war, arbeitete er in St. Petersburg im Außenministerium und stand bald im Mittelpunkt des literarischen und mondänen Lebens der Kapitale und ihrer liberalen Zirkel. Als seine satirischen, gegen den Zaren und die Leibeigenschaft gerichteten Gedichte publik wurden, konnten ihm einflußreiche Freunde Sibirien ersparen, nicht aber die Verbannung in den Süden Rußlands. Der neue Zar Nikolaus I. beendete wenig später Puschkins trauriges Exil, machte ihn aber abhängig vom Hof und wurde sein persönlicher Zensor. Ein Duell mit Georges d'Anthes, dem französischen Verehrer seiner Frau, beendete 1837 viel zu früh das Leben des Schöpfers der russischen Literatursprache. »Nein, ich werde nicht ganz sterben... solange auf Erden auch nur ein Poet leben wird.«

Heinrich Heine

Viele seiner Gedichte gehören zum deutschen Volksgut, seine satirischen Stiche verzieh man ihm in Deutschland aber nie. In der Restaurationszeit verboten und von den Nationalsozialisten verfemt, ist er noch heute umstritten: Die Universität seiner Heimatstadt Düsseldorf jedenfalls benannte sich erst 1988 nach ihm, nach 20 Jahren Streit. 1797 geboren, versagte Heinrich Heine in Hamburg als Kaufmann, erlebte als Jurastudent in Göttingen die Judenfeindlichkeit und wurde in Berlin Literat. Sein Übertritt zum Protestantismus brachte ihm nicht, wie erhofft, eine Anstellung an der Universität. Die *Reisebilder* und Gedichte dagegen hatten so großen Erfolg, daß er als freier Schriftsteller in Paris, im »geweihten Land der Freiheit«, leben konnte, wo ihn acht Jahre vor seinem Tod eine Rückenmarkslähmung in die »Matratzengruft« seiner Wohnung verbannte.

Jeremias Gotthelf

Albert Bitzius widmete sich in Bern und Göttingen dem Theologiestudium, danach dem Amt als Vikar, zunächst bei seinem Vater in Utzenstorf, später in Herzogenbuchsee, in Bern und schließlich in Lützelflüh, wo er ab 1832 als Pfarrer wirkte. Der Eintritt ins geistliche Amt war zugleich der Beginn seiner pädagogischen Tätigkeit in der Schulbetreuung und der Lehrerausbildung. Seinem Engagement als Liberaler wurde mit der neuen Verfassung ein Ende gesetzt: Geistlichen wurde die politische Betätigung verboten. Bitzius eiferte nun seinem Vorbild Pestalozzi nach und versuchte, die allgemeine Volksschule durchzusetzen. Mit 40 begann er erste Erzählungen zu schreiben und übernahm für drei Jahre die Redaktion des *Neuen Berner Kalenders*. 1845 war Bitzius als Schulkommissär für seinen Bezirk untragbar geworden und wurde nach neun Jahren des Amtes enthoben: Er wurde zusehends konservativer, kritischer, unbequemer, seine politischen Traktate und Erzählungen wurden düsterer und satirischer. Den Namen Jeremias Gotthelf hat Bitzius von der Erzählerfigur seines ersten, autobiographischen Romans *Der Bauernspiegel* entlehnt. Er bevölkerte seine Romane mit den Menschen, die ihn umgaben, der ländlichen Mittel- und Unterschicht. Sein Berliner Verleger wiederum war bemüht, ihn einem größeren und wohlhabenderen Lesepublikum zuzuführen, was voraussetzte, daß der Volksschriftsteller Gotthelf sich um ein reineres Schriftdeutsch bemühte. Die Bemühungen fruchteten, Gotthelf erfuhr in Deutschland Anerkennung, mehr jedenfalls als in der Schweiz, wo er allzu streitbar und allzu nahe war. Als er 58jährig starb, meldete dies der freisinnige *Patriot* in zwei Sätzen, die *Berner Zeitung* mit keinem Wort. Jahrzehnte nach dem blinden Haß folgte die blinde Liebe, nach dem Zurechtrücken ins Biedere und unzähligen Bearbeitungen wurde Gotthelf zum Patrioten umgedeutet.

Victor Hugo

»Ich will Chateaubriand sein oder nichts«, schrieb er mit 14, und was als Vermessenheit hätte erscheinen können, erwies sich im Laufe seines Schaffens als ahnungslose Bescheidenheit. Der Generalssohn studierte kurze Zeit am Polytechnikum und wandte sich dann ganz der Literatur zu. Bereits mit 25 hatte er vier Kinder, hatte ein beachtliches lyrisches Werk geschaffen und war Ritter der Ehrenlegion. Er etablierte sich auch als Dramatiker und Romancier. Wenig Glück brachte ihm die Ehe: Seine Gattin wurde die Mätresse des Kritikers Sainte-Beuve, er selbst fand Trost bei einer Schauspielerin. Als Abgeordneter und Gegner Napoleons III. wurde er 1851 verbannt und verbrachte seine fruchtbarste Zeit im Exil, 19 Jahre lang, auf den Inseln Jersey und Guernsey. Wieder in Paris, wurde er in den Senat gewählt. Der Tod des populären Dichters war Anlaß zu einem nationalen Trauertag.

Eugène Delacroix

1823, als er das Gemälde *Dante und Vergil* im Pariser Kunstsalon ausstellte, hatte er einen ersten, aber durchaus nicht unbestrittenen Erfolg, allein schon die Themenwahl erregte Aufsehen: Er war ein begeisterter Leser, und »die Lektüre hinterließ in ihm grandiose und genau sich formende Bilder, sozusagen fertige Gemälde«, schrieb Baudelaire. Die Literatur bildete die Basis für enge Beziehungen zu Balzac, Hugo oder Stendhal, und zeitlebens bot sie ihm Anregung für Gemälde und Lithographien. Er stand über ein halbes Jahrhundert inmitten des geistigen Lebens seiner Zeit und hat dieses zusammen mit seinem eigenen beschrieben, vierzig Jahre lang, in seinem Tagebuch. Es liest sich wie ein Führer durch die Kunst, Literatur und Politik seiner Epoche – kaum eine Erscheinung dieser Zeit, der wir in dem Buch nicht begegnen.

Honoré de Balzac

Seine Versuche, das große Geld zu machen, sind Legion – als Verleger, Druckereiunternehmer, Eisenbahnaktionär und durch die Ausbeutung einer Silbermine. Dabei ruinierte er die ganze Familie und versank in Schulden. Statt nach dem Erfolg seines ersten unter wahrem Namen veröffentlichten Romans *Die Königstreuen* seine Gläubiger auszuzahlen, wurde er ein Dandy, nannte sich *de* Balzac und führte in Paris und zeitweise in Italien ein elegantes, verschwenderisches Leben, das er mit neuen Krediten finanzierte. Er pumpte jeden an, auch seine vielen Geliebten, die stets ältere Frauen waren. Fast zeitlebens von Gläubigern verfolgt, schrieb er wie ein Besessener die Nächte durch und starb 1850 schließlich an Erschöpfung und exzessivem Kaffeegenuß. Fünf Monate zuvor hatte er die polnische Gräfin Hanska geheiratet, die er schon seit Jahren kannte und von der er sich das Ende seiner finanziellen Nöte erhofft hatte. Dennoch war es nicht mehr als ein Leichenwagen dritter Klasse, der den toten Balzac zum Friedhof Père-Lachaise karrte. Als Sohn eines Emporkömmlings aus dem Bauernstand geboren, verbrachte er die frühe Kindheit, von der Mutter vernachlässigt, bei Ammen und in Internaten. Er sollte Anwalt werden, wollte aber schreiben. Der Vater willigte zögernd ein und gab ihm zwei Jahre, um sein Talent zu beweisen. Der Vortrag seiner Verstragödie *Cromwell* überzeugte jedoch weder die versammelte Familie noch den Professor am Collège de France, der als Schiedsrichter eingeschaltet wurde. Dessen Kommentar: »Er soll machen, was er will, nur keine Literatur.« Die historischen Kolportageromane in der Manier eines Walter Scott, die Balzac daraufhin wie am Fließband zusammenschmierte, verdienen sicherlich nicht das Etikett ›Literatur‹. Sie waren jedoch die beste Fingerübung für das gewaltigste Romanwerk überhaupt: die *Menschliche Komödie*, ein Universum von 3000 Figuren und ihren Geschichten.

Ralph Waldo Emerson

Fast alle Emersons waren Prediger, und so wurde Ralph Waldo auch einer. Nach drei Jahren jedoch legte er sein Amt nieder. Gründe hierfür waren der Tod seiner jungen Frau Ellen Louisa Tucker nach anderthalb Ehejahren und eine Lebenskrise, die in ihm die Erkenntnis reifen ließ: »Wer ein Mensch sein will, der muß Nonkonformist sein.« Nach seiner ersten Europareise ließ er sich 1834 im Städtchen Concord nieder, das seine Vorfahren 200 Jahre zuvor gegründet hatten und das durch ihn zu einem geistigen Zentrum der USA wurde. Seine einsamen Waldspaziergänge gaben ihm Kraft und Inspiration, er selber nannte seine Gedanken ›Kinder des Waldes‹. Seine an Montaigne geschulten Essays wurden als die intellektuelle Unabhängigkeitserklärung Amerikas gefeiert. Schon zu Lebzeiten wurde er als Prophet verehrt, sein Tod wurde von ganz Amerika betrauert.

Eduard Mörike

»Alles, nur kein Geistlicher«, schreibt der junge Vikar Mörike an einen Freund. Er versucht, dem Pfarrdienst zu entrinnen, doch seine Illusionen vom freien Schriftstellertum werden zerstört, als ihn der Ausbruchsversuch nach einigen kleinen Reisen in die Redaktionsstube einer »Damenzeitung« führt. Reumütig kehrt er zurück, bleibt Vikar und wandert jahrelang von einem Pfarrhof zum nächsten. 1834 wird er Pfarrer in einer Idylle mit Rebbergen, aber seine Geldnot nimmt zu: nun muß er auch für seine Brüder sorgen, die in Schuld, Haft und Armut geraten sind. 39jährig tritt er aus Schwäche und Krankheit vorzeitig in den Ruhestand. Daraufhin verliebt er sich jedoch in die Freundin der Schwester und muß, um heiraten zu können, eine Stelle als Lehrer in einer Mädchenschule antreten. Aus dieser Zeit stammt auch *Mozart auf der Reise nach Prag*, eine seiner schönsten Novellen.

Adalbert Stifter

Eine »geradezu pervers und raffiniert verborgene Dämonie« herrsche in Stifters Werk, sagt Walter Benjamin. Und auch über Stifters Leben liegt ein Schatten. Das Studium der Rechte schließt er aus Prüfungsangst nicht ab, seine leidenschaftliche Liebe zu Jenny Seidel wird abgewiesen, und in seiner späteren kinderlosen Ehe sterben beide Ziehkinder sehr früh. Seit den 1850er Jahren plagt ihn ein schweres Nervenleiden. In seinem bekanntesten Werk, dem *Nachsommer*, begegnen sich alternde und junge Menschen in einer nahezu hermetisch abgeschlossenen Alpenidylle und finden dort ihr Lebensglück in der Harmonie zu Natur und Kunst. Ein Thema, das auch in seinen Erzählungen im Mittelpunkt steht. Solche Geborgenheit bleibt Stifter verwehrt. Er stirbt am 28. 1. 1869, nachdem er sich, von unerträglichen Schmerzen gequält, die Halsschlagader aufgeschnitten hat.

Georg Büchner

In Straßburg hatte der Medizinstudent revolutionäre Luft geatmet, im feudalen Gießen, wo er weiterstudierte, wurde er zum Revolutionär. Es folgten die Gründung der umstürzlerischen ›Gesellschaft für Menschenrechte‹, das Pamphlet *Der Hessische Landbote* – sein erstes literarisches Werk –, später Denunziation, Hausdurchsuchungen, Verhöre, die Flucht. In Straßburg widmete er sich den Untersuchungen über das Nervensystem der Fische, die ihm in Zürich den Doktortitel und eine Dozentenstelle einbrachten. Sein Leben hatte er ins Exil hinüberretten können, nicht aber dessen Sinn. Georg Büchners Novelle *Lenz* und seine Dramen sind das Werk eines Schriftstellers, der als Revolutionär gescheitert ist, dessen Freunde verhaftet und gefoltert wurden und der »wie vernichtet« war »unter dem gräßlichen Fatalismus der Geschichte«. Er starb 1837, erst 23 Jahre alt.

Edgar Allan Poe

Als man den »Fürsten des Grauens«, wie Baudelaire ihn bezeichnete, einen Schüler der deutschen Romantiker nannte, erwiderte Poe: »Das Grauen kommt nicht aus Deutschland, es kommt aus der Seele.« Poes Vater hatte seine schwangere Frau mit ihren beiden Kindern verlassen, sie selbst starb an Schwindsucht, als Edgar drei Jahre alt war. Edgar wurde vom reichen Kaufmann John Allan und dessen Ehefrau Frances aufgenommen. Der Pflegevater betrog seine Frau, war eifersüchtig auf die enge Bindung zwischen ihr und Edgar, und er war angewidert von dessen Leidenschaft für die Poesie. Während seiner Zeit an der Universität von Virginia und der Militärakademie von West Point verfaßte Poe unzählige Bettelbriefe an Allan, der ihn aber auf dem trockenen sitzen ließ. Wegen Spielschulden wurde Poe aus der Universität geworfen und wegen grober Pflichtverletzung und einem Hang zum Brandy aus der Militärakademie. Er bestätigte so John Allans vorgefaßte Meinung, daß aus seinem Adoptivsohn nichts Rechtes werden würde, und wurde von ihm enterbt. »Zu keinem Beruf ausgebildet und auferzogen in der Erwartung eines ungeheuren Vermögens, mußte ich dies natürlich als einen schweren Schlag empfinden.« 1835 heiratete Poe seine 13jährige Nichte Virginia Clemm und begann für verschiedene Zeitschriften zu arbeiten. Sein Jähzorn, seine Rastlosigkeit und seine Manie für Plagiatsprozesse standen einem geordneten bürgerlichen Leben im Wege; die Familie mußte nicht selten hungern. Der frühe Tod seiner Frau zerrüttete Poes Geistesverfassung, nachdem ihn schon der Tod seiner Pflegemutter sehr getroffen hatte. 1849 unternahm er einen letzten Versuch, sein Leben in den Griff zu bekommen. Er schwor dem Alkohol ab und verlobte sich wieder. Die Reise zu seiner Hochzeit unterbrach er in Baltimore, wo er fünf Tage lang verschwunden blieb, im Delirium aufgefunden wurde und im Massensaal eines Spitals starb.

Nikolai Gogol

Zehn Jahre schrieb Gogol am zweiten Teil seines Romans *Die toten Seelen.* Zehn Tage vor seinem Tod verbrannte er ihn: In seinem religiösen Wahn betrachtete er ihn als Gotteslästerung. Kritik konnte Gogol nicht ausstehen, und Lob schon gar nicht. Er litt unter seiner Kleinwüchsigkeit und seiner auffallenden Nase. Gogol war kurze Zeit Beamter gewesen und bis 1835 Hauslehrer, Lehrer an einer Mädchenschule und Geschichtsprofessor. Danach lebte er lange im Ausland, vor allem in Italien. Seine letzten Jahre waren von geistigem und körperlichem Verfall überschattet. Mit *Der Revisor* hatte er »die beste Komödie der Welt« (Egon Friedell) und mit *Die Nase* die erste surrealistische Erzählung der Weltliteratur geschrieben, und Dostojewskij meinte, aus der Erzählung *Der Mantel* sei überhaupt die ganze russische Literatur entstanden.

Michail Lermontow

»Meine Herren, ein Mann, der Puschkins Platz hätte einnehmen können, ist getötet worden«, rief Zar Nikolaus I. aus, als ihn die Nachricht vom Tod Lermontows erreichte. Dieser starb, bloß 26jährig, im Zweikampf, offenbar absichtlich hatte er einen Offizier zu einem Duell provoziert. Er war bereits zum zweiten Mal in den Kaukasus verbannt worden, nachdem er sich in St. Petersburg mit dem Sohn des französischen Gesandten duelliert hatte. Leidenschaftliche Verse gegen die Mörder Puschkins waren der Grund für die erste Versetzung gewesen. Im ersten Exil schrieb er, seine Gedichte wurden publiziert, und sein Ruhm wuchs. Auch Teile des Romans *Ein Held unserer Zeit* entstanden dort, aber dem alten Zaren gefielen sie nicht: »Mit solchen Romanen verdirbt man die Sitten. Guten Aufenthalt M. Lermontov, und reinigen sie ihren Geist.«

Charles Dickens

Die Schwerelosigkeit seiner Kindheit endete in einer doppelten Erniedrigung. Ein Onkel verschaffte dem 12jährigen eine Stelle in einer Schuhcreme-Fabrik, damit Charles der finanziell ruinierten Familie nicht mehr zur Last fiel. Sein Vater wurde dennoch ins Schuldgefängnis gesperrt; der Rest der Familie folgte ihm. Nachdem die Schulden getilgt waren, durfte Charles wieder in die Schule, bis er 15 war. In Anwaltskanzleien erlernte er dann das Handwerk des Schreibens. Stenographieren brachte er sich selber bei, weil er mit dieser Fähigkeit Karriere zu machen gedachte. Er wurde Parlamentsberichterstatter. Die Veröffentlichung von kurzen Skizzen über das Leben in London brachten ihm 1836 den Auftrag ein, eine Erzählung über einen Amateursportklub zu schreiben. Zögernd erklärte er sich dazu bereit, und es entstanden *Die Pickwickier.* Dickens' Arbeitsweise bestand in der oft gleichzeitigen Niederschrift mehrerer Romane in Fortsetzungen, wodurch er die Reaktionen des Publikums direkt anhand der Absatzzahlen verfolgen konnte. Dickens war ein gutaussehender und gutgekleideter, rühriger Mann, ein gerngesehener Gast und ein sympathischer Gastgeber. Daß er einst Schauspieler hatte werden wollen, war für die Besucher seiner Lesungen offensichtlich, war er doch ein glänzender Vortragskünstler. 1836 heiratete er Catherine Hogarth, deren jüngere Schwester Mary, eine blühende Schönheit, in den Haushalt mit einzog. Mary starb. Dickens' Frau erlitt unter dem Schock eine Fehlgeburt. Er selber verzehrte sich vor Kummer über seine verlorene heimliche Liebe und trug den Ring, den er der Toten abgenommen hatte, bis an sein eigenes Lebensende. Die Romane, in denen Dickens mit Liebe und Humor die Welt der kleinen Leute darstellte und aus tiefem Mitleid Kritik an den sozialen Mißständen übte, waren ein lebenslanger Nachklang seiner in einer Fabrik verlorengegangenen Jugend.

Charlotte Brontë

Ein leichtfüßiger Bruder, eine grämliche Tante, ein erblindender Vater, die trostlose Moorlandschaft um Haworth und die drückende Armut bestimmten das Leben der drei Schwestern Brontë. Um Französischlehrerin zu werden, reiste Charlotte nach Brüssel und verliebte sich unglücklich in den Leiter des Pensionats Héger. Eine eifersüchtige Madame Héger und ein unbeeindruckter Monsieur Héger ließen ihre Herzenshoffnungen scheitern. Zurück in Haworth, veröffentlichte sie 1846 gemeinsam mit ihren Schwestern Emily und Anne Gedichte. Sie versteckten ihr Geschlecht hinter dem Pseudonym Brüder Bell, um den Vorurteilen gegenüber Schriftstellerinnen zu begegnen; die Kritik lobte, aber niemand kaufte. Charlottes Roman *Jane Eyre* hingegen zeitigte Ruhm, Geld und, als herauskam, daß eine Dame vom Lande ihn geschrieben hatte, einen Skandal.

Henry David Thoreau

Er war ein Entdecker, der zu Hause blieb und sein Ich erforschte. Die Stadt Concord hat Thoreau zeitlebens nie für länger als für einen zweijährigen Studienaufenthalt in Harvard verlassen. Danach unterrichtete er in Concord und wurde gerügt, »keinen Gebrauch von der unerläßlichen körperlichen Züchtigung« zu machen. Er eröffnete eine Privatschule. Später wurde er Sekretär von Emerson, auf dessen Waldstück beim Waldensee er 1845 eine Blockhütte baute, in der er zwei Jahre lebte und *Walden oder Leben in den Wäldern* schrieb. Auf einem seiner Ausflüge in die Stadt wurde er verhaftet, weil er vier Jahre keine Wahlsteuern gezahlt hatte. In der anschließenden Nacht im Gefängnis konzipierte er den Essay *Über die Pflicht zum Ungehorsam gegen den Staat.* Nach seiner Rückkehr vom Waldensee wurde er Landvermesser und engagierte sich für die Abschaffung der Sklaverei.

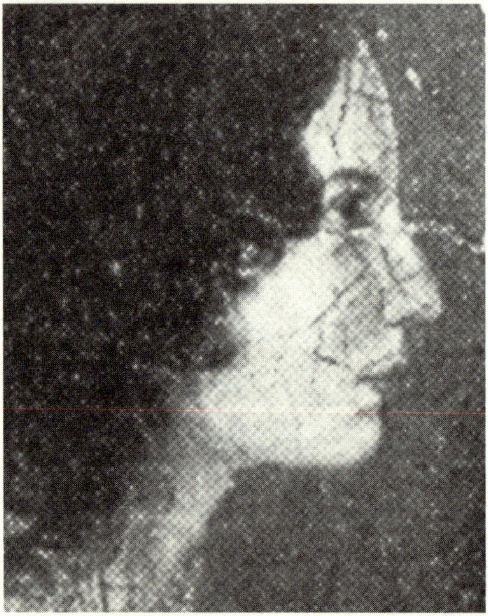

Emily Brontë

Dreimal in ihrem Leben verließ sie ihr Dorf, einmal für die Schule, einmal um als Gouvernante zu arbeiten und schließlich, um in Belgien zu studieren; aber jedesmal kehrte sie nach kurzer Zeit zurück – oder sie wurde zurückgeschickt, weil man fürchtete, sie könnte vor Heimweh umkommen. Weite Moore, kalte Winter und braune Hügel, das war ihre Welt, und das ist auch die Welt in ihrem Meisterwerk *Sturmhöhe.* Der Roman wurde 1847 unter dem männlichen Pseudonym Ellis Bell veröffentlicht. Die Kritik beanstandete, daß der Autor eines solchen Werks wahnsinnig und von Brutalität besessen sein müsse; es war nicht gerade ein Buch, das man einer zurückgezogen lebenden viktorianischen Lady zugeschrieben hätte. Nach ihrem Tod schrieb ihre Schwester Charlotte ein Vorwort, in dem sie die wahre Autorin nannte und deren Charakter verteidigte.

Iwan Turgenjew

Der Sohn aus reichem Altadel, ein Einzelkind, studierte in Berlin Literatur und Philosophie. Er begeisterte sich für Hegel und wurde zum Gegner des Leibeigenensystems. Ab 1847 schrieb er seine Skizzen aus dem Leben der russischen Bauern, die gesammelt als *Aufzeichnungen eines Jägers* erschienen und ihn berühmt machten. Das Buch soll den späteren Zaren Alexander II., der es als Kind gelesen hatte, zu seinem Entscheid bewogen haben, die Leibeigenschaft aufzuheben. Die Liebe zur Opernsängerin Pauline Viardot machte aus Turgenjew den europäischsten Schriftsteller Rußlands: Mehr als die Hälfte seines Lebens verbrachte er mit ihr und ihrem Mann außerhalb seiner Heimat, vor allem in Deutschland, seinem »zweiten Vaterland«, und Frankreich, und war mit den größten Dichtern seiner Zeit – Flaubert, Mérimée, Storm – befreundet.

Theodor Fontane

»Schon die bloße Redensart, ›meine Kunst ist mir heilig‹, bringt mich um.« Fontanes Handfestigkeit war es wohl, die ihn zum einzigen im Ausland gelesenen deutschen Romancier seiner Zeit machte und über seine Zeitgenossen weit hinaushob. Dabei veröffentlichte er seinen ersten Roman, *Vor dem Sturm*, erst mit 58. Die Existenz als freier Schriftsteller war ein früher Traum gewesen, der an Geldproblemen gescheitert war. Im Beruf seines Vaters, als Apotheker, arbeitete er lustlose 14 Jahre, bevor er 1849 ein Hungerjahr lang schrieb. »Ein Apotheker, der anstatt von einer Apotheke von der Dichtkunst leben will, ist so ziemlich das Tollste, was es gibt«, so Fontane. Die Heirat zwang ihn dann, sich bei der *Preußischen Zeitung* als Londoner Korrespondent zu verdingen und »Zeitungskram« zu schreiben, dem er »am liebsten Lebewohl« gesagt hätte. Als Journalist lebte er zwischen 1855 und 1859 in London, kam während des Deutsch-Französischen Kriegs nach Frankreich, wo er als Spion festgenommen und nur dank einer energischen Intervention von Bismarck freigelassen wurde. Nach einer Anstellung bei der *Kreuz-Zeitung* fand er endlich genügend Muße zum Schreiben. Fontanes Ressort war England, doch die Leser interessierten nach dem Krieg vor allem die deutsch-französischen Beziehungen. Oft bat Fontanes Chefredakteur ihn deshalb, nur wenige Zeilen zu schreiben, »je weniger, desto besser«. So blieb viel Zeit, ausgedehnte Reisen in die Mark Brandenburg zu unternehmen, aus denen die *Wanderungen durch die Mark Brandenburg* entstanden. Erst im Alter schrieb Fontane seine großen Romane *Irrungen, Wirrungen,* den Eheroman *Effi Briest* oder *Der Stechlin.* In diesem seinem letzten Roman steht der Satz, der wie ein Motto für Fontanes eigenes Schreiben klingt: »Das Alte, soweit es Anspruch darauf hat, sollen wir lieben, aber für das Neue sollen wir recht eigentlich leben.«

Walt Whitman

Das Handwerk des Schreibens lernte er als Setzerlehrling am Setzkasten. Walt Whitman wurde Journalist, dann Chefredakteur, bis sein Engagement gegen die Sklaverei seine Karriere beendete. Er kehrte nach Brooklyn zu seinen Eltern zurück und half beim Zimmern. 1855 veröffentlichte er unter dem Titel *Grashalme* zwölf Gedichte. Der Empörung der Kritiker und dem finanziellen Mißerfolg stand nur Emersons Enthusiasmus entgegen, der die Sammlung als »außerordentliche amerikanische Probe von Geist und Wahrheit« begrüßte. Von Auflage zu Auflage wuchs die Zahl der aufgenommenen Gedichte auf fast 400, die Zahl ihrer Verehrer blieb bescheiden. 1873 verlor Whitman seine Arbeitsfähigkeit infolge einer Lähmung. Er zog nach Camden, wo er durch einen Kreis von Anhängern bis zu seinem Tode unterstützt wurde.

Herman Melville

»Daß Melville einen Dachschaden hat, steht sehr zu befürchten.« Was ein Kritiker zu *Moby Dick* äußerte, mag zumindest eines dokumentieren: Ausgerechnet mit einem der großartigsten Romane der Neuen Welt begann der Abstieg des recht bekannten Schriftstellers in die Vergessenheit. Melvilles Vater war bankrott und geistig zerrüttet gestorben. Er selbst befuhr ab 1841 auf einem Walfänger den Pazifik. Auf den Marquesasinseln fiel er in die Hände sogenannter Kannibalen, mit denen er einige friedliche Wochen verlebte; über sie schrieb er sein erstes, erfolgreiches Buch, *Taipi*. Wieder in den USA, heiratete er und ließ sich in Massachusetts auf einer Farm nieder. Nach dem Mißerfolg mit *Moby Dick* publizierte er nur wenig, gab dann die Farm auf und arbeitete im Hafen von New York bei der Zollbehörde. *Billy Bud*, sein letztes Werk, wurde erst 1924 veröffentlicht.

Gottfried Keller

Er hat viel erreicht. Aber er erreichte nur selten, was er gewollt hatte. Er war der wichtigste Schweizer Dichter des 19. Jahrhunderts und angesehener Staatsschreiber des Kantons Zürich. Dagegen jedoch seine unerfüllt gebliebenen Wünsche: Maler zu werden, Dramatiker zu werden, von Mutter und Schwester unabhängig zu sein, zu heiraten, letztendlich glücklich zu werden – wie hätten die ›öffentlichen Ämter‹ seine Träume wettmachen können? Gottfried Keller wurde 1819 in Zürich geboren. Dortselbst und in München, wo er vor allem Umgang mit Landsleuten pflegte, machte der Halbwaise eine Lehre als Kunstmaler. Seine Erfolglosigkeit ließ ihn niedergeschlagen zu seiner Mutter zurückkehren. In der Tasche die ersten Skizzen zu einem Roman, zog er nach Heidelberg, wo ihn während seines Studiums der Religionskritiker Ludwig Feuerbach beeinflußte. Die Idee, Theaterstücke zu schreiben, führte Keller nach Berlin. Was er dort jedoch schrieb, war sein Lebensroman *Der grüne Heinrich*. Ein Drama, *Therese,* blieb Fragment und sein Wunsch, als Dramatiker hervorzutreten, zeitlebens unerfüllt. Er kehrte erneut nach Zürich in die finanzielle Abhängigkeit von seiner Mutter zurück. Nach Jahren als Journalist und Gelegenheitsdichter saß er als Staatsschreiber 15 Jahre lang beinahe ausschließlich vor Protokollen und Gesetzesvorlagen und abends in Wirtshäusern, wo er gerne seinem Temperament mit Krakeel und Gepolter Luft machte. Als er nach dem Tod seiner Mutter und nach so vielen Mißerfolgen einer Frau begegnete, die seine Liebe erwiderte, schien mit einer Verlobung das private Glück in greifbarer Nähe – bis seine Braut sich ertränkte. Keller trat von seinem Amt zurück und machte sich an die Ausarbeitung früherer Entwürfe. Sein künstlerischer Wille und seine Gesundheit zerfielen zusehends, den vielen Ehrenbezeugungen entzog er sich, bis er nach langer Krankheit starb.

Charles Baudelaire

Er war das Urbild des Poète maudit und sein Leben »von Anfang an verflucht«. Mit sechs verlor er seinen Vater; seinen Stiefvater, den Major und späteren General Aupick, verachtete er, wegen einer psychischen Krise wurde er aus dem Lyzeum geworfen, ein Studium der Rechte brach er ab. Der opium- und haschischtrunkene Dichter, Kunstkritiker und Bürgerschreck verpraßte in kürzester Zeit das väterliche Erbe und wurde von seiner Mutter entmündigt. Für den Rest seines Lebens versteckte er sich mit seiner Geliebten, der Mulattin Jeanne Duval, in Elendsquartieren vor seinen Gläubigern. Als 1857 *Die Blumen des Bösen* erschienen, wurden der Wegbereiter der modernen Lyrik und sein Verleger zu Geldstrafen verurteilt und sechs der 131 Gedichte zensiert »wegen Verletzung des Schamgefühls und Aufreizung der Sinne«.

Fjodor Dostojewskij

Sein Vater wurde von leibeigenen Bauern auf seinem Landgut ermordet. Dostojewskij selbst wäre 1849 auf Befehl des Zaren beinahe hingerichtet worden. Wegen staatsfeindlicher Aktivitäten (Verlesung eines »kriminellen Schreibens«) zum Tode verurteilt, steht er bereits gefesselt auf dem Richtplatz, als er zur Deportation nach Sibirien begnadigt wird. Als verheirateter Offizier kehrt er zehn Jahre später nach St. Petersburg zurück, wo schnell eine erste Werkausgabe erscheint. In Westeuropa ruiniert ihn seine Leidenschaft für das Roulette. Zu unermüdlicher Arbeit gezwungen, schreibt er wie besessen, verbrennt einmal aus Furcht vor Zollkalamitäten mehrere seiner Manuskripte und hinterläßt ein literarisches Werk von Weltrang. Seine Gabe, die innersten Bereiche der menschlichen Seele darzustellen, macht aus ihm den Inbegriff des russischen Romanciers.

Gustave Flaubert

Seinem Vater, einem Chirurgen am Krankenhaus von Rouen, sah er als Kind heimlich beim Sezieren zu, als literarischer Realist machte er seine Schreibfeder zum Skalpell. Romane und Dramen schrieb er schon in der Schule, wo er vom »tiefen Abscheu vor der Menschheit« ergriffen worden war und schlechte Noten mit nach Hause brachte. Nach einem heftigen epileptischen Anfall brach er sein Jurastudium ab und zog sich auf den Familienbesitz in Croisset bei Rouen zurück. Er nahm sich vor, nie zu heiraten, und widmete sich fast ausschließlich dem Schreiben. Von seinem Arbeitstisch aus sah er auf die Seine, und den Schiffern wurde seine Schreibtischlampe ein verläßlich bis zum Morgengrauen leuchtendes Signal. Er war ein Fanatiker der Sprache, der gegen jede subjektive Färbung kämpfte und »lieber wie ein Hund krepieren« wollte, als »eine Sekunde zu früh einen Satz niederzuschreiben, der noch nicht reif ist«. Für einen Roman benötigte er im Schnitt sieben Jahre, vier davon für Vorbereitungen; für *Bouvard und Pécuchet* las er etwa anderthalbtausend Bücher. Vom Romantiker zum Realisten hatten ihn seine Freunde Du Camp und Bouilhet bekehrt. Vier Tage lang hatte er ihnen seinen Roman *Die Versuchung des heiligen Antonius* vorgelesen. Als er mit der Faust auf den Tisch schlug und »Nun?« rief, war das Urteil seiner Freunde gnadenlos: »Du solltest es ins Feuer werfen und nicht mehr davon sprechen.« Bouilhet schlug Flaubert eine Geschichte vor, die er in der Zeitung gelesen hatte. Aus ihr entstand 1857 *Madame Bovary*. Bevor er sich aber an den neuen Stoff wagte, machte er mit Du Camp eine Reise in den Orient, von der er den Entschluß mitbrachte, Croisset nie mehr zu verlassen. Der einzige Kontakt zur Außenwelt war ein reger Briefwechsel mit seiner Geliebten Louise Colet und später mit George Sand und zahlreichen Schriftstellerkollegen.

Charles de Coster

Deutsche Volkssagen, Schillers *Don Carlos* und Goethes *Reineke Fuchs* waren für den in München geborenen Belgier die Quellen, aus denen er für sein eigenes Schreiben schöpfte. Die *Flämischen Legenden*, die er nach seinem Philosophiestudium veröffentlichte, brachten ihm einen kleinen Erfolg – den einzigen seines Lebens. Brüssel blickte gebannt nach Paris als Kapitale der Künste und der Literatur und überließ de Coster das bittere Los der Armut und das noch schmerzlichere der völligen Mißachtung. Die wenigen Trauergäste, die am 7. Mai 1879 den 52 Jahre alten Französischlehrer der Militärakademie beweinten, ahnten nicht, daß sie das erste Dichtergenie Belgiens ins Grab senkten – ein Genie, das seinem Vaterland mit der *Geschichte von Ulenspiegel* ein packendes Epos geschenkt hatte, das Stefan Zweig »unvergeßlich und unvergänglich« nannte.

Carlo Collodi

Carlo Lorenzini war der Sohn eines Florentiner Kochs, der noch elf andere Kinder hatte. Er studierte Philosophie und Rhetorik, wurde Bibliothekar, politisch engagierter Journalist – er begründete auch zwei kurzlebige satirische Zeitschriften – und schrieb langweilige Komödien, eine vergessene Tragödie und dröge Romane. Erfolg hatte er erst als Kinderbuchautor. Unter dem Pseudonym Collodi – so hieß das Heimatdorf seiner Mutter – schrieb er 1881 den *Pinocchio* für die Kinderzeitschrift *Giornale per i Bambini*, wahrscheinlich um Spielschulden abzuzahlen. Zwei Jahre später erschien die Buchausgabe und machte den Autor mit einem Schlag weltberühmt. Seine ersten deutschsprachigen Leser vergnügten sich allerdings (noch) nicht an den Abenteuern ›Pinocchios‹, sondern an jenen von ›Hippeltitsch‹ oder von ›Zäpfelkern‹.

Leo Tolstoi

Mit Rousseaus Konterfei als Medaillon um den Hals, das er wie ein Heiligenbild trug, kam der Student Tolstoi nach Jasnaja Poljana zurück, dem Herrenhaus seiner adligen Vorfahren. Er wollte das Elend der Bauern mildern, stieß jedoch auf Mißtrauen und Undankbarkeit. Vor dem Volk, vor seinen Gläubigern, am meisten jedoch vor sich selbst floh er in die Armee, wo er während des Krimkrieges unter Kugelhagel zu schreiben begann. Die literarische Gesellschaft jedoch ekelte ihn an. Er verlor den Glauben an die Kunst und an das Gute; der Glaube an die Liebe rettete ihn. Tolstoi kannte die Familie Behrs seit langem, war nacheinander in die Mutter und dann in jede der drei Töchter verliebt gewesen, bis er sich definitiv für die zweite Tochter entschied, Sofja Andrejewna. Ohne sie gäbe es weder *Krieg und Frieden* noch *Anna Karenina*: Sie spornte seine Schöpferkraft an, tippte seine Manuskripte ins Reine, gab dem genialen Schriftsteller während über zehn Jahren den für seine Arbeit nötigen inneren Frieden. Der dann plötzlich zerbrach: »Ich war keine 50 Jahre alt, ich liebte, ich wurde geliebt, ich hatte gute Kinder, ein großes Gut, Ruhm, Gesundheit, sittliche und körperliche Kraft. Plötzlich stockte mein Leben« – ihm war die Sinnlosigkeit desselben aufgegangen. Tolstoi teilte das Vermögen unter seiner Familie auf, kleidete sich wie ein Bauer und wurde Prediger und Moralist. Seine Frau hatte den Grafen und Schriftsteller geheiratet, nicht einen Bauern: die Ehe wurde zur Hölle. Trotzdem blieb er über 30 Jahre in Jasnaja Poljana, die Bindung an seine Familie war zu stark und sein innerer Konflikt zwischen Leben und Lehre ungelöst. Daß er trotzdem mit 82 eines Nachts ausriß, um einen Neubeginn zu wagen, und nach zehn Tagen in der kleinen Bahnstation Astapowo starb, verlieh seinem Leben jene Menschlichkeit, die aus Tolstoi eine Legende gemacht hat.

Jules Verne

»Von jetzt an werde ich nur noch im Traum reisen«, soll der elfjährige Jules reumütig versprochen haben, als sein Vater ihn vom Schiff holte, mit dem er heimlich nach Indien hatte ausreißen wollen. 1848 ging er, 20jährig, nach Paris, interessierte sich aber mehr fürs Theater als für sein Jurastudium oder die Straßenbarrikaden. Seine Vaudevillekomödien und Opernlibretti waren erfolglos, ebenso seine Börsenspekulationen mit dem väterlichen Vermögen. Beeinflußt von Dumas d. Ä. und von Poe, schrieb er einen Abenteuerroman. Der Erfolg von *Fünf Wochen im Ballon* war durchschlagend. In ungeheurer Arbeitswut – er stand morgens um fünf auf, sein Zettelkasten soll 25 000 Stichwörter umfaßt haben – verfaßte er bis zu seinem Lebensende über 90 vielgelesene Abenteuerromane, in denen die Helden sich die Freiheit nehmen, in ferne Welten zu reisen.

Emily Dickinson

Sie schrieb beinahe täglich ein Gedicht auf einen losen Zettel, den sie dann zusammen mit anderen zu kleinen Päckchen schnürte und in einer verschlossenen Truhe aufbewahrte. So wurden zu Lebzeiten nur einige wenige ihrer einzigartigen Gedichte veröffentlicht. Ebenso wenig wie ihr Werk verließ Emily Dickinson selbst das Haus in Massachusetts, in dem sie 1830 geboren worden war. Bald nach ihrem dreißigsten Lebensjahr beschränkte sie ihre Ausflüge auf den Garten; selbst ehemals gute Freunde wurden nicht mehr ins Haus gelassen und mußten durch die geschlossene Tür mit ihr reden. ›From beyond the grave‹, wie auch der Titel eines ihrer Gedichte lautet, eroberte sie mit ihrer Lyrik die Welt. Sie gilt als *die* amerikanische Dichterin des 19. Jahrhunderts und ist Vorbild einer ganzen Generation von Lyrikerinnen und Lyrikern in Amerika wie in Europa.

Wilhelm Busch

In Hannover bestand er zur großen Freude des Vaters das Zwischenexamen am Polytechnikum mit einer ›1 mit Auszeichnung‹. Er enttäuschte ihn jedoch kurz darauf mit dem Entschluß, nicht Maschinenbauer, sondern Maler zu werden. Nach Studienaufenthalten in Düsseldorf und in Antwerpen wurde Wilhelm Busch in München in die Königliche Akademie der Künste aufgenommen, trieb sich aber meistens im Künstlerverein ›Jung-München‹ herum. Die Freunde dort belächelten seine Malereien im niederländischen Stil, lachten dagegen herzlich über seine Karikaturen, die überschwengliches Lob ernteten. Anstatt, wie geplant, Bienenzüchter in Brasilien zu werden, begann er für die *Fliegenden Blätter* und den *Münchner Bilderbogen* zu arbeiten. Sein Scheitern als akademischer Maler und auch der »drängende Ernährungstrieb« begünstigten seine Arbeit als Karikaturist, Lyriker, Theaterautor und Bildergeschichten-Erfinder. 1865 erschien *Max und Moritz* in Buchform, ein klassischer Fall von Verlegergaunerei: Für das bald meistverkaufte Kinderbilderbuch der Welt erhielt Busch ein einmaliges Honorar von 1000 Gulden. Es ist in über 40 Übersetzungen erschienen, davon allein vier auf lateinisch, die exotischste auf altenglisch. Im Alter wandte sich der Junggeselle verstärkt der Malerei und der Grafik zu und malte fast 1000 meist kleinformatige Ölgemälde. Bis zu seinem Tod lebte er in Pfarrhäusern, zunächst in dem seines Schwagers, dann bei seinem Neffen, täglich bis zu 50 Selbstgedrehte aus starkem französischem Tabak rauchend. Wilhelm Busch ist der mit Abstand populärste deutsche Dichter und Humorist und der Erfinder des Comics. Kein Kind ist ohne *Max und Moritz* aufgewachsen, in keinem Haushalt fehlt ein Wilhelm-Busch-Album. Und sein beißender Spott gegen das biedere Bürgertum, an seinem Lieblingsschriftsteller Schopenhauer geschult, ist unsterblich.

Paul Cézanne

»Eine Antwort, und zwar schnell!« verlangte er in seinem letzten Brief von seinem Farbenhändler, der mit einer Lieferung in Verzug war. Die unzähligen Briefe an seinen Schulfreund Emile Zola sind eine Spur freundlicher gehalten. Schon der junge Paul hatte ein heftiges und schwer lenkbares Wesen, aber als Schüler war er fleißig und in Latein sogar besser als in Zeichnen. Auf Wunsch des Vaters studierte er Jura – tagsüber; abends besuchte er die Kunstakademie. Im Louvre bildete er sich selber, die Aufnahme in die Pariser Ecole des Beaux-Arts schaffte er jedoch nicht. Camille Pissarro erkannte seine Begabung als erster und führte ihn in den Kreis der Impressionisten ein, von dem er sich später wieder entfernte. Ab 1879 lebte Cézanne in völliger Zurückgezogenheit in Aix. Er starb an einer Erkältung, die er sich, auf freiem Feld malend, bei einem Gewitter zugezogen hatte.

Mark Twain

Geboren 1835, im Jahr der Erscheinung des Halleyschen Kometen, war er Druckerlehrling, Reisejournalist und Lotse auf dem Mississippi. Aus dieser Zeit stammt sein Pseudonym: Mark Twain bedeutet zwei Faden Tiefe, die sichere Tiefe für einen Dampfer. Er bereiste Hawaii, Europa und Israel. Wieder in den USA, heiratete er und ließ sich in Hartford nieder. Als sein eigener Verlag, in den er sein ganzes Geld investiert hatte, bankrott ging, mußte er mit dem Ertrag einer Vortragstournee durch Europa seine Gläubiger auszahlen. Es folgten weitere geschäftliche Mißerfolge und dann der Tod seiner Frau und zweier Töchter. Gegen Ende seines Lebens war aus dem mit Ehrungen überschütteten, heiter-nostalgischen Erzähler ein Pessimist und Menschenverächter geworden. Er starb 1910, bei der Wiederkunft des Halleyschen Kometen.

Friedrich Nietzsche

Als der Pastorssohn 1869 als 24jähriger Student zu einer Professur für Altphilologie nach Basel berufen wurde, war er nie für mehr als das Abitur geprüft worden. Krankheiten und beschämend schlecht besuchte Vorlesungen veranlaßten ihn, nach zehn Jahren zu kündigen und von seiner Pension zu leben. Einsam und als Staatenloser – wovon er nichts ahnte: er nahm fälschlich an, Schweizer geworden zu sein, nachdem er sich in Preußen hatte ›ausbürgern‹ lassen – philosophierte Nietzsche, sommers in Sils-Maria und winters in Italien, über den Adel des Übermenschen. Schon als Gymnasiast hatte er sich darin gefallen zu glauben, er stamme von einem polnischen Grafengeschlecht ab. 1889 traf ihn in Turin die Umnachtung. Mutter und Schwester umsorgten ihn in Weimar, bis er 1900 starb, von seinem beginnenden Ruhm nichts wissend.

Auguste Rodin

Dreimal versuchte er vergeblich, an der Ecole des Beaux-Arts aufgenommen zu werden, und 30 Jahre lang, sich als Künstler zu etablieren. Unverständnis und Ablehnung blieben sein Los, bis er im Alter weltberühmt wurde. Geld verdienen mußte er als Dekorateur, Gießer und Ziseleur auf dem Bau und in der Porzellanmanufaktur Sèvres. Prägend für ihn war seine Reise nach Italien, wo ihn »Michelangelo vom Akademismus befreite«. Mit seinen Skulpturen schuf Rodin seiner Sensibilität und seinem eigenen Erleben eindrucksvolle Denkmäler. Werk und Leben wurden von derselben Intensität beherrscht wie die tragische Beziehung zu seiner Geliebten Camille Claudel, die an ihm zugrunde ging. Hinter dem schlichten Titel *Die Kunst* verbergen sich Rodins Gespräche mit Paul Gsell, die als Programm eines wahren Künstlers aufrührerisch und versöhnlich zugleich sind.

Guy de Maupassant

In Paris hielt er es nicht lange in den muffigen Hörsälen der juristischen Fakultät aus, von der langweiligen Büroarbeit im Marineministerium lenkte er sich durch Rudern mit Freunden auf der Seine, durch Camping und durch Sport ab. Der Sproß einer alten, verarmten Adelsfamilie war nach der Scheidung seiner Eltern in der Normandie aufgewachsen, deren stürmische Natur sich auf seinen Charakter übertragen zu haben schien. Maupassant war ein Mensch der Sinne, der viel aß und trank und viele Frauen hatte. Seine Gemütsschwankungen und Leidenschaften waren ähnlich abrupt wie die Gezeiten an der normannischen Küste. Seine Frauengeschichten waren immer kurz, er heiratete nie, auf heitere Ausgelassenheit folgten tiefe Depressionen. Bei Schopenhauer, seinem Lieblingsphilosophen, fand er keinen Trost. Womit die Leere des Daseins ausfüllen? Mit seiner nutzlosen Arbeit nicht, mit Liebe sicherlich nicht, aber auch nicht mit der Literatur. Trotzdem schrieb er, unterstützt und geschult durch den besten, aber auch strengsten Lehrer: Flaubert. Nach zehn Jahren trat er 1880 mit einem Band Gedichte und der Erzählung *Schmalzpummel* an die Öffentlichkeit und wurde mit einem Schlag berühmt. Die Zeitungen rissen sich um seine Erzählungen, so daß er den Dienst im verhaßten Ministerium quittieren und sich allein durch sein unermüdliches Schaffen ein mondänes Leben und viele Reisen leisten konnte. Ab etwa 1889 verschlechterte sich der Zustand Maupassants immer mehr, die dunklen Stimmungen beherrschten sein Gemüt. Bis zu seinem Tod 1893 im Alter von nur 43 Jahren vegetierte er 18 Monate lang fast ohne Besinnung in Sanatorien. »Ich bin wie ein Meteor im literarischen Leben aufgegangen, und ich werde daraus verschwinden wie ein Blitz.« Dieser Satz, den er Jahre zuvor in einem Brief geschrieben hatte, bewahrheitete sich auf tragische Weise.

Robert Louis Stevenson

Die Nurse, grimmig und calvinistisch, wie sie war, paßte in das Haus von Stevensons Vater, eines wohlhabenden Leuchtturmingenieurs in Edinburgh. Der kränkelnde Sohn hatte dennoch seine Freude an ihr: Sie unterhielt ihn am Krankenbett mit Geistergeschichten und Märchen, bis er anfing, selbst welche zu erfinden und zu schreiben. Eine frühe Lungenerkrankung hinderte ihn am regelmäßigen Schulbesuch. Die vom Vater bestimmte Ausbildung zum Ingenieur und ein Jurastudium brach er ab, um Schriftsteller und Reisender zu werden – seine Krankheit zwang ihn zur ständigen Suche nach einem bekömmlichen Klima. Das Reisen war für Stevenson aber auch Flucht aus dem Elternhaus, gegen dessen moralische Prinzipien er schon als Student rebelliert hatte. Auf die großzügigen Zuwendungen seiner Familie verzichtete er aber zeitlebens nicht, denn obwohl er Kunst »in erster und letzter Linie« als ein Gewerbe ansah, blieben die Einkünfte bescheiden. Bis ihn 1886 ein Traum zu einer Geschichte inspirierte. Als seine Frau das Fehlen einer Moral bemängelte, verbrannte Stevenson den ersten Entwurf und verfaßte innerhalb von drei Tagen *Dr. Jekyll und Mr. Hyde* und damit seinen ersten großen Publikumserfolg. Drei Jahre später und nachdem er zuvor sein Leben in Frankreich, der Schweiz, Südengland und Nordamerika verbracht hatte, ließ Stevenson sich endgültig auf einer Südseeinsel nieder. Auf Samoa herrschte nicht nur ein für seine Gesundheit wohltuendes Klima, die Einwohner liebten Stevenson und nannten ihn ›Tusitala‹, Geschichtenerzähler. Seine Geburtstage wurden als Volksfeste begangen, aber es sollten nicht viele werden. Stevenson starb mit 44 Jahren, die Samoaner begruben ihn auf dem Berg Vaea. Wie eine Ironie des Schicksals erscheint es, daß er nicht an seiner lebenslangen Krankheit, der Tuberkulose, gestorben war, sondern an einer plötzlichen Gehirnblutung.

Olive Schreiner

1883 erregte in London ein Roman die Gemüter. Hinter dem unschuldigen Titel *Geschichte einer afrikanischen Farm* verbarg sich ein brennendes Plädoyer für die Emanzipation der Frau und hinter dem Verfassernamen Ralph Iron die junge, attraktive Olive Schreiner. Nicht nur ihr Buch, auch ihr Leben sorgte für Skandale: Sie war Pazifistin, Sozialistin, Antikolonialistin, Gegnerin der Apartheid und half Prostituierten und Frauen in Not. Sie verstand ihre Forderungen auch durchzusetzen: Ihr Mann zum Beispiel nahm nach der Hochzeit ihren Familiennamen an und nannte sich Cronwright-Schreiner. Ihr Leben spielte sich zwischen England und ihrer Heimat Südafrika ab, wo sie als Tochter eines strengen Missionarsehepaars – ein Schimpfwort setzte einmal 50 Rutenschläge – ihren Glauben verloren und als junge Gouvernante zu schreiben begonnen hatte.

Oscar Wilde

Nach dem Studium und der Veröffentlichung eines Gedichtbandes ging er nach Amerika und hielt Vorträge über Ästhetik. Er traf u. a. Walt Whitman und war später in Paris und London mit allen bedeutenden Künstlern bekannt. Nach seiner Heirat lebte er in London als Herausgeber der Frauenzeitschrift *Women's World*, bis seine literarische Produktion die Versprechungen seiner genialischen Pose einzulösen begann. Die Freundschaft mit Lord Alfred Douglas, genannt Bosie, wurde ihm 1895 zum Verhängnis: Wegen Homosexualität wurde Wilde zu zwei Jahren Zuchthaus verurteilt. Nach der Entlassung lebte er, dem Alkohol verfallen, als Sebastian Melmoth in Italien und Frankreich, wo er in Paris im schäbigen Hôtel d'Alsace starb. Dessen Besitzer spendete immerhin als einziger der sieben Teilnehmer an Wildes Beerdigung einen Kranz: »Meinem Mieter.«

Joseph Conrad

Seine polnische Heimat besetzten die Russen, seine Eltern waren tot. Nichts hielt Józef Teodor Konrad Korzeniowski, wie er eigentlich hieß, in Krakau zurück. Mit 17 heuerte er in Marseille auf der ›Mont Blanc‹ an, vier Jahre später wechselte er, ohne ein Wort Englisch zu sprechen, zur britischen Handelsmarine. Er wurde englischer Staatsbürger, als Kapitän befuhr er die Meere Südamerikas und des Fernen Ostens, bis eine Expedition in den Kongo seine Gesundheit ruinierte und ihn 1894 zwang, seinen Dienst zu quittieren. Seinen ersten Roman begann er auf den letzten, unbedruckten Seiten eines Exemplars von *Madame Bovary*. Das Meer war »seine ganze Welt und die Handelsflotte seine einzige Heimat« gewesen, nun wurde es die englische Sprache, die er zeitlebens mit starkem polnischem Akzent sprach, als deren unübertroffener Stilist er jedoch gilt.

Arthur Conan Doyle

Dr. Doyle teilte mit seinem Dr. Watson das Schicksal, derart wenige Patienten zu haben, daß er sich anderweitig beschäftigen mußte. Er verlegte sich aufs Schreiben. Anfängerpech, daß sein erster Roman bei der Post verlorenging. Im dritten erfand er dann Sherlock Holmes, und bestimmt hat er sich oft gewünscht, dieses Manuskript wäre auch verlorengegangen. Holmes' Berühmtheit war Doyle nämlich zeitlebens äußerst lästig, da sie sein übriges Schaffen überdeckte, besonders die ihm wichtigen historischen Romane. Auch für Skifahren und Spiritismus begeisterte sich Doyle. Seine eigentliche Berufung, Menschen zu helfen, vergaß er aber auch als Schriftsteller nicht: Im Burenkrieg leitete er ein Lazarett, er deckte Justizirrtümer auf und rettete wohl unzähligen Seeleuten das Leben durch seinen Einsatz für strengere Sicherheitsbestimmungen in der Marine.

Anton Čechov

Hinter seinem Werk spürt man den Arzt, der mit Mitgefühl seinen Patienten zuhört, und man spürt die stille Ironie denjenigen gegenüber, die ein Rezept gegen ein unglückliches Leben verlangen. Doch auf die Frage »Was ist das Leben?« wußte Čechov nur zu antworten: »Was ist eine Mohrrübe? Eine Mohrrübe ist eine Mohrrübe, mehr ist darüber nicht zu sagen.« Über Čechov läßt sich vielleicht nur der eine Satz von Samuel Beckett sagen: »There was never a smile like his.« Geboren wurde Anton Čechov 1860. Sein Großvater war Leibeigener gewesen und hatte sich freigekauft, sein Vater war ein kleiner Kaufmann, der Bankrott machte. Die Familie mußte ihr Haus in Taganrog in Südrußland verkaufen und zog nach Moskau. Anton blieb vorerst als Dienstbote im Haus, das seiner Familie gehört hatte. Dank eines Stipendiums begann er drei Jahre später in Moskau Medizin zu studieren. Unter dem Pseudonym Čechonte schrieb er kleine Erzählungen für humoristische Gazetten. Auch als praktizierender Arzt schrieb er weiter, mit wachsendem Erfolg, so daß er sich einen Jugendwunsch erfüllen konnte, den Kauf eines Landhauses. Eine Lungentuberkulose erzwang jedoch immer häufigere Aufenthalte in südlichem Klima, so daß Čechov auf die Krim übersiedelte. 1901 heiratete er die Schauspielerin Olga Knipper, die er vier Jahre zuvor kennengelernt und gegen deren Heiratswünsche er sich bislang gesträubt hatte. Sie führten eine merkwürdige Ehe, lebten wegen der Theaterverpflichtungen Olgas selten zusammen und schrieben sich viele Briefe. Ab 1903 verschlechterte sich Čechovs Gesundheitszustand, doch entgegen den Empfehlungen der Ärzte arbeitete er verbissen an seiner neuen Komödie *Der Kirschgarten* weiter. Kurz nach deren triumphaler Uraufführung starb er in Badenweiler. Seine letzten Worte waren: »Ich habe so lange keinen Champagner mehr getrunken«

O. Henry

Er ging weder gerne noch lange zur Schule und wurde in Texas Farmarbeiter, Drogist und Kassierer bei der First National Bank in Austin. Letztere Beschäftigung brachte ihm eine Vorladung wegen angeblicher Unterschlagung ein. Er floh nach New Orleans, wo er Bananendampfer entlud, dann nach Honduras, wo er ein abenteuerliches Vagabundenleben führte. Die Nachricht von der schweren Erkrankung seiner Frau veranlaßte ihn, nach Austin zurückzukehren, wo er erst nach ihrem Tod – so nachsichtig waren die Behörden immerhin – zu fünf Jahren Gefängnis verurteilt wurde. Hier entstanden nachts die ersten seiner über 600 Stories. Als er 1902 wegen guter Führung vorzeitig aus dem Gefängnis entlassen wurde, war aus William Sidney Porter der im ganzen Land bekannte Schriftsteller O. Henry geworden; angeblich war dies der Name eines Gefängniswärters.

Ambroise Vollard

Die Bilder von Renoir, Cézanne, Matisse, Picasso hängen heute in allen Museen der Welt, aber zum ersten Mal sehen konnte man sie in Vollards kleiner Galerie in der Rue Laffitte. Seine legendäre Verkaufsmethode hatte er aus seiner Heimat mitgebracht, der sonnigen und etwas verschlafenen Insel Réunion: Aus seinem Nickerchen, das er in seiner Galerie zu halten pflegte, erwachte er erst, wenn der Preis, den der Kunde bot, hoch genug war. Künstler schätzten ihn nicht nur als Galeristen und Verleger, sondern auch als Modell, eine für ihn nicht sehr erbauliche Tätigkeit. »Die Hemdbrust scheint mir ganz gelungen« lautete das Urteil von Cézanne nach 150 Sitzungen, wie Vollard in seinen *Erinnerungen eines Kunsthändlers* erzählt. Sie strotzen vor Anekdoten und sind ein wichtiges und bestimmt das witzigste Quellendokument über die moderne Kunst.

Luigi Pirandello

Das Leben erfuhr er schon früh als eine »sehr triste Farce«. Sein Vater reagierte auf jeden Widerstand mit Wutanfällen oder monatelangem Schweigen. Pirandellos Frau, von einem manisch-eifersüchtigen Vater erzogen, der sie vor der Welt abgeschirmt hatte, war Wahnvorstellungen ausgeliefert und wurde zunehmend ausdrucksgehemmt. Sie fiel in geistige Umnachtung, nachdem das in einer Schwefelgrube angelegte Familienvermögen verloren war. Die Brüchigkeit der bürgerlichen Normalität, den Zwiespalt zwischen Schein und Wirklichkeit behandelte Pirandello in zahlreichen Novellen, sein beängstigendes Weltbild milderte er aber mit Humor. Weltbedeutung erlangte er durch seine Theaterarbeiten. Das Stück *Sechs Personen suchen einen Autor* war 1921 in Rom ein Reinfall, später in Mailand ein Triumph, dann ein Welterfolg. 1934 erhielt er den Nobelpreis.

H. G. Wells

Seiner Verträumtheit war es zuzuschreiben, daß er mehrere Lehren abbrechen mußte. Und seiner angeschlagenen Gesundheit, daß er nach seinem Studium der Naturwissenschaften nicht Lehrer werden konnte und deshalb zu schreiben begann. Wells bezeichnete sich als Autor »wissenschaftlich fundierter Abenteuergeschichten«, führte Phänomene wie Unsichtbarkeit, Zeitreisen und die Invasion der Erde durch Ungeheuer aus dem All in die Literatur ein, war als Frauenheld ein Verfechter sexueller Freizügigkeit und träumte vom Weltstaat. Er besuchte Lenin, Stalin und Roosevelt und setzte seinem sozialistischen Idealismus am Ende des Ersten Weltkrieges mit *Die Geschichte unserer Welt* ein Denkmal. Am Ende des Zweiten jedoch war er enttäuscht von dieser Welt, und er nannte sein letztes Buch *Der Geist am Ende seiner Möglichkeiten*.

Henri Matisse

Während der Genesung von einer Blinddarmoperation begann der 20jährige Matisse zu malen. Er ging ein zweites Mal in seinem Leben nach Paris, wiederum für ein Studium – das erste Mal war es Jura gewesen, jetzt war es die Malerei. Nach einem Aufenthalt in der Bretagne hatte er sich von den Vor-Bildern, die im Louvre hingen, gelöst und war »auf dem Weg zur Farbe«. Bis 1905 malte er impressionistisch und pointillistisch, dann begründete er, was später Fauvismus heißen würde. Ab 1941 konnte Matisse nach zwei schweren Operationen den größten Teil seiner Arbeit nur mehr vom Bett aus bewältigen. In Vence widmete er sich – obwohl kein religiöser Mensch – der Ausgestaltung der Kapelle des Dominikanerklosters, das gegenüber seiner Villa lag. Matisse' ästhetische Ansichten und wichtige Gespräche mit dem Meister vereint der Band *Über Kunst*.

Erskine Childers

Schlicht »die beste Abenteuergeschichte« nannte John Buchan *Das Rätsel der Sandbank*, das Childers 1903 schrieb. Das Leben des Autors war nicht weniger abenteuerlich. Nach einem brillianten Studium der Rechte in Cambridge wurde er Sekretär im Britischen Unterhaus, eine Tätigkeit, die ihm Zeit für lange Seefahrten entlang der Dänischen und Baltischen Küsten ließ. Er kämpfte freiwillig im Burenkrieg, interessierte sich für die irischen Nationalisten und wurde Anwalt der Irish Home Rule. Mit seinem Schiff schmuggelte er aus Deutschland Waffen für den Oster-Aufstand der irischen Rebellen von 1916. Er arbeitete für den englischen Geheimdienst und wurde hoch dekoriert. Nach Ende des ersten Weltkriegs schlug er sich als Partisan im irischen Bürgerkrieg auf die republikanische Seite. 1922 wurde er von politischen Gegnern erschossen.

Christian Morgenstern

Sein einziger Roman und seine Dramentrilogie blieben unvollendet, von der kleinen Form konnte er sich nie lösen und von seiner Schriftstellerei nie leben. Er blieb »Gelegenheitsdichter und nichts weiter«, im Hauptberuf Übersetzer von Ibsen, Strindberg und Hamsun, Feuilletonist und Redakteur. Nach der dritten Hochzeit des Vaters von diesem entfremdet – die Mutter hatte er mit zehn Jahren verloren – reiste er viel, wegen seiner Tuberkulose vornehmlich in die Hochalpen. Morgensterns bekannte Nonsensgedichte, vor allem die *Galgenlieder*, überdecken den weit umfangreicheren sinnsuchenden Teil seines Werks, das im letzten Lebensjahrzehnt im Zeichen einer mystischen Gottsuche stand. Aufschlußreich sind dabei die Widmungsempfänger seiner Gedichtbände: Den ersten eignete er »dem Geiste Friedrich Nietzsches« zu, seinen letzten Rudolf Steiner.

Saki

Als Sakis Mutter kurz nach der dritten Geburt wieder schwanger wurde, schickte der besorgte Vater, ein britischer Polizeiinspektor in Burma, sie ins sicherere, sanft-hügelige Devonshire. Dort wurde sie auf einem ruhigen Feldweg von einer wilden Kuh überrannt. Eine Bizarrerie, wie Saki sie erfunden haben könnte. Die Mutter ersetzten ihm zwei strenge Tanten, die sich gegenseitig befehdeten und dennoch Zeit fanden, ihn und seine Geschwister zu tyrannisieren. Seine Kindheitserfahrungen machte er zu seiner Geschäftsgrundlage: Die zynischen Kurzgeschichten, in denen es von Tanten nur so wimmelt, wurden zu seinem Markenzeichen als Schriftsteller. Saki starb 1918 als freiwilliger Soldat in einem französischen Schützengraben. Seine letzten Worte – von einem Kameraden vernommen – waren: »Lösch die verdammte Zigarette!«

W. Somerset Maugham

Ausgedehnte Reisen hatten ihn bis nach Ostasien und auf die Südseeinseln gebracht, Missionen für den britischen Geheimdienst während des Ersten Weltkriegs nach Rußland und in die Schweiz. Er kannte die ganze Welt, und die Menschen waren überall gleich: Ihre Eitelkeit und ihren Wahnsinn durchschaute Maugham mit distanziertem Blick, doch spürt man hinter seiner Ironie neben Skepsis auch Mitgefühl und das Kind, das mit zehn Jahren seine Eltern und seine Kindheit verloren hatte. Nur widerwillig hatte ihn sein Onkel in England aufgenommen, ein Geistlicher, der ein patriarchalisch-puritanisches Erziehungsregiment über ihn ausübte. Für seine Mitschüler war Maugham ein gefundenes Opfer: Er war von kleiner Statur und sprach gebrochen Englisch, weil er stotterte und in Paris französischsprachig aufgewachsen war. Dennoch arbeitete er sich zum Klassenprimus hoch und verließ aus Trotz ein Jahr vor dem Examen die Schule. Als vagabundierender Student ging er nach Heidelberg, wo sich ihm eine neue Welt eröffnete, die der Kunst, der Literatur und der Erotik. Um sich und seinem Onkel zu beweisen, daß er auch im bürgerlichen Sinne zu etwas taugte, studierte er Medizin. Den Arztberuf übte er nie aus, dafür waren seine ersten Romane und seine Theaterstücke zu erfolgreich. 1930 ließ er sich auf Cap Ferrat an der Riviera nieder, wo er, abgesehen vom Krieg, bis zu seinem Tod 1965 lebte. Nachdem seine Ehe nach zehn Jahren geschieden worden war, hatte er ein homosexuelles Verhältnis mit seinem Sekretär Gerald Haxton. Seine Bücher machten ihn zum Millionär und zum meistgelesenen englischen Schriftsteller dieses Jahrhunderts. Er schämte sich nicht, »›nur ein Geschichtenerzähler‹ genannt zu werden. Im Gegenteil, ich bin stolz auf diese Beschreibung meiner Tätigkeit. Das Ziel der Kunst ist zu gefallen, und ich sehe keinen Sinn darin, zu schreiben, wenn einen keiner liest.«

G. K. Chesterton

In der Schule galt er als schläfrig und skurril, als Erwachsener wegen seiner glänzenden Essays und Zeichnungen als Genie. Seine Zerstreutheit war legendär: »bin in market harborough wo soll ich sein?« telegraphierte er seiner Frau, als er vergessen hatte, wo er einen Vortrag zu halten hatte. Seine Körperfülle erlaubte ihm, seinen Platz im Bus nicht nur einer Dame, sondern dreien zu überlassen. Gefürchtet war Chesterton als wortgewaltiger Liberaler, der sich gegen Dekadenz und Nihilismus des Fin-de-siècle ereiferte und den viktorianischen Imperialismus, Konservatismus und Sozialismus bekämpfte. Die Freundschaft mit Pater John O'Connor regte später eine religiöse Reflexion an, die 1922 zum Übertritt zur katholischen Kirche führte. O'Connor war auch das Modell für den Pater Brown seiner berühmten Detektivgeschichten.

John Buchan

Mit 21 Jahren stellte er eine Liste von »Ehren, errungen und noch zu erringen« auf, zwei Jahre später stand er im *Who's Who* – als schreibender Student. Sein Eintrag in der Bibel der Berühmten dieser Welt wurde immer länger: Parlamentsmitglied, Generalgouverneur von Kanada und schließlich erster ›Lord of Tweedsmuir‹ – eine beeindruckende Karriere. Doch der Nachwelt ist er besonders als Erfinder des Spionageromans in Erinnerung. Buchan war ein Mann vom Fach – nach Studium in Oxford und einigen Jahren als Sekretär von Lord Milner in Afrika war er im ersten Weltkrieg Chef des Geheimdienstes. Mit *Die neununddreißig Stufen* – 1935 von Alfred Hitchcock verfilmt – schrieb er den Klassiker des Agentenromans und lieferte damit das Muster für das Genre. Daneben schrieb er zahlreiche historische Werke und Biographien.

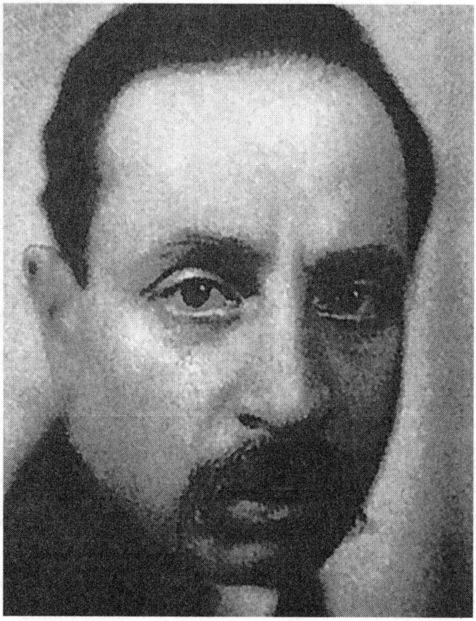

Rainer Maria Rilke

»Wenn wir in Deutschland Dichter sagen, denken wir an Rainer Maria Rilke«, so Stefan Zweig. Rilkes gesamtes Werk ist Poesie – nicht nur die Gedichte, sondern auch Prosa und Briefe. Und vielleicht sein Leben selbst. Rilkes Liebesbeziehungen waren meist nur von kurzer Dauer. Die fiktiven Briefwechsel, mit denen er die Liebe vorentwarf, waren von einer Intensität, die das Leben nicht einlösen konnte. Nur in der Dichtung konnte er sein Ideal der Liebe verwirklichen. Der Sohn eines Beamten, der von einer adeligen Familie abzustammen meinte, wurde nirgends richtig seßhaft. Rilke lebte häufig bei Freunden und Mäzenen, so als Nachbar von Lou Andreas-Salomé in Berlin, bei Rodin – dessen Sekretär er war – in Paris, bei Marie von Thurn und Taxis in Duino (wo die *Duineser Elegien* entstanden), bis er auf Muzot im Wallis endlich Fuß faßte und bis zu seinem Tode blieb.

Jack London

»Körper und Seele waren verhungert«, beklagte Jack London seine freud- und mittellose Jugend. Er verschlang erst Abenteuergeschichten, dann Spencer, Darwin, Nietzsche und Marx. Sie ersetzten ihm die Universität, die er sich nur für ein Semester leisten konnte, und Stevenson und Kipling animierten ihn zum Schreiben. Bevor er aber mit 1000 Wörtern am Tag und mit über einer Million Dollar Tantiemen der produktivste und bestbezahlte amerikanische Autor wurde, sah er als Seemann, Goldsucher und Robbenfänger die Welt. 1907 brachen London und seine Frau Charmian Kittredge auf seiner Jacht ›Snark‹ zu einer Weltreise auf, bis gesundheitliche und finanzielle Probleme ihn zur Heimkehr zwangen. In den letzten 15 Jahren seines Lebens ruinierte er sich mit Extravaganzen und Alkohol und beging 1916 auf seinem feudalen Landsitz vermutlich Selbstmord.

Robert Walser

Die Mansarden und die kleinen Anstellungen in Zürich ließ Robert Walser 1905 hinter sich und folgte seinem gefeierten Maler-Bruder Karl nach Berlin. Seine produktivsten und anfänglich auch erfolgreichsten Jahre als Schriftsteller endeten jedoch in einer psychischen Krise, die zum Rückzug in eine konsequente Subjektivität führte. Noch häufiger als in Zürich wechselte er in Bern die Wohnungen, seine Isolation wuchs, seine Schrift wurde immer winziger und verlor sich in den bleistiftgeschriebenen Mikrogrammen. Nach mehreren Selbstmordversuchen trat Walser von sich aus in die Heilanstalt Waldau bei Bern ein, wo er an seinem »mannigfaltig zerschnittenen Ich-Buch« weiterschrieb. Erst als er gegen seinen Willen in die Anstalt von Herisau überführt wurde, legte er seinen Bleistift für immer weg. Er starb auf einem seiner geliebten Spaziergänge, am Weihnachtsabend 1956.

Egon Friedell

Die Matura bestand der spätere Verfasser der *Kulturgeschichte der Neuzeit* und der *Kulturgeschichte des Altertums* erst im vierten Anlauf, die Promotion im zweiten. Er war ideal für die Rolle des Goethe im gleichnamigen Kabarettstück, das er mit Alfred Polgar zusammen geschrieben hatte. Darin wird Goethes Geist in der mündlichen Matura über sich selbst befragt und fällt kläglich durch. Friedell war Theaterkritiker, Schauspieler, Dramaturg, Conférencier, Aphoristiker, Feuilletonist, Herausgeber, Übersetzer, Schriftsteller und ist als Kulturhistoriker bis heute unübertroffen. Er war auch Jude. Als einen Tag nach dem Anschluß Österreichs ans Deutsche Reich, am 16. März 1938, zwei SA-Männer in der Wiener Gentzgasse 7 an seiner Wohnungstür klingelten, sprang der 60jährige Friedell vom dritten Stock aus dem Fenster.

Albert Einstein

Als Wissenschaftler erklärte er die Welt im großen, als Autor kennt man Einstein vor allem durch die kleine Form des Briefes: Berühmt sind sein Schreiben an Präsident Roosevelt, in dem er sich für die Entwicklung der Atombombe aussprach, der Briefwechsel mit Sigmund Freud zur Frage »Warum Krieg?« und seine Privatkorrespondenz über E, Quantentheorie, Intellektuelle, Hitler, Toleranz, Todesstrafe, m, Mischehe, Mozart, c^2 und Manschettenknöpfe. Einsteins Karriere begann in Zürich, wo er am Polytechnikum studierte. In Bern arbeitete der frischgebackene Physiker im Patentamt als ›technischer Experte dritter Klasse‹ und verfaßte nebenher seine Abhandlungen über die Relativitäts- und andere Theorien. Seine anschließende Laufbahn als Professor für Physik führte ihn über Zürich, Prag und Berlin 1933 nach Princeton.

Lord Dunsany

Lord Dunsany betrachtete sich in erster Linie als Mitglied seines Clubs, erst dann als Ire, Gentleman und Soldat, schließlich als Jäger und Schachspieler. Gleichwohl hat er unzählige Bücher hinterlassen, darunter vor allem seine phantastischen Münchhausiaden um Jorkens und die unsterblich gebliebenen Detektiv- und Horrorgeschichten von Smetters. Dunsany wurde 1878 als 18. Lord seines Geschlechts geboren und kämpfte als Offizier im Burenkrieg und im Ersten Weltkrieg. Danach engagierte er sich als Freund von Yeats nicht weniger leidenschaftlich für die Gründung des Abbey Theatre. Als Professor für englische Literatur und vermutlich auch in geheimer diplomatischer Mission war er von 1940 bis zum Einmarsch der Deutschen in Athen. Seinen Lebensabend verbrachte er stilgerecht mit Fuchsjagden und Cricketspielen auf seinen ausgedehnten Gütern in Irland.

Pablo Picasso

Als der etwa 13jährige einmal nach der Vorgabe seines Vaters, des baskischen Zeichenlehrers José Ruiz, Tauben malen sollte, war dieser vom Resultat so begeistert, daß er ihm seine Farben und Pinsel überreichte und die Malerei aufgab. Als Erwachsener signierte Pablo seine Werke dann nur noch mit ›Picasso‹, dem Mädchennamen seiner andalusischen Mutter. In Paris wurde sein Atelier Bateau Lavoir Treffpunkt für Künstler, die eine neue Ästhetik schaffen wollten. 1907 übermalte Picasso, beeindruckt von afrikanischen Plastiken, im Bild »Les Demoiselles d'Avignon« zwei der fünf Akte mit heftig deformierten, geometrischen Gesichtern: Der Kubismus nahm seinen Lauf und sollte nicht der einzige Anstoß bleiben, den Picassos Genie seinen Zeitgenossen gab. Der Band *Über Kunst* vereint die ästhetischen Ansichten Picassos, der behauptete: »Ich sage nicht alles, aber ich male alles.«

Juan Ramón Jiménez

Er ging nach Sevilla, um Jura zu studieren, doch statt in den Hörsaal zog es ihn zu den Flamencotänzerinnen und zu den Malern. Er wurde Dichter, avancierte in Madrid zum Wortführer des Modernismus und zum Vorbild der spanischen Lyrik. Nach dem Ausbruch des Bürgerkriegs ernannten die Republikaner Jiménez, der aus seinem Haus ein Waisenhaus gemacht hatte, zum Kulturattaché in New York, um ihn in Sicherheit zu bringen. Aus dem Exil kehrte er nie zurück. Als Heimat blieb ihm einzig die spanische Sprache, das wichtigste Gut für den Poeten, der in einem Gedicht nichts weiter forderte als: »Gebt uns / Wenn auch nur, was ein Vöglein beim Vorüberfliegen singt! / – den Duft, den eine Rose in sanften Augen hinterläßt! / – den himmlischen Glanz, der mit einer Träne verdunstet!« 1956 wurde sein Werk mit dem Nobelpreis ausgezeichnet.

B. Traven

Er war ein Freund der Indios, ein Feind der Großgrundbesitzer und Öltrusts und der bekannteste Unbekannte der deutschen Literatur. Als er 1969 starb, waren seine Bücher in Dutzende von Sprachen übersetzt und in über 25 Millionen Exemplaren verbreitet. Über ihn, der sich hinter der Bemerkung versteckte: »Die Biographie eines schöpferischen Menschen ist ganz und gar unwichtig«, wußte man nichts. Wurde er 1882 in San Francisco oder 1890 in Chicago geboren? Gesichert scheint, daß er sich im Weimar der zwanziger Jahre als Ret Marut ohne Erfolg als Schauspieler und Regisseur versuchte, bevor er in München die radikalanarchistische Zeitschrift *Der Ziegelbrenner* herausgab und im wesentlichen selbst schrieb. Nach dem Sturz der bayerischen Räteregierung, an der er als Zensor und Presseredakteur beteiligt war, entkam er nach Mexiko.

Franz Kafka

Nichts war ihm wichtiger als Schreiben. Dennoch wäre ihm wohler gewesen, sein Verleger hätte seine Manuskripte zurückgeschickt, statt sie zu veröffentlichen. Seine Ansprüche an sich selbst waren enorm, seinen Nachlaß – also alles, was ihm nicht gut genug erschien – wollte er verbrannt haben. Sein Leben kannte keinen Erfolg. Sein Vater und das Unverständnis, das er Franz entgegenbrachte, beherrschten sein Leben. Dreimal war er verlobt gewesen, zu einer Hochzeit kam es nie. Unglücklich war auch die Liebe zur Journalistin Milena Jesenská, der er seine Tagebücher übergab – der Briefwechsel mit ihr endete, wie er begonnen hatte: mit einem distanzierten ›Sie‹. Wegen Tuberkulose wurde er – promovierter Jurist, der sich tagsüber im Büro einer Versicherungsgesellschaft langweilte und abends schrieb – mit 39 Jahren pensioniert, zwei Jahre später, 1924, starb er.

Joachim Ringelnatz

In der Schule fand er die Kreide »abscheulich zum Anfassen« und ihr Quietschen auf der Tafel »stechend empörend«. Er wurde »verpetzt oder erwischt und immer wieder bestraft« und schließlich vom Gymnasium gewiesen. Hans Bötticher, wie Ringelnatz bürgerlich hieß, kam als Seemann durch etwa 22 Länder, von denen er einige näher kennenlernte, indem er mehrmals desertierte, denn Kapitäne hatten sich als noch brutalere Lehrer erwiesen. Während seiner Fluchten nahm er, um nicht zu verhungern, alle möglichen Jobs an, der ungewöhnlichste war der eines Schlangenbändigers. In Hamburg begann er als Bürolehrling einer Dachpappenfabrik eine kaufmännische Karriere, die in einem Münchener Reisebüro endete, als der Weltreisende, der angegeben hatte, fünf Sprachen zu sprechen, einen spanischen Kunden nur mit »Aranjuez, Don Carlos« zu bedienen wußte. In München entdeckte er das Künstlerlokal Simplicissimus und der ›Simpl‹ entdeckte ihn: Er wurde zum ›Hausdichter‹ und begann Gedichte und Geschichten zu veröffentlichen. Er hatte viele Künstlerfreunde und sehr wenig Geld: Als er in der Nachbarschaft ein Zigarrengeschäft eröffnete, brachten es »gute Freunde und Mangel an Kapital nach neun Monaten aus dem Gleichgewicht«. Nach dem Weltkrieg begann der Leutnant a. D., seine Verse mit Ringelnatz, dem seemännischen Namen für das glückbringende Seepferdchen, zu signieren und heiratete 1920 »ohne Geld, ohne Wohnung und ohne Verstand« Leonharda Pieper, alias ›Muschelkalk‹. Das Kabarett zog ihn aus der Misere, Ringelnatz wurde beim Berliner Schall und Rauch engagiert und tourte danach, seine Dichtungen vortragend, durch ganz Deutschland. Anfänglich schlief er bei Freunden in Teppiche eingerollt, später reiste er mit dem Flugzeug. 1933 erhielt Ringelnatz Auftrittsverbot; er verarmte und starb im Jahr darauf an einer Lungenkrankheit.

Sean O'Casey

In einem Dubliner Slum wurde er als letztes von 13 Kindern protestantischer Eltern geboren und »auf der Straße« erzogen. Wegen eines Vitaminmangels erblindete er beinahe und konnte die Grundschule nur drei Jahre besuchen, wurde Botenjunge, Bau- und dann Bahnarbeiter. Er lernte und las mit der gründlichen Leidenschaft eines Autodidakten, trat der Gälischen Liga und der Gewerkschaft bei und verfaßte Kampfschriften. Beim Osteraufstand 1916 wurde er verhaftet und entging nur knapp der Exekution. Den Kampf für die Unabhängigkeit Irlands und für alle Unterdrückten führte er in seinen Theaterstücken und Büchern weiter, die von seiner Haßliebe zu Irland zeugen. In seinem selbsterwählten englischen Exil starb 1964 der Revolutionär, der zum Schriftsteller geworden war und dessen Werk, nach Heinrich Böll, »biblische Ausmaße und Größe« besitzt.

Raymond Chandler

Er habe die Sorte Verstand mitbekommen, mit der man schlechthin alles werden kann – wenn auch nur mittelmäßig. Wir wissen nicht, wie gut er als Beamter beim Marineministerium, als Soldat im Ersten Weltkrieg bei der kanadischen Air Force oder als Direktor kleiner Ölgesellschaften war. Das Marineministerium jedenfalls war für ihn »zum Davonlaufen«, der Krieg war zu Ende, bevor seine Fliegerausbildung es war, und die Wirtschaftskrise beendete ihrerseits seine Managerkarriere. Chandler begann zu schreiben, seine Sporen hatte er sich schon als Journalist abverdient. *Der große Schlaf* war sein erster Roman; dem Ruf Hollywoods folgend, verfaßte er auch Drehbücher. Nach dem Tod seiner Frau Pearl Cecily Hurlburt versuchte Chandler 1955 sich in der Dusche zu erschießen; der Versuch mißglückte und erlangte weltweit Publizität.

D. H. Lawrence

Die sozialen Differenzen waren stärker als die bald verblaßte Leidenschaft: Zwischen der Mutter, einer frommen Lehrerin aus bürgerlichem Haus, und ihrem Mann, einem lebenslustigen Bergarbeiter, herrschte offene Verachtung, die die Kindheit von Lawrence prägte. Keines der Kinder sollte im Bergwerk enden wie der Vater, dank Stipendien und selbsterarbeitetem Geld konnte Lawrence studieren und wurde Lehrer. Von der starken Bindung zu seiner Mutter befreite ihn Frieda von Richthofen, die Frau seines ehemaligen Professors. Sie brannte mit Lawrence nach Deutschland und Italien durch, ihre drei kleinen Kinder ließ sie zurück. Zwei Jahre später heirateten sie in London. »Wie eine Katze im Sack« saßen beide in England fest, als zwei Wochen später der Krieg ausbrach – sie hatten weder Ausreisepapiere noch Geld, da Lawrence' Roman *Der Regenbogen* wegen Pornographie verboten worden war und die Verlage seine Werke mieden. Seinen Landsleuten war Lawrence wegen seiner antimilitaristischen und antinationalen Gesinnung suspekt, die Polizei bespitzelte das Paar, weil sie in Frieda eine Spionin vermutete. Lawrence träumte davon, mit einer Gruppe gleichgesinnter Freunde naturverbunden in Freiheit zu leben, in einer utopischen Kolonie namens Rananin. Kaum war der Krieg vorbei, fuhren die Lawrences auch schon nach Italien: Florenz, Capri, Malta, Sizilien waren die ersten Stationen einer rastlosen Weltreise, die über Ceylon, Australien, Neuseeland nach New Mexico führte. »Es ist schwierig, in dieser Welt einen neuen Anfang hinzukriegen – es ist soviel leichter, lauter Enden hängen zu lassen«, konnte Lawrence' Schwiegermutter einem seiner auf deutsch geschriebenen Briefe entnehmen. In den letzten zwei Lebensjahren reiste er wieder wild durch Europa, diesmal auf der Suche nach einem Klima, das seine Tuberkulose mildern sollte. Vergeblich, er starb 1930.

Katherine Mansfield

Neuseeland empfand sie als schrecklich provinziell, ihre Eltern als bridgespielende Spießer. Der Cellounterricht war nur Vorwand gewesen, um nach London auszubrechen: Sie wollte schreiben und dafür, das fand sie unerläßlich, ›Erfahrungen‹ sammeln. Als sie schwanger wurde, dachte sie nicht an eine Heirat, bis sich ihre Mutter aus Auckland zu Besuch anmeldete. Um einen Skandal zu vermeiden (und den Verlust ihrer Zuwendungen), heiratete sie schnell einen ihrer vielen Verehrer und verließ den verdutzten Gatten noch in der Hochzeitsnacht. Sie erlitt eine Fehlgeburt. 1918 heiratete sie John M. Murry, den sie abgöttisch liebte, trotz seiner Eigensucht und Rücksichtslosigkeit ihren Gesundheitsproblemen gegenüber. Sie wollte in ihrem kurzen Leben »die Dinge auf die Spitze treiben«, ihre Geschichten dringen durch ihre Sinnlichkeit tief in die Herzen der Leser.

Agatha Christie

Die Frage »Wer war's?« blieb in keinem ihrer Romane unbeantwortet, doch als Agatha Christie 1926 für zehn Tage verschwunden war – ein ›Fall‹ nationalen Interesses –, blieb sie eine Antwort schuldig. Grund für ihr mysteriöses Verschwinden sollen der Tod ihrer Mutter und das Scheitern ihrer ersten Ehe mit Archibald Christie gewesen sein. Während dieser im Ersten Weltkrieg kämpfte, schrieb sie ihren ersten Krimi. In zweiter Ehe heiratete sie einen Archäologen und begleitete ihn zu vielen Ausgrabungen in den Nahen Osten. Sie schrieb aus Steuergründen jedes Jahr nur einen Roman, den ihr Verlag Collins dann mit dem immergleichen Slogan »A Christie for Christmas« in Rekordauflagen verkaufte. Einen Weltrekord hält ihr Stück *The Mousetrap,* das in London seit 1952 ununterbrochen gespielt wird, bis heute über 20 000mal.

Mary Hottinger

Die gebürtige Schottin aus dem Clan der Mackie, die einen Zürcher Anwalt geheiratet hatte, war in ein Genre vernarrt, das zu einer Cambridge- und Sorbonne-Absolventin, ehemaligen Dozentin für vergleichende Literaturwissenschaft und Übersetzerin von Schweizer Klassikern wie Gotthelf, Keller und Jacob Burckhardt eigentlich nicht paßte: die Kriminalgeschichte. Sie selbst schob ihr »morbides Interesse für Kriminalgeschichten, Berichte über Mordprozesse, grausame Erzählungen und lauter solche Sachen« auf ihr zweites Ich, für das ihr Verleger die Bezeichnung ›Bloody Mary‹ fand. Hottinger machte mit ihrem dreibändigen Standardwerk *Mord*, *Mehr Morde* und *Noch mehr Morde* den Krimi im deutschsprachigen Raum salonfähig und erhob als Herausgeberin zahlreicher anderer Anthologien das Zusammenstellen von Geschichten zu einer Kunst.

Jean Renoir

Nachdem 1916 eine deutsche Kugel seinen Einsatz in den Schützengräben beendet hatte, saß er mit Vorliebe in Kinos: »Wegen meiner Beinverletzung konnte ich keine langen Wege gehen.« Ins Filmgeschäft stieg der gelernte Keramiker nur ein, um aus seiner Frau Dédée einen Filmstar zu machen. Er hatte sie im Atelier seines Vaters Auguste Renoir kennengelernt, wo sie diesem für »Die Badenden« Modell gestanden hatte. Der Rest ist Filmgeschichte. »La règle du jeu« und »La grande illusion« machten ihn zum »größten Regisseur der Welt«, wie ihn Charlie Chaplin nannte. (Goebbels dagegen sah in ihm »unseren filmischen Hauptfeind«.) Renoir war auch ein meisterhafter Erzähler, wie seine Erinnerungen *Mein Leben und meine Filme* sowie die Biographie *Mein Vater Auguste Renoir* zeigen.

Ludwig Marcuse

Das bekannteste Foto – den Mantel angezogen, die Koffer parat – zeigt ihn als ewig Aufbruchbereiten, der nirgends zu Hause ist. »Wo gehöre ich hin? Ich bin ein Deutscher. Ich bin ein Jude. Ich bin ein Amerikaner. Ich bin ein Schriftsteller. Ich bin ein Professor.« Als skeptischer Anarchist und hartnäckiger Individualist war er »keiner Clique zugehörig, nie als Claqueur zu mißbrauchen« (Heinrich Böll). Als funkelnder Stilist, der »immer ›provocative‹ in des Wortes bester englischer Bedeutung« (Thomas Mann) war, erging es ihm wie zuvor Schopenhauer und Nietzsche: für die Philosophen war er ein Literat, die Literaten hielten ihn für einen Philosophen. Für viele Leser war er schlicht ein genialer Heine-, Börne-, Freud- und zweimaliger Autobiograph. Geboren wurde er 1894 im Berliner Hansa-Viertel; sein Vater, Inhaber der ›Carl Marcuse & Co‹, hatte es mit der Fabrikation von Mützen und Hüten zu einem beträchtlichen Vermögen gebracht und »zog einen Sohn heran, den eine Bibliothek dicht umstellte«. Dank des finanziellen Rückhaltes konnte dieser Sohn Philosophie in Berlin und Freiburg studieren, wo Georg Simmel zu »seinem Sokrates« wurde. In den zwanziger Jahren zerfraß die Inflation das Vermögen des Vaters, und Marcuse mußte als Theaterkritiker zu Geld kommen. Unmittelbar nach dem Reichstagsbrand emigrierte er über Sanary-sur-Mer an der Côte d'Azur in die USA, wurde 1944 amerikanischer Staatsbürger und nach Jahren der Entbehrung Professor für Philosophie und deutsche Literatur an der University of Southern California in Los Angeles, wo er durch seine für amerikanische Verhältnisse skurrile Leidenschaft fürs Spazierengehen auffiel. Nach der Emeritierung kehrte er 1963 nach Deutschland zurück. Er wohnte am Ende einer Sackgasse in Bad Wiessee als »äußerer Emigrant a. D., z. Zt. in der inneren Emigration, in spe jenseits von Heimat und Heimatlosigkeit«.

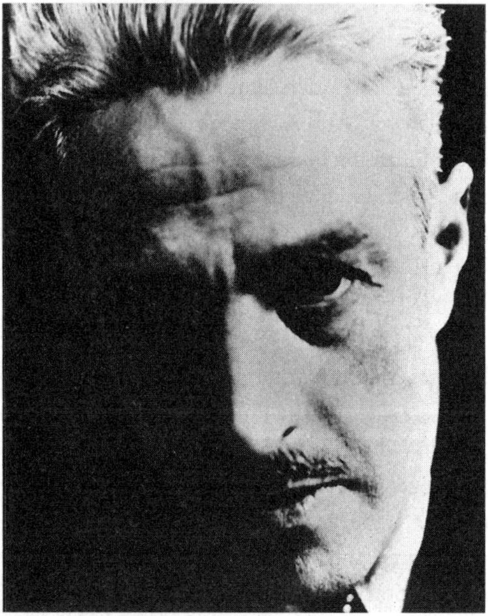

Dashiell Hammett

Acht Jahre lang arbeitete er in der berühmten Pinkerton National Detective Agency, die mit dem Slogan »Wir schlafen nie« um Kunden warb. Eine Lungenentzündung zwang ihn, den Beruf aufzugeben, und so setzte er seine Erfahrungen in Literatur um: Hammett ist der einzige Kriminalschriftsteller von Rang, der wirklich ›dabei‹ war. Der »Exdetektiv mit schlimmen Narben und höflichen Umgangsformen«, als den seine Freundin Lillian Hellman ihn beschrieb, gab viel Geld für Frauen aus, verdiente eine Menge mit Drehbuchschreiben und trank unmäßig, wie sein Freund Faulkner. Während der Kommunistenverfolgung unter McCarthy wanderte Hammett – der in zwei Weltkriegen als freiwilliger für sein Vaterland gekämpft hatte – für sechs Monate ins Gefängnis, wo er Toiletten putzen mußte.

Isaak Babel

»Ich bin auf einer großen, nicht enden wollenden Totenmesse«, schreibt Isaak Babel 1920 in sein Tagebuch, als er im Russisch-Polnischen Krieg als Kriegsberichterstatter an der Front steht. Nachdem der Sohn einer jüdischen Kaufmannsfamilie in St. Petersburg einige Erzählungen veröffentlicht hat, geht er auf Rat seines väterlichen Freundes Maxim Gorki »unter fremde Menschen«. 1923 hat er »genug gesehen und gelernt, um seine Gedanken klar und nicht zu weitschweifig auszudrücken«. Es erscheint der Erzählzyklus *Die Reiterarmee*, der ihn schlagartig berühmt macht; zu berühmt, denn Babels Bewertung des Krieges ist eindeutig – und steht im Widerspruch zur Parteilinie Stalins. Er wird 1939 verhaftet, erst ein halbes Jahrhundert später, nach dem Verfall der UdSSR, werden die Umstände seines Todes bekannt: Am 27. Januar 1940 wurde Isaak Babel hingerichtet.

Liam O'Flaherty

Für seinen älteren Bruder war vorgesorgt, er würde den Hof übernehmen, was aber sollte aus Liam werden? Wie gerufen kam jener Geistliche, der seinen Eltern anbot, ihn kostenlos zum Priester ausbilden zu lassen. O'Flaherty wurde in Dublin in ein Jesuiteninternat gesteckt, merkte aber spätestens im Priesterseminar, wie wenig das Geistliche ihm lag. Er studierte einige Semester und kämpfte im Ersten Weltkrieg in Frankreich. Als Kohlentrimmer kam er nach Rio de Janeiro und als Heizer, Holzfäller, Fabrikarbeiter, Schauspieler und Matrose durch die halbe Welt. Zurück in Irland, kämpfte er im Bürgerkrieg auf der republikanischen Seite und floh nach deren Niederlage nach London. Er hatte sich schon als Kohlentrimmer nach New York anheuern lassen, als sein erster Roman überraschend von einem Verlag angenommen wurde.

Friedrich Glauser

Er wurde der Schule verwiesen, weil er die Lyrik eines Lehrers abschätzig rezensiert hatte. Wegen »liederlichen und ausschweifenden Lebenswandels« ließ sein Vater ihn entmündigen. Glauser hatte in Zürich nicht Chemie studiert, sondern war dem Dadaismus und dem Morphium verfallen. Er geriet in ein wahnwitziges Karussell von Irrenanstalten, Zuchthäusern und Kliniken, von dem er mit Hilfe der Pflegerin Berthe Bendel absprang. Ein erster Versuch, aus dem Teufelskreis auszubrechen, war von seinem Vater unterstützt worden: Ihm war es nur recht gewesen, seinen Sohn in die Fremdenlegion verschwinden zu sehen. Glausers Erstling *Gourrama* handelt von dieser Zeit. Am 6. Dezember 1938, einen Tag vor der geplanten Hochzeit mit Berthe, fiel er – wahrscheinlich durch eine Überdosis Schlafmittel – in eine tiefe Bewußtlosigkeit, aus der er nicht mehr erwachte.

F. Scott Fitzgerald

Er war unglücklich als Princeton-Student, weil er nicht Kapitän der Footballmannschaft wurde, unglücklich als Leutnant, weil er nicht zum Fronteinsatz nach Europa kam, und unglücklich als Liebhaber. »Ich war in einen Wirbelwind verliebt und mußte ein Netz spinnen.« Der Wirbelwind war eine wunderschöne, verwöhnte, kapriziöse Tochter aus gutem Hause, Zelda Sayre. Das einzige Netz, mit dem er sie hätte fangen können, war aus Geld und Ruhm gestrickt. Nach zwei Jahren in einer New Yorker Werbeagentur hatte Fitzgerald sein Ziel erreicht: Mit 24 Jahren machte ihn sein erster Roman *The Crack-Up* berühmt und reich, und Zelda wurde seine Frau. Sie verkörperten den amerikanischen Traum. Jung, schön und erfolgreich, wie sie waren, standen sie im Mittelpunkt von Glanz und Glimmer. Und führten ein gintrunkenes Leben mit »tausend Partys und ohne zu arbeiten«, die Dollars wurden wie Konfetti verschleudert auf Long Island, in Paris und an der Riviera. Alles endete im schrecklichen Kater der Wirtschaftskrise, die aus dem Wortführer des Golden Age den der Lost Generation machte. Was Fitzgerald schrieb, wurde bei Lesern und Kritikern ein Flop, er schrieb immer seltener und trank immer mehr. Zank und Geldprobleme zerstörten die Ehe mit Zelda, die geisteskrank wurde. Um ihre Krankenhausrechnungen und das Schulgeld der Tochter zahlen zu können, ging Fitzgerald 1937 nach Hollywood. Als die Metro-Goldwyn-Mayer dem Drehbuchschreiber Schulberg mitteilte, man habe einen neuen Mitarbeiter eingestellt, einen gewissen Fitzgerald, rief jener aus: »Fitzgerald? Ich dachte, er sei tot.« Vier Jahre später war er es. »Ich weiß, wie meine Generation gesprochen hat. Ich habe ihre Sprache 20 Jahre lang belauscht... Wie können sie mich derart wegwerfen?« Im Jahr seines Todes verkaufte sein Verlag Charles Scribner's Sons 21 Exemplare seiner Bücher.

William Faulkner

Seine Heimat erschuf er neu und taufte sie Yoknapatawpha-County, besiedelt mit Gestalten seiner Phantasie und einem heillosen Weltbild, das der Mythologie und der eigenen Biographie entsprang. 1897 geboren, wuchs Faulkner in Oxford im Bundesstaat Mississippi auf. Seinem Drang zur Selbstdarstellung konnte er als Hilfsbuchhalter nicht nachkommen, und bevor er als kanadischer Flieger im Ersten Weltkrieg Heldentaten vollbringen konnte, »brach der Frieden aus«. Seine elegante Fliegeruniform konnte niemanden täuschen: Er stand ohne Ruhm, ohne Arbeit und ohne Frau da. Es blieb ihm die Literatur. Die Universität seiner Heimatstadt kannte ihn zwei Semester lang als Student, dann als Postmeister (während dieser Zeit warteten viele vergeblich auf ihre Briefe), später als Heizer im Universitätskraftwerk. Dort schrieb er nachts auf einem umgestoßenen Faß in 47 Tagen seinen zweiten Roman, *Als ich im Sterben lag* – bereits ein formvollendetes Meisterwerk. Zuvor hatte er seinen Jugendschwarm Estelle geheiratet, mittlerweile geschieden und Mutter zweier Kinder. Faulkner verschuldete sich, um ein Herrenhaus im Kolonialstil, Rowan Oak, zu kaufen, und als er später noch die umliegenden Wälder und eine Farm dazukaufte, konnte er behaupten: »Ich bin kein Literat. Ich bin einfach ein Bauer, der gerne Geschichten erzählt.« Sieben Jahre lang schuftete er in Hollywood »wie in einer Salzmine« an Drehbüchern. Obschon er dort ein paar Geliebte hatte, blieb er seiner einzigen Tochter Jill zuliebe bei seiner Frau und linderte die Ehekrisen mit seiner gewohnten Arznei, dem Bourbon. Nach dem Krieg war nur eines seiner Bücher lieferbar, was sich schnell änderte: 1949 erhielt er den Nobelpreis. Am Ende seines Lebens konnte er zu Recht sein Yoknapatawpha-County »als eine Art Schlußstein im Universum« ansehen, »den man – mag er auch noch so klein sein – nicht entfernen kann, ohne daß das Universum einstürzt.«

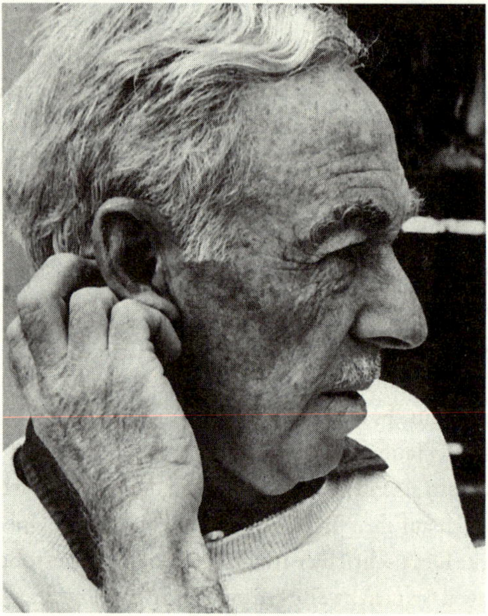

E. B. White

E. B. Whites Elternhaus war erfüllt von kakophonischem Gedudel und Geklimper, da sein Vater Direktor einer Klavierfabrik und eines Musikaliengeschäfts war. Vielleicht war er deshalb für die stille Kunst des Schreibens empfänglich. Studien- und Wanderjahre führten ihn »bis zum Packeis«. Der 21. Februar 1925 wurde zum Wendepunkt in seinem Leben, als er an der Grand Central Station die erste Ausgabe des *New Yorker* kaufte, dessen unverkennbaren, zeitlosen Stil er bald mit Gedichten, Aphorismen und Feuilletons über 40 Jahre lang mitprägen sollte. Außerhalb der USA wurde White durch seine Kinderbücher *Klein Stuart* und *Wilbur und Charlotte* bekannt. An seinem ersten Buch für Kinder schrieb er zwölf Jahre lang, weil er sich nur im Fieber traute, für dieses anspruchsvolle und verwöhnte Publikum zu schreiben. Und krank war er selten.

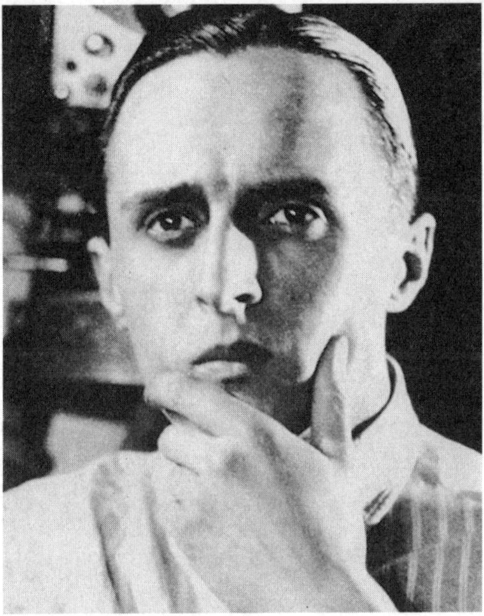

René Clair

Nach dem Ersten Weltkrieg arbeitete René Clair als Journalist und Theater- und Filmkritiker. Als eine seiner Freundinnen einen Märchenprinzen für einen Film suchte, setzte er zum ersten Mal den Fuß in ein Studio. Sie hatte ihm Amüsement und Girls versprochen, ihn lockte jedoch mehr die Gage, die es ihm hätte ermöglichen können, als freier Schriftsteller zu leben. »Für drei Tage kam ich, und mein ganzes Leben lang bin ich geblieben.« Bald wurde es ihm zu langweilig, nur vor der Kamera zu stehen, er wechselte die Seite und drehte 1923 seinen ersten Film, »Paris qui dort«. Seine Karriere führte ihn nach Großbritannien und während der Besetzung Frankreichs nach Hollywood, wo er von Frank Capra als einer der größten Filmkünstler der Welt begrüßt wurde. 1960 wurde René Clair als erster Filmregisseur in die *Académie française* gewählt.

Jean de Brunhoff

Als Maler beteiligte sich Jean de Brunhoff nur am Rand an den avantgardistischen Ismen seiner Zeit – Kubismus, Expressionismus, Surrealismus – und lag mit seinem Konservativismus hoffnungslos daneben. Ohne Babar, dem König der Elefanten, wäre seine Familie wahrscheinlich verhungert. Die rettende Idee hatte er seiner Frau zu verdanken, die, wie alle Mütter, ihren Kindern Gutenachtgeschichten erzählen mußte und eines Abends die Geschichte eines Elefanten erfand, der vor einem Jäger flieht und in die Stadt kommt. Laurent und Mathieu, die beiden Söhne, waren begeistert. Jean de Brunhoff spann die Geschichte weiter, gab den Helden Namen und malte die erste Episode. Babar eroberte die Kinderherzen in der ganzen Welt. Nach dem frühen Tod von Jean de Brunhoff führte Laurent das Werk seines Vaters weiter.

Elisabeth Schnack

Sie war die Grand Old Lady der Übersetzerkunst, als sie 1992 93jährig starb, hoch geehrt (Dr. h. c. des Dublin University College, Bundesverdienstkreuz erster Klasse) für die etwa 200 Prosawerke der angelsächsischen Literatur, die sie im Laufe ihrer Karriere dem deutschsprachigen Publikum erschlossen hatte. Eine Midlife-Karriere, denn erst im Alter von 45 Jahren begann Elisabeth Schnack in Genf Anglistik zu studieren, zwölf Jahre vergingen, bis 1950 ihre erste Übersetzung erschien. Hinter ihr lag bereits ein ungewöhnliches Leben: Nach Abitur und Ausbildung zur Lehrerin hatte sie 1924 mit 25 Jahren eine Schule in der Mandschurei gegründet, hatte dort einen deutschen Kaufmann geheiratet und Zwillingssöhne zur Welt gebracht, bevor sie aus gesundheitlichen Gründen 1938 in die Schweiz kam, die ihr zur neuen Heimat wurde.

Sean O'Faolain

Er wurde in Cork geboren, »für immer aufgespießt auf das grüne Fleckchen Erde im Universum«. Sein probritischer Vater war stolzer Polizist der Queen, die jedoch nur einen kargen Sold zahlte; die Mutter mußte Zimmer an Schauspieler vermieten. Mit Freikarten konnte er aus dem Muff des Elternhauses ins Theater fliehen. Zur zweiten Fluchtmöglichkeit wurde ihm der Kontakt mit antibritischen Lehrern, der während des Bürgerkriegs zum Engagement in der IRA als Bombenbauer und Informant führte, was den Bruch mit seiner Familie besiegelte. Sein Engagement bezahlte O'Faolain mit Gefängnis, er stand vor dem Nichts. Als er später ein Stipendium für Harvard bekam, war er fest entschlossen, Irland nie wiederzusehen. Doch das Heimweh war stärker als die Verbitterung; er kehrte zurück und arbeitete als Lehrer, bis er von den Tantiemen seiner Bücher leben konnte.

Fred Uhlman

»Sagen sie ihm, daß es in Paris jetzt sehr schön ist, sagen sie ihm *jetzt*«. Das Codewort durch das Telefon war für den Juden und Sozialdemokraten deutlich. 1933 flüchtete Fred Uhlman nach Paris. 1901 geboren, 1985 im Londoner Exil gestorben. Dazwischen lag ein Leben, beeinträchtigt durch ein wenig glückliches Elternhaus, gefährdet durch den Nationalsozialismus, bereichert durch künstlerische Talente und Freunde. In Stuttgart hatte er noch als Anwalt gearbeitet, »der nutzloseste Beruf für einen Emigranten«. 1934 begann er in Paris mit dem Malen, ohne Ausbildung und zu einer Zeit, da sich vierzigtausend Künstler in Paris tummeln – und er hatte Erfolg. In Spanien lernte er seine zukünftige Frau kennen, ging mit ihr nach England und macht sich einen Namen in der Londoner Kulturszene. Dort schrieb er sein bekanntestes Buch *Der wiedergefundene Freund*.

Vercors

Als 1942 *Das Schweigen des Meeres* als erstes Buch des legendären Untergrundverlags Editions de Minuit erschien, war die Resonanz immens. Ohne Haß und ohne Konzessionen an die Nazis plädierte der Roman für die Überwindung der verhängnisvollen deutsch-französischen Erbfeindschaft. Die Wirkung des Buchs wird allein durch die Tatsache deutlich, daß zwischen Kriegsende und 1955 davon mehr Exemplare verkauft wurden als etwa von Saint-Exupérys *Der kleine Prinz* oder von Camus' *Die Pest*. Geschrieben worden war es vom 1902 in Paris geborenen Jean Bruller, der nach seinem Ingenieurdiplom keine Pläne, sondern Karikaturen zeichnete und in der Résistance Schriftsteller wurde. Später war er einer der prominentesten kommunistisch orientierten Intellektuellen Frankreichs, distanzierte sich jedoch nach dem Aufstand in Ungarn vom Kommunismus.

Nathanael West

Nachdem der Sohn litauischer Juden von der Tuft University relegiert worden war, schrieb er sich an der Brown University mit falschen Zeugnissen ein, die von einem Namensvetter stammten, und verließ die Hochschule mit einem (echten) Diplom. Wie viele Exponenten der Lost Generation zog es ihn in den zwanziger Jahren nach Paris. Dort bewegte er sich in den Kreisen der Dadaisten und Surrealisten. Zurück in Amerika schlug er sich zunächst als Hotelmanager durch und pflegte Freundschaften mit vielen Schriftstellern, etwa mit F. Scott Fitzgerald, als dessen ›kleiner Bruder‹ er galt. Wie Fitzgerald vergeudete West in Hollywood sein Talent mit Drehbüchern für drittklassige Streifen, und schrieb einen desillusionierten Hollywood-Roman, *Der Tag der Heuschrecke*. West starb 1940 bei einem Autounfall, einen Tag nach Fitzgerald.

Georges Simenon

Wer über Simenon schreibt, wagt es kaum, mit Worten zu beginnen, schon gar nicht in der Nachfolge dieses Meisters des ersten Satzes. Aber er gibt jenen, die über ihn schreiben wollen, großzügig Gelegenheit, sich dem Phänomen Simenon mit Zahlen anzunähern. Also unterziehen auch wir uns dem Ritual: mehr als eine halbe Milliarde Gesamtauflage, über 300 Romane, mehr als 50 Verfilmungen, etwa 20 Pseudonyme und jene 10 000 Frauen, mit denen er – so kolportierte er selber – geschlafen haben soll: Zahlen, die nichts Maßvolles oder Meßbares wiedergeben. Nur wenig bescheidener nimmt sich sein Lebenslauf aus: Da sein Vater krank wurde, verließ Georges die Schule, begann kurz eine Konditor- und eine Buchhändlerlehre und wurde dann von der *Gazette de Liège* als Lokalreporter eingestellt. Nach ersten Erzählungen und einer Zeit in Paris als Privatsekretär eines Schriftstellers und eines Marquis begann Simenons unvergleichliche Schaffenswut. Den ersten einer Reihe von mehr als 180 Groschenromanen, *Le roman d'une dactylo*, schrieb er an einem Vormittag im Sommer 1924 auf einer Café-Terrasse. Während Monaten wohnte er auf seinem Boot, mit dem er bis nach Lappland fuhr, Reiseberichte und erste Maigret-Romane verfassend. Ständige Ortswechsel und manisches Schreiben bestimmten 30 Jahre lang sein Leben. Simenon hatte die ganze Welt kennengelernt, bevor er sich in der Schweiz niederließ. Anfang der siebziger Jahre verließ er seine Villa oberhalb des Genfersees, die nach eigenen Entwürfen gebaut worden und bereits das 30. Haus war, das er in seinem unsteten Leben bewohnt hatte, und bezog ein altes rosa Häuschen in einem Neubauviertel in Lausanne. Er entschloß sich, keine Romane mehr zu schreiben und statt dessen ausgreifende autobiographische Arbeiten zu diktieren. Sein reiches Leben krönte Georges Simenon mit der Niederschrift der monumentalen *Intimen Memoiren*.

Frank O'Connor

In den zwanziger Jahren kämpfte er für Irlands Unabhängigkeit, doch die Gewalt der IRA und die romantische Verklärung ihrer Märtyrer wurden ihm schnell zuwider. Sein Engagement öffnete ihm die Augen für den Zwiespalt zwischen seiner Heimatliebe und seiner Abneigung gegenüber der Religiosität und dem Nationalismus seiner Landsleute. Schon als Kind, im Armenviertel von Cork, war er ein Außenseiter. Er galt als Weichling, weil er Bücher las. Seine Leidenschaft machte er zum Beruf: Er wurde Buchhändler, dann Bibliothekar und schließlich Schriftsteller und Direktor des Dubliner Abbey Theatre. Als die Zensur sein künstlerisches Schaffen einengte, ging er ins Ausland, doch weder Leben noch Werk konnte er von seiner Heimat loslösen. »Wer seine Heimat so verewigt, der tut für Irland, was Čechov für Rußland tat«, sagte W. B. Yeats über ihn.

Walter Nigg

Ketzer seien ein Korrektiv zur Kirche, sagte Walter Nigg, und oft große Wegbereiter neuer Ideen. Von Ketzern und Heiligen, Propheten, Mystikern, Künstlern und Denkern handeln seine einfühlsamen und kraftsprühenden Bücher. Seiner Forderung, die Kirche sollte sich darauf konzentrieren, wie sie das Evangelium so verkünden kann, daß es die Leute packt, stand er selber in nichts nach. Er konnte seine Leser ›packen‹. Die Gesamtauflage seiner Werke, die er nicht zuletzt als Lebens- und Orientierungshilfe verstand, beträgt weit über eine halbe Million. Walter Nigg wurde 1903 in Luzern geboren und studierte in Göttingen, Leipzig und Zürich Philosophie und Theologie. Im zürcherischen Dänikon war er protestantischer Pfarrer, und an der Universität Zürich lehrte er als Titularprofessor für Kirchengeschichte.

George Orwell

Alle Menschen sind gleich, einige jedoch gleicher: Als armer Stipendiat an einer Eliteschule erlebte er die »größte Grausamkeit, die man einem Kind antun kann«, nämlich, »es auf eine Schule unter lauter Kinder zu schicken, die reicher sind als es selbst«. Fünf Jahre diente er in Burma bei der Indian Imperial Police, dann kündigte er, weil das Klima seine Gesundheit ruinierte und er schriftstellerische Pläne hegte, hauptsächlich aber weil er »auf keinen Fall länger einem Imperialismus dienen konnte«, den er als »ziemlich großen Volksbetrug durchschaut hatte«. Er gesellte sich als Tellerwäscher, Hilfslehrer, Hopfenpflücker und als Buch- und Gemischtwarenhändler zum Proletariat, dessen Leben er in Reportagen und Büchern beschrieb. Als er 1936 heiratete, konnte er sich nicht einmal einen Trauring von Woolworth leisten. Zur entscheidenden Erfahrung, die in seine Negativutopien *Farm der Tiere*, *1984* und in die meisterhaften Essays einging, wurde sein Engagement in der kommunistischen Miliz im Spanischen Bürgerkrieg, in dem er schwer verwundet wurde. Nach einem Aufenthalt im Lazarett mußte er sich im Hotel mit einem Gewehr vor den eigenen Leuten schützen, da die Kommunisten nicht regimetreue Gruppen eliminierten. Wieder entkam er nur knapp dem Tod und kehrte nach London zurück, wo er Mitarbeiter der BBC wurde. Das Ende des Zweiten Weltkrieges erlebte er als Korrespondent des *Observer* in Deutschland und Frankreich. Seine Absicht war, die politische Polemik in eine Kunst zu verwandeln, und sein Ausgangspunkt »immer ein Gefühl des Beteiligtseins, ein Gefühl für Gerechtigkeit und Ungerechtigkeit«. Diese Betroffenheit, sein unerschrockenes Suchen nach Wahrheit und seine Anklage der korrumpierenden Wirkung jeglicher Macht haben aus ihm einen Schriftsteller gemacht, der zum Gewissen unseres Jahrhunderts geworden ist.

Evelyn Waugh

Seine Eltern steckten ihn in ein anglikanisches Internat und hofften, er werde Priester. Waugh wurde nicht nur nicht Priester, er konvertierte überdies 1930 zum Katholizismus. Es war wohl auch nicht im Sinne seiner Eltern, daß er sein Geschichtsstudium in Oxford abbrach, um sich zum Maler ausbilden zu lassen. Er betätigte sich als Lehrer, Reporter und Kunsttischler, bis er schließlich in der Schriftstellerei das ihm angemessene Metier fand. Im Krieg diente Waugh als Offizier unter anderem bei den Kommandotruppen im Mittelmeergebiet und zuletzt als Verbindungsoffizier bei jugoslawischen Partisanen. Wie die Reisen der dreißiger Jahre fanden auch jene nach dem Krieg ihren literarischen Niederschlag. Waugh, der seit seiner Studentenzeit seine Neigung zu dandyhafter Extravaganz pflegte, liebte es, das Publikum durch kontroverse Äußerungen zu verunsichern.

Cornell Woolrich

Das Journalismusstudium an der Columbia University brach er nach vier Semestern ab, um seinem Idol F. Scott Fitzgerald nachzueifern. Als sein zweiter Roman verfilmt wurde, ging er als Drehbuchautor nach Hollywood. Nach einer kurzen Ehe mit der Tochter eines Produzenten und einigen homosexuellen Affären kehrte er nach New York zu seiner geschiedenen Mutter zurück. Sein Erfolg als Schriftsteller ermöglichte beiden lange Reisen und ein angenehmes Leben. In den Fünfzigern schwanden seine Popularität und sein Arbeitswille. Nach dem Tod seiner Mutter verelendete er im Suff und wartete, durch die Amputation eines Beines an den Rollstuhl gefesselt, in schäbigen Hotels auf den Tod, der ihn 1968 erlöste. Seiner Universität vermachte er eine Million Dollar für einen Stipendienfonds zugunsten angehender Schriftsteller – im Namen seiner Mutter.

Nicholas Blake

Als Student wurde der in England aufgewachsene Ire wegen seiner aufrührerischen Gedichte in Oxford fast aus der Universität gewiesen. Jahrzehnte später war er ebenda gefragter Professor für Poetik, Vizepräsident der Royal Society of Literature, Direktor des bedeutenden Verlages Chatto and Windus und wurde 1968 von der Königin zum ›poeta laureatus‹ gekrönt. Berühmt und hochangesehen war Blake unter seinem wirklichen Namen Cecil Day(-)Lewis, den er seit seiner kommunistischen Zeit in den dreißiger Jahren ohne ›upper-class‹-Bindestrich schrieb. Hohe Auflagen erreichten jedoch nur die Bücher mit seinem Pseudonym, nämlich die fast 20 Kriminalromane um den Detektiv Nigel Strangeways. Ihm gab er eine Biographie mit auf den Weg, die Züge derjenigen seines Studienfreundes und Dichterkollegen W. H. Auden trägt.

Henry F. Ellenberger

Den Namen Freud hörte er zum ersten Mal in Straßburg als Medizinstudent, die dynamische Psychiatrie lernte er in Paris kennen. Die Arbeit seiner Frau, einer russischen Adligen, die nach der Revolution eine Stelle als Wärterin im Moskauer Zoo fand, weckte sein Interesse am Vergleich zwischen menschlichem und tierischem Verhalten. Seit dieser Zeit pflegte er in jeder fremden Stadt die drei städtischen Zwangseinrichtungen zu besuchen: das Irrenhaus, das Gefängnis und den Zoo. Als Nervenarzt in der Schweiz erfuhr er in Gesprächen mit C. G. Jung viel über die Entstehungsgeschichte der dynamischen Psychiatrie, die er jahrzehntelang recherchierte und als Professor in Montreal in seinem monumentalen Standardwerk *Die Entdeckung des Unbewußten* zusammenfaßte. Peter Sloterdijk nannte es »den besten Fremdenführer durch das eigene Innere«.

Laurens van der Post

Die Frage »Wären Sie so freundlich, einen Moment zu warten?«, auf Japanisch gestellt, rettete ihm das Leben, als er im Zweiten Weltkrieg in Japanische Kriegsgefangenschaft geriet und erschossen werden sollte. Van der Post, »ein weißer, schwarzer Mann. Ein Mann, wie es ihn im nächsten Jahrhundert nicht mehr geben kann« wurde 1906 als Sohn einer Anwaltsfamilie in Südafrika geboren. Nach dem Krieg unternahm er zahlreiche Expeditionen in Afrika, wobei ihm die afrikanischen Idiome, die er als Kind von seiner Nurse gelernt hatte, von großem Nutzen waren. Seine Reise in die Kalahari-Wüste bildete dabei die Grundlage zu seinem wohl bekanntesten Film und Buch *Die verlorene Welt der Kalahari.* Der Zusammenprall einer in magisch-mythischen Bezügen ruhenden Welt mit unserer Zivilisation wurde zum Thema, das sein ganzes Werk durchzieht.

Jonathan Latimer

Mord und Totschlag waren sein Geschäft – Latimer berichtete als Reporter beim *Chicago Herald-Examiner* und bei der *Chicago Tribune* über das kriminelle Treiben in der Stadt, die damals die Verbrecherhauptstadt der Landes war. Um 1938 ging er nach Hollywood, blieb aber bei seinem Thema: Er schrieb zahlreiche Drehbücher zu Klassikern des film noir, zum Beispiel 1942 zu Hammetts *Der gläserne Schlüssel* und 1948 zu Woolrichs *Die Nacht hat tausend Augen.* Es folgten eigene Kriminalromane, die von Hammett, dem großen Vorbild, geprägt waren. Latimers ureigener, leicht grotesker und manchmal auch derber Humor macht sie jedoch einzigartig. Fünf Romane schrieb Latimer über den hartgesottenen Chicagoer Privatdetektiv William Crane. Drei davon sind verfilmt worden, so etwa *Wettlauf mit der Zeit* – ein Klassiker als Buch und auch als Film.

Eric Ambler

»Ich habe damals in einer Werbeagentur gearbeitet, wie jedermann, der es zu was bringen will. Ich wollte aber schließlich damit aufhören, immer nur Werbesprüche für Cornflakes herunterzuklopfen. Und da dachte ich, warum nicht den Thriller verändern, etwas Intelligentes, etwas Kulturelles daraus machen.« Der Sohn eines Entertainerehepaares, der gelegentlich als Amateur mit seinen Eltern aufgetreten war, der überzeugte Sozialist, der Maschinenbau studiert hatte und erste Schreiberfahrungen mit Sketchen, Songs und Werbetexten vorweisen konnte, schrieb also 1936 seinen ersten Roman, *Der dunkle Grenzbezirk*. Ambler hatte im Neben- wie im Hauptberuf Erfolg, sein Buch verkaufte sich, und er wurde Direktor der Werbeagentur. Nach zwei weiteren Romanen kündigte er, schrieb nochmals drei, darunter das Meisterwerk *Die Maske des Dimitrios*, und machte dann in der Armee als Oberst und als Produktionsleiter von britischen Lehr- und Propagandafilmen Karriere. Auch nach dem Krieg blieb Eric Ambler Produzent und Drehbuchautor und gewann mit »Der große Atlantik« einen ›Oscar‹. In den späten fünfziger Jahren zog er sich aus dem Filmgeschäft zurück und heiratete Joan Harrison, die Fernsehproduzentin von Alfred Hitchcock. Die beiden ließen sich in Hollywood nieder, und Ambler konzentrierte sich auf das Schreiben von gründlich recherchierten Thrillern, von denen zwei den Edgar-Allan-Poe-Preis gewannen. Anfang der achtziger Jahre kehrte er nach Europa zurück. Nach einem schweren Autounfall unweit des Genfersees begann er 1982 im Krankenhaus mit der Niederschrift seiner Autobiographie *Ambler by Ambler*, dank derer er seiner Sammlung von Edgar-Allan-Poe-Preisen einen weiteren hinzufügen konnte. Mittlerweile ist auch der zweite Teil seiner Autobiographie erschienen: *Wer hat Blagden Cole umgebracht?* Eric Ambler starb im Oktober 1998.

Jim Thompson

Er wurde 1906 in Anadarko geboren, das nicht viel mehr als »zwölfhundertachtzig Seelen« zählte. Wegen seines brutalen Großvaters begann er früh zu trinken und schlug sich als Glücksspieler, Sprengstoffexperte, Ölarbeiter und Alkoholschmuggler durch. Obwohl er mit 15 seine erste Kriminalgeschichte verkauft hatte, konnte er erst seit Beginn der fünfziger Jahre vom Schreiben leben, allerdings nicht von seinen Romanen, die alle nur als Heftchen im drittrangigen Verlag Lion Books erschienen: Er schrieb in Hollywood Drehbücher – für Stanley Kubrick, aber auch für billige Fernsehserien. Als er starb, war er vergessen, und seine Bücher waren nur noch in Antiquariaten zu finden. Mittlerweile sind sie stapelweise in den Buchläden aufgelegt, und in den Antiquariaten wanderten die alten 25-Cents-Ausgaben in die Vitrine.

Robert van Gulik

Ein Sinologe, der sich sowohl für mittelalterliche Rechtsprechung wie für das Sexualleben der alten Chinesen interessierte; ein brillanter Linguist, der ein Dutzend Sprachen beherrschte; ein Musiker, der die siebensaitige chinesische Laute spielte; ein holländischer Künstler, der Bücher illustrierte; ein humorvoller Familienvater, der sich auch mit seinen nichtmenschlichen Hausgenossen, den Gibbons, blendend unterhielt; ein Diplomat, der seine Karriere mit einem Botschafterposten in Japan krönte; ein Krimiautor, der 17 erfolgreiche Romane schrieb: Die Rede ist von einem erstaunlichen Mann, Dr. Robert van Gulik. Der Autor der berühmten Richter-Di-Romane starb mit 57 an Lungenkrebs. Im Krankenhaus hatte er zu einem seiner letzten Besucher gesagt, er freue sich auf das, was ihn erwarte, ganz gleich, was es sei, und sich eine neue Zigarre angezündet.

Alfred Andersch

Andersch betrat »den Boden des Kommunismus mit dem gespannten Entzücken dessen, der zum ersten Mal seinen Fuß auf einen jungfräulichen Kontinent setzt«. Das Entzücken endete in Enttäuschung. Ein Jahr nachdem er, 18jährig, Organisationsleiter des Kommunistischen Jugendverbandes von Südbayern geworden war, wurde er in das KZ Dachau gebracht. Andersch löste sich von der KPD. 1944 desertierte der gelernte Buchhändler aus der Wehrmacht und geriet in amerikanische Kriegsgefangenschaft. Er wurde Redakteur der Lagerzeitung *Der Ruf*, die er ab 1946 mit Hans Werner Richter zusammen in München weiterführte. Im Jahr darauf wurde dem *Ruf* wegen Kritik an den Besatzungsmächten die Lizenz entzogen. Aus den wiederholten Treffen der *Ruf*-Autoren entstand die Gruppe 47. Andersch arbeitete auch in den folgenden Jahren für die Medien: Er gründete und leitete Radiosendungen und gab die Zeitschrift *Texte und Zeichen* heraus. 1958 wurde er freier Schriftsteller und zog mit seiner Frau, der Malerin Gisela Andersch, nach Berzona im Kanton Tessin, wo er 1972 die Schweizer Staatsbürgerschaft erwarb. *Artikel 3 (3)* hieß das Gedicht, das vier Jahre später zu einem beispiellosen Skandalon wurde. Selbst wohlmeinende Leute hatte Andersch mit seiner harten und pauschalen Kritik am sogenannten Radikalenerlaß schokkiert, der ›verfassungsfeindliche Kräfte‹ in der Bundesrepublik vom öffentlichen Dienst fernhalten sollte, de facto ein Berufsverbot für Linke. Sein Aufruf zur Gegenwehr handelte ihm eine Boykottierung durch die bürgerliche Presse ein. Andersch war aber nicht nur kämpferischer Schriftsteller, sondern auch Entdecker von jungen Autoren und Mitentwickler neuer Rundfunkformen. Er selbst hatte seiner Meinung nach zu spät mit dem literarischen Schreiben begonnen: Es war für ihn »die traurige Geschichte vom langsam fallenden Groschen«.

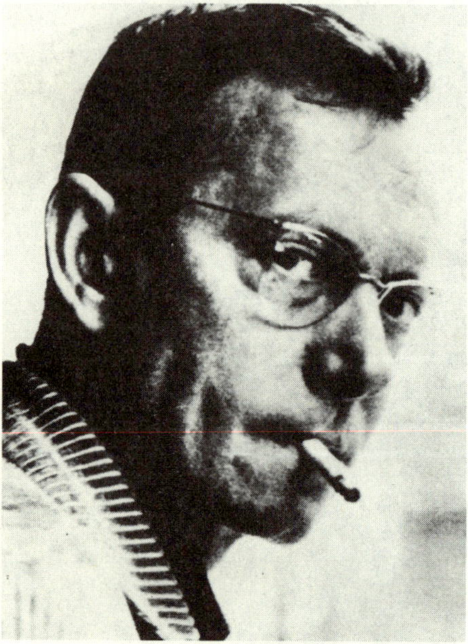

Chaval

Als Kind war Chaval weit davon entfernt, den Humor zu seinem Beruf machen zu wollen. Kardinal, dachte er, würde doch besser zu ihm passen. Als sein Großvater aber sein Interesse am Fotografieren und Filmen weckte und ein Onkel ihm eine Kamera schenkte, war es mit der klerikalen Karriere vorbei. Chaval experimentierte mit Trickfilmen, drehte einen über eine Zahnbürste und schrieb sich an der Pariser Kunstakademie ein. Er fand dort seine Frau – und das Studium ein Ende. Fortan malte er, radierte, widmete sich »ohne Berufung« der Kupferstecherei und wurde nach 1946 Cartoonist bei *Paris Match*, *Le Figaro*, *Le Rire* und *Punch*. Er haßte den Lärm der lauten Städte und liebte den Krach, den er selber machen konnte. Aber er starb leise: Chaval, für den Humor »die Höflichkeit der Verzweiflung« war, beging am 22. Januar 1968 Selbstmord.

Celia Fremlin

Die Tochter eines viktorianischen Gentleman wollte weder eine Lady werden, noch einen Haushalt führen und bloß repräsentieren. Celia Fremlin studierte stattdessen in Oxford klassische Philologie und Philosophie und fand nach den Examina keine entsprechende Arbeit, nur Jobs als Süßwarenverkäuferin, Putzfrau und Kellnerin. Nebenbei schrieb sie gegen Honorar Humoresken und zur Entspannung philosophische Abhandlungen. Zu einer größeren schriftstellerischen Tätigkeit kam es vorerst nicht. Der Zweite Weltkrieg und eine Ehe kamen dazwischen. Fürs Vaterland leitete sie einen Luftschutzkeller, für ihren Mann zog sie drei Kinder auf. Erst mit 44 veröffentlichte sie ihren ersten Roman, *Die Stunden vor Morgengrauen*, der ihr auf Anhieb einen ›Edgar‹ einbrachte, die renommierteste amerikanische Krimiauszeichnung.

Saul Steinberg

Die wichtigste Schule für den jungen Steinberg war das Buchbinderatelier seines Vaters in der rumänischen Provinzstadt Rîmnicu-Sârat, in dem er als Kind malen und basteln konnte. Später studierte er in Bukarest Philosophie, dann Architektur in Mailand, wurde jedoch ein Zeichner, der auf dem Papier denkt und als Linienkünstler weltberühmt ist. »Die Linie – sagen wir die Graphologie – ist meine wirkliche Sprache.« Steinberg hat alle Zeichner nach sich beeinflußt: Chaval, Bosc, Sempé, Flora oder Ungerer wären ohne ihn undenkbar, Dürrenmatt hielt ihn für wichtiger als Picasso. Seine ersten Karikaturen erschienen während seines Studiums in Mailand, das er 1940 abschloß. Den kleinen Zusatz »di razza ebraica« im Abschlußdiplom hinter seinem Namen sah er als Warnung. Er packte seinen Koffer, verbesserte von Hand seinen »nicht übermäßig falschen«, aber abgelaufenen Paß und brach nach Amerika auf. In Lissabon wurde er wegen eines Mißverständnisses verhaftet und zurück nach Italien geschickt, später auf Ellis Island nach Santo Domingo abgeschoben, weil die Einwanderungsquote für Rumänen erreicht war. Die Einreise gelang schließlich dank der Intervention des Herausgebers des *New Yorker*, für den er dann jahrzehntelang gearbeitet und dessen berühmtestes Umschlagbild er gezeichnet hat: New York aus der eingeschränkten Sicht seiner Bewohner – die Ninth Avenue und der Hudson River im Vordergrund, dahinter Amerika als kleine grüne Wiese und der Rest der Welt als schmale Landstriche. Obwohl er die Lebensart, die Triumphe und die Tragik der Amerikaner derart präzis und farbig bebildert hat, daß es heißt, er habe Amerika entdeckt, hat er nach dem Krieg, den er als amerikanischer Soldat in Asien erlebte, die ganze Welt bereist, stets auf der Suche nach neuen Orten, »die noch einen Hauch von Erfindungen haben«.

Ross Macdonald

Sein Vater ließ die Familie sitzen, als Kenneth Millar drei war. Dank der Zerstreutheit einer Tante, die die Lebensversicherung des Rabenvaters nicht gekündigt hatte, bekam er nach dessen Tod genug Geld zum Studieren. Über einen weiteren Zufall kam er zum Schreiben: Seine Frau Margaret tat's auch und verdiente bald mehr als er mit seiner Dozentur. Millar schickte seinen ersten Roman an ihren Verlag und bekam ihn mit der Begründung zurück, ein Autoren-Paar sollte nicht den gleichen Verleger haben. Nach drei Jahren Weltkrieg wurde aus dem Dozenten Kenneth Millar in Michigan der Schriftsteller Ross Macdonald in Kalifornien: Der Erfolg seiner Frau zwang ihn, ein Pseudonym zu wählen. Ansonsten grenzte er sich nicht von ihr ab; von ihren Nachbarn unterschieden sich die Millars gar durch eine hübsche Gemeinsamkeit: ihr auffälliges Interesse an Mordprozessen.

Margaret Millar

In Toronto studierte sie Philo-, Archäo- und Psychologie und machte ein Diplom als Konzertpianistin. Aus ihrem Traum, »Ausgrabungen zu machen oder an der Oper zu singen«, wurde allerdings nichts: Sie heiratete ihren Jugendfreund Kenneth Millar (später als Ross Macdonald bekannt), ein Jahr später kam ihre Tochter Linda zur Welt. »Wenn ich jetzt noch berühmt werden will, bleibt mir nur die Schriftstellerei«, mußte sie feststellen. Als ihr Mann aus dem Krieg zurückkam, hatte sie fünf Romane geschrieben, einen davon an Hollywood verkauft und mit dem Geld ein Haus in Santa Barbara erworben. Das nächste Haus kaufte ihr Mann, als einer seiner Romane verfilmt wurde. Über ihre Arbeit sprachen die Millars nur selten miteinander. Sie schrieb morgens, er nachmittags – in den USA war er erfolgreicher, in Europa und in Japan dagegen sie.

Carson McCullers

Als sie sechs wurde, schenkte ihr Vater ihr ein Klavier, zu ihrem 16. Geburtstag bekam sie eine Schreibmaschine. Carson war sofort fasziniert von dieser »neuen Musik«. Trotzdem sollte sie weiterhin Pianistin werden. Mit den Ersparnissen der Familie, 500 Dollar, die in eine Hose eingenäht waren, fuhr sie mit 18 alleine nach New York, um an der renommierten Julliard-Musikschule zu studieren. Das Geld verschwand. Verloren? Gestohlen? Sie sollte es nie verraten. Sie blieb in New York, arbeitete als Sekretärin, Kellnerin, Barpianistin und beschloß, Schriftstellerin zu werden. Ihr Verlobter Reeves McCullers hatte dasselbe Ziel. Beide schlossen einen Pakt: Nach der Hochzeit sollte jeder abwechselnd ein Jahr lang schreiben, während der andere den Lebensunterhalt für beide verdienen sollte. Der Erfolg ihres ersten Romans, *Das Herz ist ein einsamer Jäger*, machte die 23jährige, die immer noch wie 15 aussah, zum literarischen ›Wunderkind‹ und zerstörte ihre Ehe. Ihr Haus in Brooklyn wurde zum Mittelpunkt der New Yorker Bohème mit Gästen wie Salvador Dalí, Benjamin Britten, John Steinbeck, Erika Mann, Annemarie Schwarzenbach. Dennoch blieb Carson McCullers ihr Leben lang das Mädchen aus der Südstaatenprovinz, das von der seelischen Isolation des Einzelnen und der Zerbrechlichkeit der Liebe erzählte. Im selben Jahr erlitt sie auch den ersten von drei Schlaganfällen, ihr Leben wurde fortan bestimmt durch die Krankheit, der sie ihr Werk abrang, und durch Einsamkeit, besonders nach dem Selbstmord von Reeves 1953, den sie nach dem Krieg zum zweitenmal geheiratet hatte. Die letzten sechs Jahre ihres Lebens verbrachte sie fast ausschließlich ans Bett gefesselt. »Der Tod bleibt sich immer gleich, doch jeder Mensch stirbt seinen eigenen Tod« ist der erste Satz ihres letzten Romans *Uhr ohne Zeiger*. Carson McCullers tippte ihn innerhalb von zwölf Jahren mit nur einem Finger – ihre andere Hand war gelähmt.

Rainer Brambach

Seine Dachstock-Dichterklause hatte keinen Briefkasten, kein Telefon und keine Klingel. Wenn man sich mit Rainer Brambach treffen wollte, dann am besten in einer Kneipe bei einem halben Roten. Der Sohn einer Schweizer Herrschaftsköchin und eines deutschen Klavierstimmers wohnte fast ein Leben lang in seinem Geburtsort Basel, aber als Basler wurde er nie richtig akzeptiert. 1939 wurde er als Deutscher in die Wehrmacht eingezogen. Er floh zurück in die Schweiz und wurde interniert. Sein späteres Ersuchen um die Einbürgerung wurde mit Hinweis auf seine ungenügenden Grundschulzeugnisse abgelehnt. Wie seine Staatszugehörigkeit war auch die Berufswahl ein trauriges Hin und Her gewesen, von der Flachmalerei bis zur Gärtnerei. Nur ein Lehrmeister konnte Brambach für sein Metier begeistern: Günter Eich, bei dem er lernte, wie man Gedichte schreibt.

Doris Lessing

Mit ihrem jüngsten Kind, wenig Geld, dem Mitgliedsausweis der Kommunistischen Partei und einem Romanmanuskript schiffte sich Doris Lessing 1949 im südrhodesischen Salisbury nach London ein. Was sie zurückließ, waren zwei Kinder aus der ersten Ehe mit einem Kolonialoffizier, ihren zweiten Ehemann, den deutschen Kommunisten Gottfried Lessing, vor allem aber ihre Illusionen über Afrika und über die Ehe. In ihren Büchern rechnete die Tochter englischer Tabakfarmer gnadenlos ab: mit dem Kolonialismus und der Situation der Frau. Als 1956 die Russen in Budapest einmarschierten, war der Kommunismus an der Reihe. Das Verhältnis zwischen Herrschaft und Unterwerfung, besonders zwischen den Geschlechtern, wurde zum Grundthema von Doris Lessing, die Erich Fried »eine Rebellin, aber nie um der Rebellion, sondern um der Menschlichkeit willen« genannt hat.

Muriel Spark

Der Roman sei eine ästhetisch minderwertige Form des Schreibens – unverkennbar die Worte einer waschechten Lyrikerin. Aber eine Muriel Spark, die Gedichte schreibt? Das ist über 40 Jahre her. Dennoch bezeichnet sie sich noch immer lieber als Poetin denn als Romanautorin. Ihre Skepsis gegenüber den ›Fakten‹, die ein Roman produziert, beruht auf ihrer Liebe zur ›absoluten Wahrheit‹. Die Konversion der Tochter eines jüdischen Ingenieurs und einer Presbyterianerin zum Katholizismus 1954 prägte entscheidend ihre Romane. »Wäre ich nicht katholisch geworden, könnte ich weder arbeiten noch schreiben.« Aber auch davor hatte sie schon geschrieben: Gegen Ende des Weltkriegs war sie unter anderem Sekretärin im Nachrichtenbüro des englischen Außenministeriums gewesen, wo sie Falschmeldungen produzierte (daher ihre erwähnte Skepsis?), um die Deutschen irrezuführen. Dann wurde sie Journalistin, Biographin von Mary Shelley, Emily Brontë und John Masefield, gab Briefwechsel heraus und die *Poetry Review*. Ihre Kurzgeschichten beeindruckten einen Verleger, der sie zu ihrem ersten Roman *Die Tröster* anregte. Über die folgenden Jahre erschrieb sie sich den Ruf, eine der produktivsten und wichtigsten englischen Schriftstellerinnen zu sein. Seit 1966 lebt sie in Italien, zuerst lange Jahre in Rom, heute in der Toskana. Mit den anderen berühmten Konvertiten wird sie oft in einem Zug genannt: Graham Greene, Evelyn Waugh, Julien Green. Sie findet es jedoch wichtig anzumerken, daß sie deren Romane zum Teil erst Jahre nach der Niederschrift ihrer ersten eigenen gelesen hat. Obwohl sie ihre Landsleute als zu fremdenfeindlich erachtet, wird sie wohl nicht widersprechen, wenn man sie als typisch englische Autorin bezeichnet. Die unliterarischste Bestätigung dafür ist die Ehre, die ihr Queen Elizabeth 1993 angedeihen ließ: Sie ernannte sie zur ›Dame of the British Empire‹.

Federico Fellini

Die zweite Hälfte seines Lebens ist nicht mehr Biographie, sondern Kinogeschichte: »Alles und nichts in meinem Werk ist autobiographisch. Ich habe mir mein eigenes Leben erfunden. Ich habe es für die Leinwand erfunden.« Erzählen wir also den ersten Teil. Zu Beginn der goldenen Zwanzigerjahre in Rimini geboren, zeigte Federico sich schon früh begeistert vom Kasperletheater und vom Zirkus. Als 17jähriger zeichnete er erste Karikaturen von berühmten Filmschauspielern, die ein Kinobesitzer als Reklame aushängte. Cartoons und Geschichten von ihm erschienen in humoristischen Wochenzeitungen. Nach der Heirat mit der Schauspielerin Giulietta Masina eröffnete er in der Via Nazionale mit Freunden den ersten ›Funny Face Shop‹, in dem amerikanische Soldaten Karikaturen von sich zeichnen lassen konnten – ein einträgliches Geschäft. Bis zu seinem ersten eigenen Film, »Der weiße Scheich«, beteiligte sich Fellini als Gagschreiber und Drehbuchautor an einem Dutzend Filme anderer Regisseure. Die Leidenschaft, mit der er Bilder und Figuren erfand, machten ihn zum großen Kinomagier des Studio 5 in Cinecittà. »In ›E la nave va‹ wird ein Schiff durch eine Kanonenkugel versenkt. Ich habe den Film ohne Meer, ohne Himmel, ohne Schiffe, ohne Kanonen gedreht. Ich habe alles in Cinecittà nachgebaut. Aber der Zuschauer sah das Meer, den Himmel, Möwen, Schiffe, Kanonen. Das ist für mich das Kino.« Von seiner immensen Anerkennung zeugen die Preise, die bei ihm ein ganzes Zimmer beanspruchten; allein »La strada« brachte ihm über 50 ein, darunter den ersten von fünf Oscars. Den letzten erhielt er kurz vor seinem Tod für sein Gesamtwerk. »Hör auf zu weinen«, sagte er zu seiner Frau während der Preisverleihung in Los Angeles, obwohl er ihre Tränen von der Bühne aus nur erahnen konnte. Einen Tag nach der Goldenen Hochzeit starb Fellini, fünf Monate später Giulietta Masina.

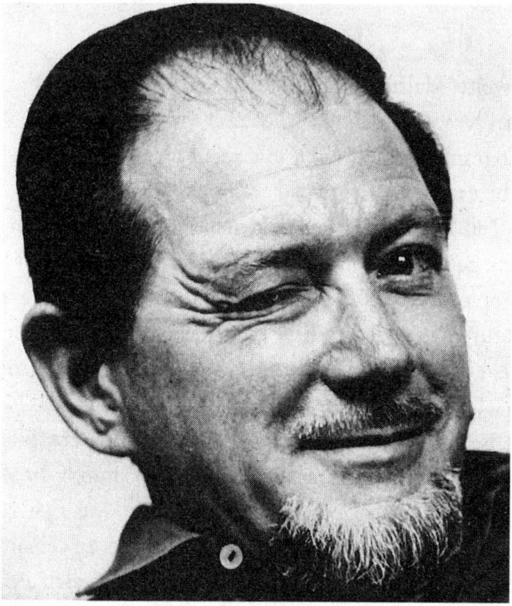

Ronald Searle

Weltbekannt machten ihn die ›Mädchen von St. Trinian‹, jene Internatszöglinge, die derart lasterhaft waren, daß kein deutscher Verleger sich an die Bilder herantraute. Zum Glück, denn sonst gäbe es keinen Diogenes Verlag, der gegründet wurde, um das deutsche Publikum bekanntzumachen mit dem »Jonathan Swift der Feder«, wie Friedrich Dürrenmatt Ronald Searle nannte. Mit 15 verließ Searle die Schule, arbeitete als Bürobote, nahm abends Kunstunterricht und fing an zu zeichnen. Auch als Soldat im Zweiten Weltkrieg und als Gefangener der Japaner am River Kwai hörte er damit nicht auf, nicht einmal, als er vor dem Rummel um seine Person nach Frankreich floh. Wie er auf seine ›Mädchen‹ gekommen ist, weiß niemand. Fest steht nur, daß seine Kunstschule an den Pausenhof eines Mädchengymnasiums grenzte und er immer am Fenster saß.

Ray Bradbury

»Ich bin ein Geschichtenerzähler, nicht mehr und nicht weniger. In früheren Zeiten hätte ich wahrscheinlich mit Gauklern und Barden auf dem Marktplatz gestanden und die Leute unterhalten.« Ähnlich fing er auch an: Nach dem Highschool-Abschluß stellte er sich an eine Straßenecke und verkaufte die Zeitschrift *Futura Fantasia*. Die Namen unter den Beiträgen täuschten: Geschrieben hatte Bradbury fast alles selber. Das Herumstehen war er bald leid. Wozu auch, wenn es willige Abnehmer für seine Geschichten gab, mit denen er der Science fiction den literarischen Adelsschlag verlieh. 1953 erschien *Fahrenheit 451*, sein berühmtester Roman, den François Truffaut verfilmte. Das Spektrum des »Louis Armstrong der Science Fiction« (Kingsley Amis) reicht aber weiter, über Kinderbücher und Gedichte bis zu Drehbüchern, wie jenes zu »Moby Dick« von John Huston.

Brian Moore

»Er ist mein Lieblingsschriftsteller. Jedes neue Buch ist überraschend, gefährlich und amüsant. Er geht mit dem Roman um wie ein Dompteur mit einer wilden Bestie« schrieb Graham Greene einmal über Brian Moore, der bis zuletzt mit jedem neuen Buch etwas zu schreiben versuchte, das er noch nie beschrieben hatte. Seine Bücher handeln von irischen Terroristen, Indianern in Kanada, Kriegsverbrechern in Frankreich, spielen in Haiti oder in der Gefühlswelt einer Frau. In seinem letzten Roman verschlägt es einen französischen Zauberer im 19. Jahrhundert nach Algerien. Brian Moores Unvorhersehbarkeit in den Büchern spiegelt sich auch in einer gewissen Wurzellosigkeit im Leben. Geboren als eines von acht Kindern einer katholischen Familie in Belfast, brach er sein Medizinstudium ab, um als britischer Soldat nach Italien und Nordafrika zu gehen. Nach dem Krieg arbeitete er als UNO-Beauftragter in Polen und wanderte 1948 nach Kanada aus, wo er sich als Journalist durchschlug. Unversehrt durch den Krieg gekommen, starb er beinahe, als er 1954 in einem See schwimmend von einem Motorboot angefahren wurde. Er sagte sich, daß er nicht endlos leben würde und sich besser an die Arbeit mache. Er begann, Romane zu schreiben. Sein erster, *Die einsame Passion der Judith Hearne*, heute ein Klassiker, brachte ihm ein Guggenheim-Stipendium in New York ein. Geldnöte und Alfred Hitchchock brachten ihn nach Hollywood, wo er für Hitchcock das Drehbuch zu »Der zerrissene Vorhang« schrieb. Er blieb nicht im Filmbusiness, fand aber ein Haus in Malibu, am Ende der Küstenstraße. In diesem Refugium schrieb er die meisten seiner über 20 Romane. Besuchern mußte Moore eine Wegbeschreibung schicken, für die eine Seite knapp reichte. Als der irische Nobelpreisträger Seamus Heaney Brian Moore einmal besuchte, schrieb er anschließend ein Gedicht über das Haus und seine wunderbare Lage.

Friedrich Dürrenmatt

Die griechischen Sagen und die Geschichten aus dem Alten Testament, die ihm als Kind erzählt wurden, beschäftigten ihn ein Leben lang. Sie wurden zu seinen künstlerischen Stoffen. Doch für seinen Glauben konnte der Vater, Dorfpfarrer von Konolfingen, den Sohn nicht gewinnen. Dürrenmatt wurde nicht Protestant, er protestierte: im Regiesitz des Theaters, am Schreibtisch, vor der Staffelei. Die Welt sah er als groteskes Labyrinth voller Pannen und schlimmstmöglicher Wendungen, als »Pulverfabrik, in der das Rauchen nicht verboten ist«, als Irrenhaus oder Güllen. »Nur das Komödiantische ist möglicherweise heute noch der Situation gewachsen. Wer verzweifelt, verliert den Kopf; wer Komödien schreibt, braucht ihn.« So wechselte Dürrenmatt »nach zehn Semestern Philosophie gleich ins Komödienfach über«; statt seiner Dissertation über ›Kierkegaard und das Tragische‹ schrieb er das Drama *Es steht geschrieben*. Während der Premiere 1947 im Zürcher Schauspielhaus »pfiffen die Zuschauer, statt zu gähnen«. Es war ein »glücklicher Start«, davon leben konnten er und seine Frau, die Schauspielerin Lotti Geißler, aber nicht. Als Lotti kurz vor der Geburt ihres zweiten Kindes im Spital war, in dem auch der zuckerkranke Dürrenmatt behandelt wurde, rief dieser jeden Verleger an, den er kannte, und erzählte Geschichten, »die ich als Roman oder Erzählung schreiben würde. Ich muß zu meiner Ehre sagen, jedem erzählte ich eine andere Geschichte. Und am Abend war ich finanziell aus dem Schlimmsten heraus.« Als er mit 500 Franken Vorschuß auf den Krimi *Der Richter und sein Henker* nach Hause kam, glaubte Lotti, das Geld sei gestohlen. Mit den Krimis und der Komödie *Die Ehe des Herrn Mississippi* hatte er Erfolg, der sich mit *Der Besuch der alten Dame* und *Die Physiker* zum Weltruhm steigerte. »Weil man mich meistens falsch verstand, wurde ich berühmt«, spöttelte Dürrenmatt.

Dick Francis

Dick Francis kann sich nicht mehr daran erinnern, reiten gelernt zu haben; es ergab sich für den Sohn eines walisischen Rennstallbesitzers so natürlich wie das Laufenlernen. Schon mit sechs trat er als Kinderstar auf Reitturnieren auf. Nach seinem Dienst als Pilot bei der Royal Air Force im Zweiten Weltkriegs war er über viele Jahre Englands erfolgreichster Jockey, bis 1956 ein mysteriöser Unfall seine Karriere beendete: Beim Grand-National-Hindernisrennen in Aintree lag er in Führung und hatte bereits die letzte Hürde übersprungen, als sein Pferd kurz vor dem Ziel plötzlich stürzte. Er wurde so schwer verletzt, daß er das Rennreiten aufgeben mußte, sattelte um und wurde Turfspezialist beim *Sunday Express*. Fünf Jahre später erschien sein erster Krimi, heute sind es über vierzig. Dreimal wurde ihm der Edgar-Allan-Poe-Award verliehen.

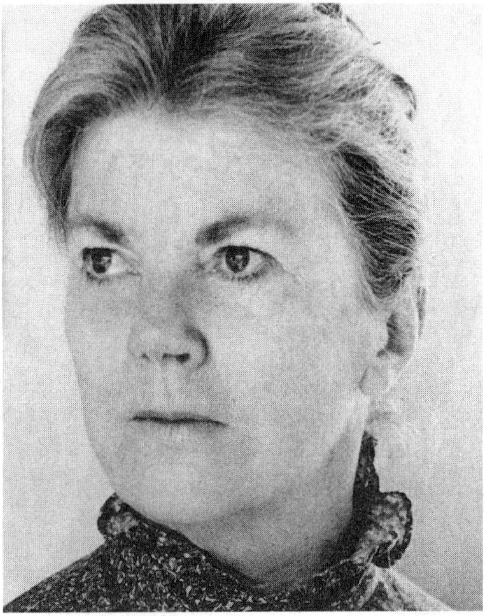

Joan Aiken

Sie wuchs in einem alten Haus in Sussex auf, in dem es spukte und in dem jeder schrieb: ihre Geschwister, ihr Vater Conrad Aiken und (schon mit fünf) auch sie selbst. Deshalb träumte sie nach der Schule davon, Hausfrau zu werden. Sie wollte endlich Zeit zum Schreiben haben und nicht, wie sie es tat, bei der BBC Briefe und bei der UNO Material über Widerstandsgruppen archivieren. 1949 ging ihr Traum vom Hausfrauen- und Schriftstellerinnendasein in Erfüllung: Sie bekam ihr erstes Kind und erste Geschichten wurden veröffentlicht. Als ihr Mann 1955 an Krebs starb, mußte Joan Aiken wieder arbeiten. Das Geld, das sie als Redakteurin und als Werbetexterin verdiente, reichte jedoch an allen Ecken und Enden nicht. Über Wasser hielt sie sich und ihre zwei kleinen Kinder mit ihrer abendlichen Schriftstellerei, von der sie bald ausschließlich leben konnte.

Patricia Highsmith

Mit acht Jahren entdeckte Patricia Highsmith in Karl Menningers psychiatrischer Studie *The Human Mind* die Abgründe der menschlichen Seele, und damit eines ihrer späteren Themen. Mit Abgründen anderer Art fesselte sie ihre Kameraden in der Schule: Sie beschrieb ihnen die Höhlen, die sie mit ihren Eltern besichtigt hatte. Schreibtalent zeigte sie dann im College, wo sie das *Barnard Quarterly* herausgab und eigene Erzählungen »mit Zeichnungen der Autorin« abdruckte. Sie wollte Schriftstellerin oder Malerin werden, vor allem aber »ein eigenes Zimmer haben, weit weg von zu Hause«. Superman kam ihr zu Hilfe: Sie fand einen Job als Texterin für die Abenteuer des Comic-Helden. Und dann half Hitchcock: Zehn Tage nach Erscheinen ihres ersten Romans erwarb er für 6800 $ die Filmrechte an *Zwei Fremde im Zug* und machte Patricia Highsmith weltberühmt. Mit dem Geld bereiste sie 1949 Europa. Es war der Beginn des Abstandnehmens von ihrer Heimat, und der Weg führte sie nach Italien, Südengland, Frankreich und ins Tessin, in eine zunehmende Zurückgezogenheit. Die Streitereien zwischen ihrer Mutter und dem Stiefvater hatten ihr die Kindheit zur Hölle gemacht und in ihr eine Klaustrophobie vor der Enge des ehelichen Zusammenlebens geweckt. Patricia Highsmith lebte allein mit ihren Katzen und Schnecken, deren Zweigeschlechtigkeit sie faszinierte. Sie malte, schreinerte, arbeitete im Garten und schrieb auf ihrer mechanischen Olympia. Sie war die »Dichterin der unbestimmbaren Beklemmung«, wie Graham Greene sie nannte, keine Kriminalautorin. Identität, Lug und Trug, das Unvermeidbare des Bösen und die Unmöglichkeit der Liebe waren die Themen ihrer Bücher, in denen nie nach Schuldigen gesucht wird oder nach Indizien. Das einzige Alibi, welches Peter Handke »beim Lesen ihrer Bücher, so verzweifelt und ohne Hoffnung diese auch sein mochten«, fand, war »ein stichfestes Alibi zum Weiterleben«.

Paul Flora

Reisen – außer nach Venedig – gehörte nie zu den Lieblingsbeschäftigungen des gebürtigen Südtirolers, was angesichts der politischen Umstände auch gar nicht nötig war: »Ich wurde als italienischer Untertan geboren, wurde mit sechs Jahren für zehn Jahre Österreicher, war dann sieben Jahre deutscher Staatsbürger und bin seit 1945 wieder Österreicher.« Im Gymnasium waren keine Erfolge zu feiern, er mußte mehrere Klassen wiederholen. Die Freiheit an der Kunstakademie München behagte ihm mehr. »Ich war in der Zeichenklasse Olaf Gulbranssons; da aber weder der Altmeister, geschweige denn ich das Bildungsinstitut je besuchten, lernte ich ihn erst 15 Jahre später kennen.« Das war 1944, und überhaupt war In-die-Schule-Gehen alles andere als alltäglich. Paul Flora wurde eingezogen und geriet für kurze Zeit in amerikanische Gefangenschaft. Daraus entlassen, kehrte er nach Innsbruck zurück, wo er seit 1947 in der Villa auf der Hungerburg lebt und zeichnet, wie alle jungen Künstler jedoch zunächst am Hungertuch nagen mußte. In der Provinz kann nur leben, wer nicht von ihr abhängig ist: Flora wurde 1949 Mitarbeiter der Münchner *Neuen Zeitung* und 1957 der politische Karikaturist der Hamburger Wochenzeitung *Die Zeit.* In 14 Jahren zeichnete er über 3500 politische Karikaturen, obwohl er nach eigenem Ermessen »wirklich wenig von Politik und insbesondere sehr wenig von deutscher Politik« versteht. Daneben schuf er unzählige ›freie‹ Zeichnungen, die in allerlei Büchern festgehalten sind, in allerlei Sammlungen verstreut und in aller Welt gezeigt werden. Hermann Hesse fand Vergnügen an Floras »grotesken und zugleich graziösen« Zeichnungen, genauso wie andere Schriftstellerkollegen, beispielsweise Erich Kästner: »Er schreibt in der Muttersprache aller Völker. Flora ist ein Bilderschriftsteller. Er ist ein Literat.«

Alexander Sinowjew

Sinowjew ist eines von elf Kindern eines Arbeiters und einer Bäuerin. Als 17jähriger Student wurde er wegen Kritik am Stalinismus in eine psychiatrische Anstalt und später ins Gefängnis eingewiesen. Er floh nach Sibirien, trat freiwillig in die Rote Armee ein und war im Zweiten Weltkrieg hochdekorierter Kampfflieger. Danach wurde er Professor für Logik und Philosophie. 1974 dekretierte die Partei die »völlige Wertlosigkeit« aller seiner Arbeiten; die 1976 im Westen veröffentlichte Satire *Gähnende Höhen* brachte Sinowjew den Verlust aller Auszeichnungen ein, er reiste aus und zog nach München. Preise und Veröffentlichungen in der ganzen Welt folgten. 1991 erhielt Sinowjew, der »beste Kenner Rußlands« (Friedrich Dürrenmatt), auf Anordnung Gorbatschows seine russische Staatsbürgerschaft zurück.

H. U. Steger

Er wurde 1923 als Nichtzürcher in Zürich geboren und besuchte dort die Kunstgewerbeschule, an der er später selbst 20 Jahre als Lehrer tätig war. Seine erste Karikatur erschien im *Nebelspalter*, seit 1945 zeichnet er als ›H. U. St.‹ jede Woche eine oder mehrere Karikaturen zum Welt- oder Lokalgeschehen: in der *Weltwoche*, der *Zürcher-Woche* und von 1967 bis 1997 im Zürcher *Tages-Anzeiger*. Im Nebenberuf ist Steger unter anderem Kinderbuchautor, Kunstmaler, Jux-Objekt-Künstler und ein Alles-Sammler, vor dem keine Backformen, Stereobilder, Postkarten, Politikerfotos, Geistesblitze, mumifizierten Schuhe oder Mistgabeln sicher sind. Er hält sich im Alter fit durch Dauerstreß, treibt keinerlei Sport, lebt ohne Fernsehen, hat weder eine Fahnenstange im Garten noch Geranien vor den Fenstern und haßt Helikopter und Rasenmäher.

Loriot

Der Schüler Vicco v. Bülow sammelte erste Bühnenerfahrungen als Statist in Opern und Filmen. Dann spielte er als Soldat »eine Nebenrolle in einem scheußlichen Stück von 1942 bis 1945. Den Regisseur möchte ich nicht nennen.« Von 1947 bis 1949 studierte er Malerei und Graphik an der Hamburger Landeskunstschule und signierte erste Karikturen als ›Loriot‹ (französisch für Pirol) – Wappenvogel derer von Bülow. Seine humoristischen Arbeiten in *Stern* und *Quick* machten ihn berühmt, obwohl sich anfangs einige Abonnenten über die »blöden und abstoßenden Hundebilder« ereiferten. Diese Serie ergab dann 1954 Loriots erstes Buch im jungen Diogenes Verlag, der keine Leserbriefe bekommen konnte, weil er noch keine Leser hatte. Was sich grundlegend änderte: *Auf den Hund gekommen* und weitere Bücher fanden Millionen Käufer. Ab 1967 stellte Loriot auf einem roten Biedermeiersofa in der Fernsehsendung »Cartoon« seine satirischen Sketche und Zeichentrickfilme vor. Die Herren Müller-Lüdenscheidt und Dr. Klöbner, Lottogewinner Erwin Linde- bzw. Lottemann, der Spaghetti-Sketch und viele andere wurden zu Fernsehklassikern, die auch im britischen Fernsehen gezeigt wurden. Loriot hat Opern inszeniert und ausgestattet, dirigierte die Berliner Philharmoniker, wirkte als Autor, Regisseur und Hauptdarsteller in »Ödipussi« (1988) und »Pappa ante portas« (1991), zwei der erfolgreichsten deutschen Kinokomödien, und schrieb Texte zum »Carneval der Tiere«, »Peter und der Wolf« und dem »Ring des Nibelungen«. Der Kritiker Joachim Kaiser: »Sein Ruhm, seine phantastische Popularität sprechen nicht nur für ihn, sondern bedeuten eine tröstliche Rechtfertigung des vielgelästerten Publikumsgeschmacks.« Loriot ist Mitglied der Akademie der Schönen Künste und lebt als Preuße mit einer besonderen Beziehung zu Wagner und Möpsen am Starnberger See.

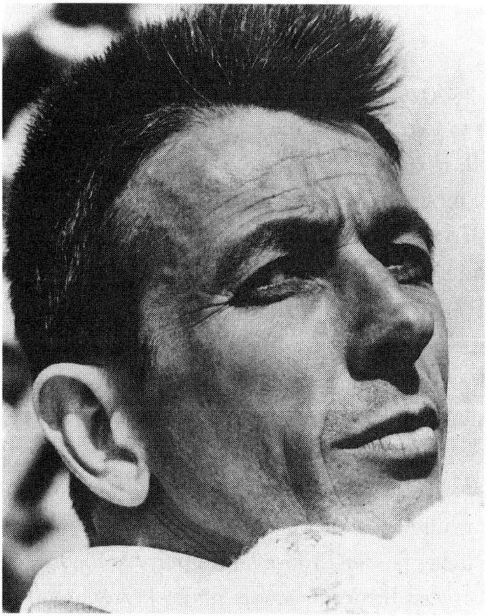

Bosc

Als Soldat in Indochina saß er 160 Tage im Gefängnis, gewann die ›Croix de Guerre‹ und verlor alle Illusionen. 1948 kehrte er, körperlich angeschlagen vom unfreiwilligen Kreuzzug, auf den väterlichen Winzerhof zurück. Zum Zeitvertreib spielte er Klavier und begann zu zeichnen, »wie ein Höhlenmensch«. 1952 rollte er 49 seiner Zeichnungen in eine Zeitung ein und fuhr nach Paris. In der Redaktion von *Paris Match* erfuhr er, daß er ein Genie sei, eine Woche später erfuhr es ganz Frankreich. Das Militär war anderer Meinung: 1958 wurde Bosc wegen Verunglimpfung der Armee zu einem Monat Gefängnis auf Bewährung und einer Geldstrafe verurteilt. Durch ein Nervenleiden immer mehr geschwächt, machten ihm nicht nur das Zeichnen, sondern selbst Gehen und Stehen zunehmend Mühe. Aus »diesem Leben ohne Hoffnung« schied er mit 49 Jahren.

Gwendoline Butler

Sie wurde im Süden Londons geboren, und in London ermittelt auch ihr inzwischen berühmter Kommissar John Coffin. Gwendoline Butler unterrichtete in einem College in Oxford Geschichte und schrieb ihren ersten Krimi, als ihr Mann, ebenfalls Historiker, drei Monate auf Malta auf Studienreise war. Krimis mochte sie schon als Kind. In der Stadtbibliothek benutzte sie die Leserkarte ihrer Mutter, um an diejenigen zu kommen, die den Kindern eigentlich verwehrt waren. Als die Sucht wuchs, mußte auch die Bibliothekskarte der Großmutter herhalten, um zwei Krimis auf einmal ausleihen zu können. Butler hat ihre Leidenschaft zum Beruf gemacht. Die Ideen gehen ihr nicht aus, auch nach über 70 Büchern: »Der leere Bildschirm macht mir Lust zu schreiben, und wenn ich einmal begonnen habe, will ich wissen, wie es endet.«

Andrzej Szczypiorski

Als die Hitlertruppen ins Land einfielen, schien nicht nur Polen verloren, sondern auch die Kindheit und der jugendliche Glaube des 15jährigen Andrzej Szczypiorski. Die Weltliteratur gab ihm einen neuen Halt, die Frontbewegungen interessierten ihn weit weniger als die Schicksale bei Leo Tolstoi oder bei Thomas Mann, wo er »die echten Deutschen« fand. Die deutsche Sprache erlernte er im KZ Sachsenhausen, in das er als Kämpfer des Warschauer Aufstandes verschleppt wurde. Es blieb nicht seine einzige Lagererfahrung, fast 40 Jahre später wurde er von eigenen Landsleuten interniert, als 1981 in Polen der Kriegszustand ausgerufen wurde. Nach dem Krieg glaubte Szczypiorski wie viele, die kommunistische Führung lasse sich reformieren und Polen werde zumindest einen Teil seiner Unabhängigkeit zurückerhalten. Er arbeitete als Rundfunkjournalist und war nach dem Sturz der Stalinisten 1956 zwei Jahre lang Presse- und Kulturattaché in Kopenhagen. Nach seiner Heimkehr wurde er freier Schriftsteller, bald jedoch ein verbotener. Um zu überleben, veröffentlichte er Krimis und Jugendbücher. Sein ›echtes‹ Werk zirkulierte in Hunderten von Fotokopien im Untergrund. Und im Westen verkauften sich hunderttausende Exemplare von *Die schöne Frau Seidenman*. 1991 wechselte Szczypiorski seinen Schreibtisch mit einem Sitz im ersten frei gewählten polnischen Senat, jedoch nur für zwei Jahre: »Ein einziger guter Roman bedeutet für das Leben eines Volkes mehr als tausend Parlamentsreden.« Und Szczypiorskis Bücher bedeuten nicht nur seinen Landsleuten sehr viel, denn in ihnen beschrieb er ein universelles Thema, die »totalitäre Herausforderung des zwanzigsten Jahrhunderts, weil das mein Leben, meine Erinnerung und meine Erfahrung ist«. Wie das Thema der Liebe, der zweiten Konstante in Andrzej Szczypiorskis Werk, »weil die Liebe die einzige Rettung ist, die uns bleibt«.

Edward Gorey

Im knöchellangen Pelzmantel, den Blue jeans und den viel zu weißen Tennisschuhen wurde der Art Director des Verlags Doubleday & Co. als letzter Viktorianer stadtbekannt. Weltbekannt machten ihn seine »sublimen, absurden und mystischen« (Oskar Kokoschka) Bilder. Die Ehrungen seines Werkes reichen vom Deutschen Jugendbuchpreis für *Schorschi schrumpft* bis zu einem Verbot durch das österreichische Innenministerium wegen Pornographie. Als ›Ballettomane‹ besuchte Gorey jahrzehntelang fast allabendlich das New York City Ballet und sah über 800mal den »Nußknacker«, allein 78mal mit seinem Lieblingstänzer Balanchine. Als dieser in Rente ging, verließ auch Gorey New York und zog nach Cape Cod, wo der Pessimystiker bis zu seinem Tod im April 2000 zurückgezogen lebte, umgeben von 15 000 Büchern und etlichen Katzen.

René Goscinny

Renés Traum von einem Kunststudium zerbrach eine Woche nach dem Abitur, als sein Vater, ein nach Argentinien ausgewanderter polnischer Jude, starb. Er mußte arbeiten gehen und wurde Unterbuchhalter in einer Reifenfabrik, dann Hilfszeichner in einer Werbeagentur. Als ihn ein Onkel in einem Brief nach New York einlud, konnte sich dieser nur wundern: Anstelle einer Antwort im Briefkasten fand er René vor seiner Tür. Schwierige Jahre vergingen, bevor Goscinny seine ersten Zeichnungen im gerade gegründeten Magazin *MAD* unterbringen konnte. In New York traf er die Comic-Zeichner Jijé und Morris, für die er Geschichten schrieb. Das Zeichnen ließ Goscinny endgültig sein, als er 1959 für Uderzo in Paris den kleinen, schon bald weltberühmten Gallier Asterix erfand. Nicht weniger berühmt wurde eine andere seiner Figuren: der kleine Nick, den Sempé zeichnete.

Alison Lurie

Mit 14 glaubte sie, daß sie »viel zu komisch aussah, um später einmal heiraten zu können«, doch bereits zu Beginn ihres Studiums lernte sie ihren späteren Mann kennen. Schon als Kind hatte Alison Lurie Erzählungen veröffentlicht, als Mutter von drei Söhnen aber wollte sie das Schreiben aufgeben und versuchte, die ideale Hausfrau zu spielen. Doch sie konnte es nicht lassen und schrieb weiter. Als ihre Kinder aus dem Haus waren wurde sie Professorin für Kinderliteratur an der Cornell University, wo auch ihr Mann lehrte, von dem sie sich ein Jahr zuvor getrennt hatte. Das Leben der Figuren in den Romanen der Pulitzer-Preisträgerin scheint glatt wie die Oberfläche eines ruhigen Swimmingpools – bis sie die Säure der Unzufriedenheit hineingießt (und meistens eine gute Prise Sex) und es zu brodeln beginnt – zum Vergnügen ihrer Leser.

Walter E. Richartz

Er hieß eigentlich Walter Erich Freiherr Karg von Bebenburg und war als Dr. rer. nat. Inhaber mehrerer weltweiter Patente. Die Jugend beim Adoptivvater und bei der Großmutter, der Gattin des Generals Erich von Ludendorff, hinterließ ihre Spuren: im deutschvölkischen Haushalt hielt man Drill für Erziehung. Die Schatten dieses Familienerbes und sein Beruf als Leiter eines chemischen Forschungslabors wurden bedeutsam für seine Bücher: Groteske Attacken gegen die Verherrlichung der Technik und gegen die kulturelle Ignoranz, die um Themen wie Identität, Anonymität und Freiheit kreisen. Nach 18 Jahren hinter Reagenzgläsern stieg Richartz aus, nach einem Jahr als freier Schriftsteller nahm er sich 1980 das Leben. »Nichts wie Grauen«, lautet sein letzter Tagebucheintrag, *Das Leben als Umweg* der Titel eines seiner Bücher.

Hans Werner Kettenbach

Mit irritierender Regelmäßigkeit brauchte er länger als andere, um zu verwirklichen, was er wollte: Erst mit 28 fand er einen Beruf; er war 30, als er heiratete, schloß sein Studium mit 36 ab und veröffentlichte seinen ersten Roman, als er fast 50 zählte. Hans Werner Kettenbach war Bauhilfsarbeiter, Stenograph, Hilfsredakteur beim *Kicker*, Lektor für Hör- und Fernsehspiele. Sein Studium brach er ab, als sein Vater unerwartet starb; für zwei Jahre übernahm er dessen Anzeigenvertretung. Zu einer geregelten Beschäftigung kam er wie die Jungfrau zum Kind: Als er drauf und dran war, nach Caracas auszuwandern, bot der *Kölner Stadt-Anzeiger* ihm ein Volontariat an. Er brachte es zum Nachrichtenredakteur, kündigte aber im Jahr darauf, weil es ihn wurmte, das Studium nicht abgeschlossen zu haben. Sechs Jahre später promovierte er über Lenins Imperialismusbegriff und kehrte zur Zeitung zurück. Als Korrespondent in Bonn berichtete Kettenbach neun Jahre lang, »viel zu lange«, über die Streitigkeiten zwischen Regierung und Opposition. Es war abermals ein Zufall, der ihm eine neue Perspektive eröffnete: Er stieß auf ein Preisausschreiben für den besten Kriminalroman in deutscher Sprache, nahm drei Wochen Urlaub und gewann mit dem ersten Roman, den er zu Ende brachte, den Wettbewerb. Und die Erkenntnis, daß man gleichzeitig Journalist und Schriftsteller sein kann. Als Korrespondent in New York, politischer Ressortleiter, stellvertretender Chefredaktor in Köln und seit seiner Pensionierung 1993 schrieb er viele weitere Romane, zuletzt *Die Konkurrentin*, in denen er »auf eindringliche Weise Miseren unserer Gesellschaft schildert, ohne den Zeigefinger des Moralisten zu heben«. Diese Kritik eines Rezensentens freut ihn sehr, nur allzugern würde er aber auch den Wunsch seiner Tochter erfüllen und »einmal ein fröhliches Buch« schreiben.

Alan Sillitoe

Seine Phantasie ließ ihn Hunger und Kälte vergessen; im Bett, das Alan mit seinen vier Geschwistern teilen mußte, erzählte er ihnen Geschichten. Als er 14jährig als Hilfsarbeiter in einer Fahrradfabrik anfing, hatte es mit der Poesie hatte ein Ende. Um der sozialen Misere zu entfliehen ging er zur Armee. 1946 kam Sillitoe als Funker nach Südostasien, wo er 16 Monate mit Tuberkulose im Krankenhaus lag, das zur Privatuniversität seiner Leseorgien wurde. Mit einer Rente entlassen, begann er in Spanien ein einfaches Schriftstellerleben mit der amerikanischen Lyrikerin Ruth Fainlight, seiner späteren Ehefrau. Ein Jahr lang schrieb er nichts als Gedichte – an sie. Mit *Samstagnacht und Sonntagmorgen* wurde Sillitoe zum Wegbereiter der ›Angry Young Men‹, zu denen er sich selbst nie zählte, mit *Die Einsamkeit des Langstreckenläufers* zum modernen Klassiker.

Henry Slesar

Einen »friedfertigen jungen Mann mit ungewöhnlicher krimineller Begabung (natürlich nur auf literarischem Gebiet)« nannte ihn Alfred Hitchcock, für den Slesar über 50 Drehbücher geschrieben hat. Als junger Absolvent einer Design-Schule textete er tagsüber in einer Werbeagentur für Klienten und abends für sich selbst. Mit 20 gelang es ihm, Arbeiten ans Fernsehen zu verkaufen. Dabei lernte er die Sicherheit einer bezahlten Stelle mit der ›angenehmen‹ Unsicherheit eines Schriftstellerdaseins zu verbinden. Neben Drehbüchern für Fernsehserien hat »der Autor mit dem größten Publikum in Amerika« *(Times Literary Supplement)* sechs Romane, 55 Hörspiele und mehr als 500 Kurzgeschichten geschrieben. Seine Frau Manuela wundert sich: »Henry ist die Güte in Person. Ich weiß nicht, wo er all seine Morde hernimmt...«

Maurice Sendak

Er wurde im selben Jahr wie Micky Maus geboren, konnte als Kind weder Rollschuhlaufen noch einen Ball auffangen und hatte keine Freunde. Anstatt draußen zu spielen, beobachtete er, der oft kränkelte, das Geschehen auf den Straßen von Brooklyn vom Fenster aus und begann, was er sah, zu zeichnen und auf Papier eigene Traumwelten zu schaffen. Wichtiger noch als Mark Twain, Melville und Walt Disney wurden für ihn die unglaublichen Geschichten, die sein Vater aus dem Schtetl in der Nähe von Warschau mitgenommen hatte. Bücher wurden für Sendak zu magischen Schatzkisten, denen er sich nach einem festgelegten Ritual näherte. »Zunächst habe ich sie lange liebevoll gestreichelt. Dann habe ich an ihnen gerochen und einmal sogar hineingebissen.« Zusammen mit seinem Bruder Jack malte und fertigte er mit sechs sein erstes Bilderbuch. Während seiner Schulzeit war er als Phasenzeichner bei All American Comics engagiert, ging danach aber nicht an eine Kunstakademie, sondern zu F. A. O. Schwarz an der Fifth Avenue, wo er mit Drahtnetz, Pappmaché, Gips und Farbe die Schaufenster des Spielzeugladens dekorierte. Eine Kinderbuchlektorin war davon so angetan, daß sie Sendak als Illustrator engagierte. Seine Ballade vom kleinen Lausbub Max, den die Mutter ohne Essen ins Bett schickt und der aus Trotz in das Land fährt, wo die wilden Kerle wohnen, wurde bei Erscheinen von Pädagogen mit Entsetzen aufgenommen, von den Kindern jedoch sofort ins Herz geschlossen. Die *New York Times* nannte ihn »einen der mächtigsten Männer der USA, denn er hat der Phantasie von Millionen von Kindern Gestalt gegeben«. Dabei behauptet Maurice Sendak: »Keines meiner Bücher habe ich absichtlich den Kindern gewidmet. Vielleicht verstehen Kinder meine Sprache besser, weil sie sich in den Bildern umsehen können. Eigentlich schreibe und zeichne ich für mich, für das Kind in mir.«

Luciano De Crescenzo

De Crescenzo wollte eigentlich Philosophie studieren, doch sein Vater, der reichen Neapolitanern Handschuhe verkaufte, wollte einen Ingenieur als Sohn. Als solcher machte der 1928 Geborene bei IBM eine Bilderbuchkarriere, stieg vom einfachen Vertreter in Neapel bis zum Marketingdirektor in Rom auf. Als er, 45 Jahre alt, nach einer Grippewoche wieder ins Büro kam, fragte er seine Sekretärin: »Hat jemand angerufen?« Sie verneinte, und da wußte er, daß es an der Zeit war, etwas Neues zu machen. Hauptberuflich blieb er Neapolitaner und Fußballfan, begann daneben aber auch zu schreiben (früher hatte er immer nur telephoniert), wurde Regisseur, Schauspieler, Talkmaster, Cartoonist und landetete mit seiner *Geschichte der griechischen Philosophie* einen Bestseller. Luciano De Crescenzo lebt nach eigenen Angaben »in einem Vorort von Neapel« – in Rom.

Lu Wenfu

Lu Wenfu begann als Reporter bei einer Lokalzeitung Erzählungen zu schreiben, die hoch gelobt wurden, und gründete 1957 mit Freunden eine Zeitschrift, die nach einem halben Jahr verboten wurde. Man steckte Lu Wenfu als »parteifeindliches rechtes Element« zur Umerziehung in eine Maschinenfabrik. Als er ab 1960 wieder schreiben durfte, waren immer noch »überlebensgroße sozialistische Helden« gefragt, für Lu Wenfu einfach zu große. Das kostete ihn während der Kulturrevolution fast den Kragen: Er wurde mit seiner Familie in ein entlegenes Dorf verbannt, wo ans Schreiben gar nicht zu denken war; es galt, nicht zu erfrieren oder zu verhungern. Nach der Zerschlagung der Viererbande fing er mit 50 noch einmal von vorne an: Sein dritter Versuch als Schriftsteller fand mit Preisen und Verfilmungen den verdienten Erfolg.

Hugo Loetscher

»Wer hat die Schweiz entdeckt?« wurde Hugo Loetscher in Südamerika gefragt. Loetscher selbst war es, von Südamerika und anderen Ländern her kommend. Reisen besteht bei ihm nicht nur aus dem Wohin, sondern auch aus einem Woher, das durch die Erfahrung des Neuartigen selbst zur Terra incognita wird. Dieser faszinierenden Vielfalt der Blickwinkel nachzuspüren hat ihn zum weitgereisten Homme de lettres gemacht und bei ihm zu einem »Blick für die Wirklichkeit« geführt, »die zugedeckt unter unseren Füßen fließt«, wie er den durchschauenden Blick des Abwässerinspektors in seinem Erstling *Abwässer. Ein Gutachten* charakterisiert. Loetschers Liebe zu Brasilien schlug sich nieder in der Begegnung mit einem verstorbenen Mädchen in *Wunderwelt*, sein Aufenthalt als ›Writer in residence‹ an der University of Southern California in Los Angeles in seinem Buch *Herbst in der Großen Orange*. Trotz aller Weltläufigkeit blieben die Schweiz und Zürich Schauplatz vieler Romane, von *Der Immune* bis zu *Saison*. Im Zürcher Kleinbürger- und Proletarierviertel Außersihl, wo er die Hauptfigur des Romans *Die Kranzflechterin* ansiedelte, wurde Hugo Loetscher 1929 geboren. Er studierte politische Philosophie in Paris und Zürich, publizierte danach in verschiedenen Zeitungen und war Redakteur bei der Zeitschrift *Du* sowie bei der *Weltwoche*. Auch seine journalistischen Arbeiten weisen ihn als Reisenden zwischen den Perspektiven und Gattungen aus. Das satirische Grundverhalten des Fabulierens durchzieht sein Werk wie das Thema des Davonkommens und des Ertragens unserer Welt. Es war immer Hugo Loetschers Ehrgeiz, mit jedem Buch ein neues Buch zu schreiben, wie er in seinen Poetikvorlesungen an der Universität München bekannte. Bezeichnenderweise hießen jene an der City University New York »Wie viele Sprachen braucht der Mensch?«.

Hans Traxler

Seine erste Bildergeschichte zeichnete er als Vierjähriger und verkaufte sie für 20 Pfennige seinem Bruder. Mit 13 gewann er einen Schulpreis mit einer packenden Darstellung der Seeschlacht vor dem Skagerrak. Nach dem Tod seines Vaters, eines nordböhmischen Landgendarmen, ging er beim Maler Max Geyer in »eine akademische Lehre der strengen Observanz«, und erlernte u. a. die »82 Bewegungen des menschlichen Armes in Sepiakreide im Format 1:1« – bis zur Perfektion. 1962 war er bei der Gründung von *Pardon* dabei, 1979 gehörte er zur ersten Crew von *Titanic,* wurde als ›Birne‹-Erfinder, Papst- und ›Gorbi‹-Biograph bekannt und war als Gummibärchen-Forscher der erste in den USA verlegte deutsche Karikaturist. Er lebt in Frankfurt am Main und in einem Blockhaus im Taunus und unternimmt ausgedehnte Malreisen, vorwiegend in hochalpine Regionen.

Reiner Zimnik

Sein Vater, ein Beamter, kam nie aus dem Krieg zurück, seine Mutter mußte mit ihren fünf Kindern aus Oberschlesien fliehen, Reiner Zimnik die Schule abbrechen. Er wurde »gelernter Niederbayer« und Schreiner, holte das Abitur nach und studierte an der Münchner Kunstakademie Malerei und Graphik. Weil er keine Geschichten zum Illustrieren fand, erfand er selber welche und veröffentlichte schon während des Studiums seine erste Fabel über den freundlichen Mann mit der Dienstmütze und den schönen Gedanken, den liebenswürdig-eigenbrötlerischen Lektro, der zusammen mit Sebastian Gsangl, dem stets räsonierenden und grantelnden Bayern, auch zum Serienhelden im Fernsehen wurde. Neben seinen zahlreichen satirisch-poetischen Bildergeschichten für Erwachsene und Kinder schuf Reiner Zimnik auch Hörspiele und ein großes Graphikwerk.

Sławomir Mrożek

Ein Postmeister hatte die Tochter eines Kleinkrämers geheiratet. Der Kleinkrämer züchtete Schweine. Am Schweinefutter taten sich aber nicht nur die Schweine gütlich, auch Ratten ließen es sich nicht entgehen, wenn es etwas zu fressen gab. Der Sohn des Postmeisters wiederum beobachtete das alles ganz genau. »Diese Studien sollten mir später helfen, den Charakter und das Verhalten gewisser Menschen zu verstehen.« Der Sohn des Postmeisters, Sławomir Mrożek, verlegte sich später mehr auf Architektur, Kunstgeschichte und Orientalistik – und das Schreiben und Zeichnen. Karikaturen und Satiren erschienen in Zeitungen und 1957 in seinem ersten Buch *Der Elefant*. Das Studieren war Vergangenheit, Mrożek heiratete und gelangte dank Stücken wie *Tango* und *Emigranten* zu Weltruhm. Bei der kommunistischen polnischen Regierung war Mrożek so hoch angesehen, daß er jahrelang in Italien wohnen konnte, ohne daß die gute Miene als Zeichen für ein böses Spiel gedeutet wurde. 1968, als der Prager Frühling in einen bitteren Winter umschlug, beantragte der Vorzeige-Intellektuelle in Paris politisches Asyl. Es verschwanden das Lächeln aus den Gesichtern der Regierungsbeamten, seine Bücher aus den Bibliotheken und Buchhandlungen und seine Stücke von den Spielplänen. Zwei Jahre später – in der polnischen Funktionärsriege hatte es inzwischen kleinere Umstrukturierungen gegeben – tauchte alles wieder auf. Mrożek festigte indessen seinen Ruf als Kosmopolit, bereiste Südamerika, dozierte in den USA, und entzog sich »der Zugluft der historischen Ereignisse«. 1989 ließ er sich mit seiner zweiten Frau, einer Mexikanerin, auf einer Ranch in Mexiko nieder, bis er genug davon hatte, wegen der Wirtschaftskrise und der galoppierenden Kriminalität immer ein Gewehr neben Schreibmaschine und Bett bereithalten zu müssen. Nach 33 Jahren kehrte Mrożek 1996 nach Krakau zurück.

Edna O'Brien

Ihr Geburtsjahr verrät sie so ungern wie die englische Lady, als die sie heute gilt – obwohl sie in einer irischen Farmerfamilie aufgewachsen ist, einer streng katholischen, in der es keine Bücher gab. Ihr Dorf Tuamgraney besaß nicht einmal eine Leihbibliothek. Edna O'Brien wurde in einem Internat erzogen und studierte in Dublin Pharmazie. Die Romane, die sie in den sechziger Jahren zu schreiben begann, wollte ihr Vater nicht lesen, die Mutter versteckte sie auf dem Speicher, und Landpfarrer kauften sie – wenn sie überhaupt erhältlich waren –, um sie ihres ›pornographischen‹ und feministischen Inhalts wegen zu verbrennen. Edna O'Brien aber war zu dieser Zeit schon wie viele irische Schriftsteller nach London gezogen. Heute, 15 Bücher später und weltberühmt, hat Edna O'Brien, neben London und New York, wieder einen Wohnsitz in Irland.

Harold Brodkey

Er verlor seine Eltern gleich zweimal: Nach dem Tod seiner Mutter wurde der Zweijährige von einer Cousine seines Vaters adoptiert. Statt Jiddisch wurde nun Englisch gesprochen, statt gehaust gewohnt. Kurz nachdem sein Pflegevater gestorben war, erkrankte seine Pflegemutter an Krebs. Der 17jährige begann Medizin zu studieren in der Hoffnung, ihr helfen zu können. Auch sie starb. Brodkey wechselte zur Anglistik. Die ersten seiner im *New Yorker* gedruckten Erzählungen wurden 1958 in *Erste Liebe und andere Sorgen* zusammengefaßt, erst 30 Jahre später erschien ein zweiter Band. Wilde Gerüchte kursierten über den Roman *Die flüchtige Seele*, an dem er 32 Jahre lang schrieb. Als er 1991 endlich erschien, war das der *New York Times* den Aufmacher »Brodkey delivers« wert. Für Aufregung sorgte Brodkey auch, als er bekannt gab, HIV-positiv zu sein. Er starb 1996.

Barbara Vine

»Die beiden größten Krimiautorinnen sind Ruth Rendell und Barbara Vine.« sagt Donna Leon. Das Lob wird nicht geringer, wenn man weiß, daß Ruth Rendell und Barbara Vine ein und dieselbe Person sind. Unter ihrem bürgerlichen Namen Ruth Rendell hatte sie schon mehr als 20 Kriminalromane geschrieben, als ihr in den achtziger Jahren die Form des klassischen Whodunit zu eng wurde und sie Romane zu schreiben begann, in denen weniger Mord und Totschlag im Vordergrund stehen, als vielmehr die dunklen Abgründe der Täterseelen. Für diesen literarisch und psychologisch anspruchsvolleren Stoff wählte sie ein Pseudonym, gebildet aus ihrem zweiten Vornamen und dem Mädchennamen der Großmutter. Das einzige Kind eines Lehrerehepaares arbeitete kurze Zeit als Journalistin für ein Lokalblatt. Es heißt, sie habe dort einen klassischen Fauxpas begangen: Sie verfaßte einen Artikel über die Tischrede nach dem alljährlichen Diner des lokalen Tennisclubs, ohne wirklich dort gewesen zu sein. Als sie erfuhr, daß der Redner mitten in der Rede gestorben war, kündigte sie, bevor ihr gekündigt werden konnte. Ob diese Geschichte so stimmt, sei dahingestellt, jedenfalls heiratete sie 1950 trotz allem ihren damaligen Chef und war zehn Jahre lang Hausfrau und Mutter, bis sie 1964 ihren ersten Kriminalroman an einen Verlag verkaufte – für 75 Pfund. Inzwischen sind daraus 50 Krimis und zehn Romane mit einer Weltauflage von über 14 Millionen geworden. Barbara Vine lebte und schrieb die meiste Zeit ihres Lebens in Essex, Suffolk und London. Von ihrer umfangreichen Privatbibliothek wurde sie beinahe zur Seßhaftigkeit gezwungen. Zuvor hatte sie 18mal ihren Wohnsitz gewechselt: »Mir gefällt einfach die erste Nacht im neuen Haus«. 1997 wurde die ›Queen of Crime‹ von der englischen Queen zur Baroneß geadelt, und Tony Blair berief sie als Working Peer ins Oberhaus, wo sie sich vor allem für sozial Benachteiligte engagiert.

Tomi Ungerer

»Meine Wurzeln sind im Elsaß, meine Baumkrone ist in Irland.« Der Sohn einer elsäßischen Uhrmacherfamilie lebt heute auf einer 50 Hektar großen Farm in Südirland. Sein zweiter Wohnort ist Straßburg, wo Jean Thomas Ungerer 1931 geboren wurde. Heute ist er der berühmteste Sohn der Stadt: Zu seinem 70. Geburtstag feierte sie ihn mit drei Ausstellungen – ein eigenes Tomi-Ungerer-Museum ist in Planung. Wer hätte das gedacht: Als Ungerer die Reifeprüfung verpatzte, mußte er dem Abgangszeugnis entnehmen, daß er »ein verdorbener und aufsässiger Charakter« sei. Er trampte durch ganz Europa bis nach Lappland, ein Jahr verbrachte er in Algerien bei den französischen Kamelreitertruppen – das heißt, wegen einer Rippenfellentzündung meistens in deren Lazaretten. Aus der Armee entlassen, kehrte er nach Straßburg zurück, veröffentlichte erste Zeichnungen im *Simplizissimus* und trat in die Ecole des Arts Décoratifs ein, wo er nach einigen Monaten höflichst gebeten wurde, doch wieder zu gehen. 1956 landete Ungerer mit 60 $ in der Tasche in New York, den Kopf voll Steinberg, Thurber und Addams und den Koffer voller Zeichnungen. Er wurde über Nacht zum Star. Als Karikaturist, Illustrator und Kinderbuchautor veröffentlichte er in zehn Jahren mehr als 80 Bücher, als Werbegraphiker machte er Kampagnen für Willy Brandt oder die *New York Times*. Mit seiner zweiten Frau Yvonne verließ er 1971 New York Hals über Kopf. »Wir hatten das Stadtleben plötzlich satt: Auf einem Highway dahinjagend, war unserem Leben der Treibstoff ausgegangen; wir hatten uns festgefahren, und so schlugen wir zu Fuß den erstbesten Seitenweg ein und erwarteten nicht einmal das Unerwartete.« Aus Ungerer, dem Star, wurde in Nova Scotia ein Farmer, der Schafe, Schweine und Ziegen züchtete. Sein Werk wurde zum »Pendel zwischen der heilen und der geilen Welt«, vom *Großen Liederbuch* bis zu *Babylon.*

Christy Brown

Seine Mutter bot Ärzten und Behörden tapfer die Stirn, als Christy, das zehnte von ihren 22 Kindern, in ein Heim abgeschoben werden sollte. Er hatte zerebrale Kinderlähmung und konnte nur sein linkes Bein und den linken Fuß geordnet bewegen. »Sein Körper ist zerrüttet, nicht sein Geist«, war die außergewöhnliche Mutter überzeugt. Und ihr Glaube an ihn wurde belohnt, als der fünfjährige Christy mit seinem linken Fuß nach einem Stück Kreide langte und auf der Schiefertafel seiner Schwester zu kritzeln begann. Er lernte zeichnen und schreiben, aber erst mit 18 begann er auch zu sprechen. Seine vor Humor übersprudelnde Autobiographie *Mein linker Fuß*, die er mit 21 Jahren veröffentlichte, wurde ein Welterfolg. Kurz danach lernte er die Krankenschwester Mary Carr kennen, die er 1972 heiratete und mit der er eine glückliche Ehe führte.

Herbert Rosendorfer

Den »umgekehrten Weg als üblich« ist er mit seiner Karriere gegangen, sich selbst sieht er als einen »verkrachten Künstler, der Jurist geworden ist«. Nach zwei Semestern gab Rosendorfer das Studium der Bühnenbildnerei an der Akademie der Künste in München auf und wechselte zur Juristischen Fakultät. Bald nachdem er 1966 Amtsrichter in München geworden war, erschienen erste Bücher – nicht etwa Kommentare zu Gesetzestexten, sondern Literatur. Friedrich Torberg feierte die »Entdeckung eines skurrilen Erzählertalents«, es folgten zahlreiche Romane und Erzählungen sowie mehrere Theaterstücke. Neben seiner Mitgliedschaft bei diversen Akademien und seiner Professur für Bayerische Literaturgeschichte in München waltete Herbert Rosendorfer lange als Richter am Oberlandesgericht Naumburg. Heute lebt er wieder in der Nähe seiner Geburtstadt Bozen.

Sempé

In seiner Anfangszeit als Künstler hatte er nie genügend Geld, aber wirklich leiden mußte er für seine Kunst wahrscheinlich nur während seiner Militärzeit in Paris. »Ich zeichnete nachts. Im Quartier. Wenn die Kameraden fanden, daß meine kleine Lampe, die ich mir neben das Bett gestellt hatte, sie störte, warfen sie ihre Stiefel nach mir.« Die blauen Flecken machten sich bezahlt. Bereits mit 19 erhielt er den Prix Carrizey, einen Förderpreis für Nachwuchszeichner. Sempé hatte endlich einen Beruf gefunden; zu Hause in Bordeaux hatte er weitaus weniger Begabung gezeigt: In der Schule saß er mit seinem vier Jahre jüngeren Bruder in derselben Klasse, und auch in den verschiedensten Jobs fiel er durch, etwa »bei einem Weinhändler, der mich entließ, nachdem ich die Pleite eines Kunden beschleunigt hatte«. Zeichner zu sein war ganz schön, obschon Sempé damit auf Traumberufe wie Jazzmusiker, Dirigent oder Fußballspieler verzichten mußte. Die Karikaturen in *Paris Match, Punch, Marie Claire* und ab 1969 in *L'Express* waren nur die ersten Schritte. Ab 1978 arbeitete er beinahe exklusiv für den *New Yorker,* für den er mehr als 50 Covers und zahlreiche Karikaturen zeichnete. In den Figuren von Sempé, diesen urtypischen Vertretern der französischen Bourgeoisie, kann jeder sich selber erkennen. Sie versuchen sich durchs Leben zu philosophieren und wirken auf den Zeichnungen immer zu klein für ihre Umgebung, für ihre Träume und Neurosen. Für den Chronisten der Massengesellschaft ist Humor eine »Waffe gegen alles Unerträgliche im Leben«. Unumgänglich ist es, in einem Atemzug mit Sempé Namen wie René Goscinny und Patrick Süskind zu nennen, die unvergessliche Figuren erfanden, denen Sempé Gestalt verlieh: Der kleine Nick und Herr Sommer. Der Meister der leisen, verhaltenen Töne lebt in Paris.

Luis Murschetz

Nach einem Maschinenbau-Studium tauschte Luis Murschetz den Schraubenschlüssel mit der Feder und ging an die Grazer Kunstschule. Gezeichnet hatte er schon als Kind, am liebsten Spielsachen, weil er selbst keine hatte, und als Kunststudent Sportkarikaturen. Seine ersten politischen Karikaturen erschienen 1967 in der *Süddeutschen Zeitung*, nach 1971 auch in der *Zeit*, wo Murschetz Paul Flora ablöste. Nicht gerade ein politisches, aber eines der ersten Umwelt-Bilderbücher war sein *Maulwurf Grabowski*, das bis heute von Kindern in über 18 Ländern geliebt wird. Luis Murschetz' Werk wurde in vielen Ländern in Austellungen gezeigt und ist mehrfach ausgezeichnet worden, 1997 mit dem Olaf-Gulbransson-Preis. Zwischen 1983 und 1995 leitete Murschetz sechs Mal die Illustrationsklasse der berühmten Sommerakademie in Salzburg.

Petros Markaris

Als Kind einer Griechin und eines Armeniers besuchte er das deutsche Gymnasium in Istanbul und studierte in Wien Ökonomie. Auf dem Papier zumindest: »Ich lungerte herum und besuchte sooft wie möglich das Theater.« Er wollte schreiben, doch in welcher Sprache? Türkisch, Deutsch oder Griechisch – in allen drei Sprachen war Markaris zu Hause. Auf Griechisch schließlich erschienen seine Theaterstücke und Drehbücher, aus dem Deutschen übersetzte er etwa Dürrenmatt, Brecht und zuletzt den *Faust* (Teil I und II). Mit 58 schrieb Markaris seinen ersten Roman: »Plötzlich war da eine Figur in meinem Kopf. Sie quälte mich monatelang, woraus ich den Schluß zog, sie könne wohl nur ein Polizist sein. Was blieb mir also übrig? Ich mußte einen Krimi schreiben.« Und setzte damit Griechenland endlich auf die Landkarte der europäischen Kriminalliteratur.

Ingrid Noll

»Ich wurde am 29. September 1935 in Shanghai geboren, das ist aber auch das einzig Exotische an mir. In meiner Kinderzeit in Nanking, in einem Haus mit altmodischen Büchern, großem Garten und vielen Tieren, begann ich mir versponnene Spiele und kleine Geschichten auszudenken, die ich aus Angst vor Enttarnung bei einem Umzug im Garten vergrub. 1949 mußte meine Familie Shanghai verlassen; in Bad Godesberg kam ich in ein Mädchengymnasium. Ich haßte die Schule. Die gute Note in Deutsch konnte das regelmäßige Versagen in Mathematik notdürftig ausgleichen. Halbherzig begann ich nach dem Abitur ein Studium der Germanistik und Kunstgeschichte an der Universität Bonn. Die Heirat rettete mich vor dem Examen und dem Lehrerinnenberuf, drei Kinder in dreieinhalb Jahren dienten fortan als Ausrede für ein Leben hinter dem Kochtopf. Als der Nachwuchs flügge war, konnte ich mich nicht mehr verstecken.« Ingrid Noll war 54, als plötzlich die Lust sie packte, hundsgemeine Geschichten zu schreiben. Warum, das weiß sie bis heute nicht. Zwischen Bügelbrett und Bratpfanne erfand sie Mordgeschichten. Ihr erster Roman *Der Hahn ist tot* wurde sofort ein Bestseller und in mehrere Sprachen übersetzt. Für ihr zweites Buch, *Die Häupter meiner Lieben*, erhielt sie den ›Glauser‹ für den besten Kriminalroman des Jahres 1993, ihr dritter Streich, *Die Apothekerin,* hielt sich über ein Jahr auf der Bestsellerliste des *Spiegel.* Ingrid Noll wurde zu Deutschlands »erfolgreichster« *(Der Spiegel)* und »ungewöhnlichster« *(Focus)* Krimiautorin. Auch auf der Leinwand: drei ihrer Bücher wurden fürs Kinos verfilmt. Auch nach sechs Romanen und zwei Erzählbänden schreibt sie »mit leidenschaftlichem Vergnügen« weiter, und vor allem freut sie, »daß viele meiner Leser einen ähnlichen Spaß bei der Lektüre haben«.

Woody Allen

Wenn er die Nöte des Alltags auf die Leinwand bringt, kann er aus dem vollen schöpfen: Woody Allen ist in einem zänkischen und umzugsfreudigen orthodox-jüdischen Elternhaus aufgewachsen. Auf solcherlei Turbulenzen reagierte er schon früh mit Schüchternheit und einem erstaunlichen Humor. Im Alter von drei Jahren verliebte er sich in Walt Disneys »Schneewittchen«, eine Begeisterung, die Jahre später in einem Studium der Filmproduktion gipfelte, oder zumindest einem halben: Er schwänzte die Vorlesungen so oft, daß man ihn rauswarf. »Um meine Mutter daran zu hindern, sich die Pulsadern aufzuschneiden«, besuchte Allen einen Abendkurs über Filmproduktion und für angehende Dramatiker, eine Schauspielschule und einen Fotokurs. Aber entweder paßten ihm seine Lehrer oder seine Mitschüler nicht. Die einzige Schule, die ihm etwas bieten konnte, war das Bestehen vor Publikum. Er begann als Komiker aufzutreten, schrieb Einzeiler, Witze, Sketche, Theaterstücke und Drehbücher, zuerst jeweils für andere, später nur noch für sich selbst. Hollywood verlieh ihm vier Oscars, Kritiker feiern ihn als größten Film-Komiker unserer Zeit und erklärten seine Filme zu Klassikern. Er selbst sieht sich, was seine Beziehung zu Frauen betrifft, als Gewinner des August-Strindberg-Preises. Mit drei Darstellerinnen seiner Filme lebte er zusammen: von Louise Lasser trennte er sich nach kurzer Zeit und in Freundschaft, ebenso von Diane Keaton, die er allerdings nicht geheiratet hatte, von Mia Farrow nach langer Zeit und vor Gericht. Diese schmerzlichere Art der Trennung mußte er 1962 auch bei seiner ersten Frau, Harlene Rosen, erfahren. Sie verklagte ihn außerdem, weil er im Fernsehen Exfrauen-Witze zum besten gegeben hatte. Daß Allen mit seiner Komik vor nichts haltmacht, beweist »Die letzte Nacht des Boris Gruschenko« von 1974 – filmhistorisch die erste Komödie über den Tod.

Roland Topor

Sein jüdisch-polnischer Vater war 1929 mit einem Stipendium nach Paris an die Kunstakademie gekommen, die dann auch Topor besuchte, aber nur, um nicht zur Armee nach Algerien eingezogen zu werden. Die Okkupation durch die deutschen Truppen überlebte die Familie versteckt auf dem Land. Erste Zeichnungen veröffentlichte Topor 1958 in der Zeitschrift *Bizarre*, und das Bizarre wurde seine Spezialität, in der Graphik, der Literatur, im Theater und im Kino. Er machte Zeichnungen für die Laterna-magica-Sequenz in Fellinis »Casanova«. Für die Bayerische Staatsoper stattete er »Ubu Rex« von Penderecki aus, er trat als Schauspieler auf in Werner Herzogs »Nosferatu« und Volker Schlöndorffs »Eine Liebe von Swann«, entwarf Plakate für Oshimas »Im Reich der Sinne« und Schlöndorffs »Die Blechtrommel«. Seinen Roman *Der Mieter* hat Roman Polanski verfilmt.

Tullio Pericoli

Als Gymnasiast kopierte er an freien Nachmittagen alte Meister in der Pinakothek von Ascoli Piceno. ›Entdeckt‹, wie er es gehofft hatte, wurde er nicht, der Museumsdirektor jedoch fing an, ihm privat Zeichenunterricht zu geben. Pericoli veröffentlichte erste Zeichnungen in einer Lokalzeitung, nicht ohne positiven Einfluß auf deren Auflage. So finanzierte er sein Jurastudium in Rom und Urbino, das er jedoch kurz vor dem Examen schmiß: Anstatt in eine Kanzlei ging er nach Mailand und mietete ein Atelier. Heute ist er in Italien eine Institution, berühmt als ein Karikaturist, der Politiker und die intellektuelle Schickeria aufs Korn nimmt, bekannt aber auch als Illustrator, Maler, Bühnenbildner und Werbegraphiker und besonders durch seine Schriftsteller- und Künstlerportraits, die mit feinen Strichen und großer Phantasie ganze Geschichten erzählen.

Hartmut Lange

Der Sohn eines Metzgers verließ die Oberschule vor dem Abitur und schlug sich mit Gelegenheitsarbeiten durch. Trotz des Schulabbruchs wurde er an der Deutschen Hochschule für Filmkunst in Potsdam-Babelsberg zugelassen, wo er Dramaturgie studierte. Im dritten Studienjahr wurde er rausgeschmissen und schrieb, basierend auf seinen Erfahrungen als Gleisarbeiter, im selben Jahr sein erstes Stück, *Senftenberger Erzählungen oder Die Enteignung*. Das Stück sorgte für Aufregung. Die angekündigte Aufführung fand nicht statt, brachte Lange aber eine Anstellung als Dramaturg am Deutschen Theater in Ost-Berlin, wo er Peter Hacks' Meisterschüler wurde. Mit seiner politischen Komödie *Marski*, die die Agrarpolitik der SED und darüber hinaus ironisch die Bekehrung eines Kapitalisten zum Sozialisten auf die Bühne brachte, begab sich Lange in eine ideologische Auseinandersetzung. Zur völligen Entfremdung vom SED-Regime kam es durch die Lektüre der verbotenen Stalin-Biographie von Isaak Deutscher. Noch vor der Uraufführung von *Marski* kehrte er von einer Reise nach Jugoslawien nicht in die DDR zurück. Er ging nach West-Berlin, wo er als linker Dramatiker die Brechtsche Tradition weiterführte. Ende der siebziger Jahre begann sein Glaube an den Rationalismus zu zerfallen. Ein langer, verwirrender Wandlungsprozeß machte ihn zum »positiven Nihilisten«: »Ich bin heute zutiefst davon überzeugt, daß der Mensch etwas Unvereinbares ist.« Das Theater bot ihm nicht mehr die Gestaltungsmöglichkeiten für das, was er ausdrücken wollte. Wenn schon der feste Boden der Vernunft verloren war, was sollten dann noch ›die Bretter, die die Welt bedeuten‹? Er entdeckte für sich die Novellenform und wird heute in seiner Thematik als Nachkomme Heinrich von Kleists gesehen. »Kleists Unglück, Todesnähe und Todesheiterkeit sind auch seine Chiffren, sind sein Code, den er entziffern will.« *(Süddeutsche Zeitung)*

F. K. Waechter

1937 in Danzig geboren, schickte der Krieg ihn und seine Mutter auf den Treck. Sie mußten nach Schleswig-Holstein fliehen, und Friedrich Karl wuchs in der Eulenpiegelstadt Mölln auf. Als sein Vater an der Ostfront fiel, war Waechter den »alten Nazi-Paukern« an der ›Lauenburgischen Gelehrtenschule‹ hilflos ausgeliefert. »Was ich ihnen entgegensetzen konnte, war allein mein Humor. Und der machte vieles noch schlimmer.« Seinen ersten Zeichenauftrag von einem Klassenkameraden, der eine nackte Frau wollte, führte Waechter aus, ohne je eine gesehen zu haben. Prügel und Schelte waren sein Dank. Auch als er mit neun Jahren Gott beim Überreichen der Gesetzestafeln in Gummistiefeln und mit Jägerhütchen darstellte, erntete er bloß kränkendes Gelächter. Das änderte sich, als nach einer Ausbildung zum Graphiker an der Kunstschule Alsterdamm in Hamburg seine Zeichnungen in der Satirezeitschrift *Pardon* und später in *Titanic* erschienen. »Für das Freche, Widerborstige und Geschmacklose, wofür ich mein Leben lang Prügel bezogen hatte, bekam ich jetzt Liebe, Geld und Anerkennung«. 1970 sorgte er mit seinem *Anti-Struwwelpeter* für Aufregung, heute ist es das Standardwerk der antiautoritären Erziehung. Natürlich erhielt dieses Buch den Deutschen Jugendbuchpreis nicht, dafür aber 1975 *Wir können noch viel zusammen machen* und 1999 *Der rote Wolf.* Auch für Bühne und Film arbeitet Waechter, seine Kindertheaterstücke inszeniert er auch selbst. Bei all seinen Arbeiten geht es ihm immer um das Zusammenspiel von Bild und Text. Deshalb versteht er die am häufigsten gestellte Frage »Herr Waechter, als was begreifen Sie sich eigentlich?« nicht ganz, und auch die zweithäufigste Frage »Ist das für Kinder oder Erwachsene?« kommt ihm seltsam vor. Hier seine endgültige Antwort: »Ich schreibe und zeichne für alle, die mal fünf waren, noch Erinnerungen daran haben und gern neunundneunzig werden wollen.«

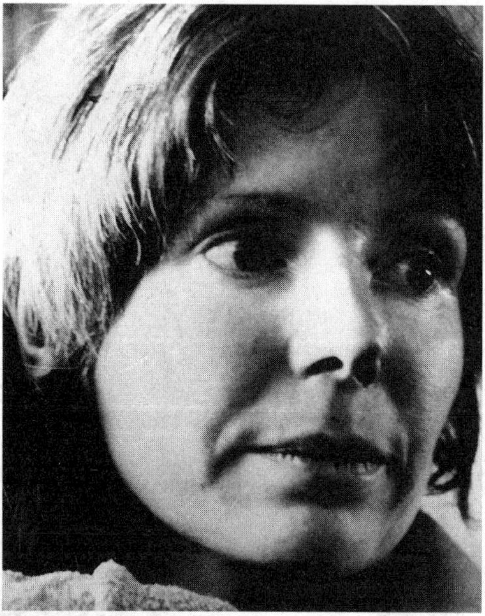

Fanny Morweiser

Das Humanistische Gymnasium in Mannheim besuchte Fanny Morweiser bis ein Jahr vor dem Abitur. Nach der dreijährigen Ausbildung an der Freien Kunstakademie in Mannheim, mit den Hauptfächern Zeichnen, Malen und Bildhauerei, wollte sie eigentlich Bücher illustrieren. Doch bald begann sie, die Personen, die sie gerne zeichnete, zu beschreiben. Sie arbeitete zwei Jahre als Verkäuferin in einem Devotionaliengeschäft, bevor 1971 ihr erstes Buch *Lalu lalula, arme kleine Ophelia* erschien. Seitdem hat Fanny Morweiser, »ein seltenes Exemplar auf der eher unromantischen deutschen Literaturszene« (*Der Spiegel*), viele weitere Bücher veröffentlicht. Sie ist mit einem Amtsgerichtsrat verheiratet, der »leider nicht Totengräber oder wenigstens Bahnwärter ist«, und lebt mit ihrer Familie in einem kleinen Dorf im Neckartal.

Hanspeter Padrutt

Neben seinem Medizinstudium in Wien und Zürich war er Taxifahrer. Seit 1975 jedoch lebt Hanspeter Padrutt autofrei, und 1977 schrieb er wutentbrannt das Pamphlet *Die Auto-Pest*. Ausgehend von der »Winterreise« Franz Schuberts und Wilhelm Müllers setzte der Psychiater und Psychotherapeut sich dann, weniger zornig und grundsätzlicher, in *Der epochale Winter* mit den geistigen Hintergründen des ökologischen Weltnotstands auseinander. Lange Zeit befaßte sich Padrutt, »einer der ganz seltenen Universalisten unserer Zeit« (Prof. Gerhart Bruckmann vom Club of Rome), mit den Gedichtfragmenten des Vorsokratikers Parmenides. Dabei entstand *Und sie bewegt sich doch nicht*, ein provozierender philosophischer Reisebericht mit Neuübersetzung und überraschender Auslegung dieser Fragmente für unsere von kalter Technik gekennzeichnete Epoche.

Viktorija Tokarjewa

Weil der Vater früh verstorben war, mußte die Mutter arbeiten und hatte daher nicht viel Zeit für die Tochter. »Erzogen hat mich niemand, außer vielleicht Čechov«, erinnert sich Viktorija Tokarjewa. Die 1937 geborene Leningraderin begann früh zu schreiben, besuchte in ihrer Heimatstadt zunächst die Musikhochschule, wurde mit 18 diplomierte Pianistin und heiratete einen Moskauer Physiker, den sie gerade zwei Tage kannte. In Moskau gab sie drei Jahre Klavierunterricht, 15 Schüler zweimal die Woche, mußte 30mal die immer gleichen Etüden anhören, »es war trommelfellschädigend«. Sie entschied sich zugunsten ihres Gehörs und für das Schreiben als Beruf. An der Moskauer Filmhochschule wurde sie Drehbuchautorin. Bisher wurden 15 Filme nach Drehbüchern von ihr produziert, und »ihre poetischen, gleichwohl realistischen Erzählungen verschafften ihr, auch international, den Ruf der populärsten russischen Autorin der Gegenwart« (*Die Woche*). Viktorija Tokarjewas erste Erzählung *Ein Tag ohne Lüge* erschien 1964, vier Tage vor dem Rücktritt Chruschtschows. Das Ende der Tauwetterperiode hatte jedoch keinen Einfluß auf ihre Werke. Wegen ihres unglaublichen Erfolgs – nur die Papierknappheit setzte der Auflagenhöhe Grenzen – konnte sie weiterschreiben, außerdem schien ihr Thema, die Liebe, den Zensoren ungefährlich. Darum wirkten sich auch Glasnost und Perestroika nicht auf ihr Schreiben aus: »Ich habe immer geschrieben, was ich wollte, und ich werde weiterhin genügend Stoff haben, denn die Liebe bleibt widersprüchlich – unabhängig vom Staatssystem. Andere Themen sollte es nicht geben, sie sind ausgedacht und künstlich. Liebe und Tod – alles andere kann man vergessen.« Viktorija Tokarjewa lebt mit ihrem Mann, der Tochter Natascha und dem Enkel Pjotr abwechselnd in Moskau und auf einer Datscha an einem geheimen Ort bei Moskau.

E.W. Heine

Vielgereister Architekt, Archäologe und Schriftsteller mit Berufsethos: »Das Schlimmste, was mir mit meinen Geschichten passieren könnte, ist die Vorstellung, daß ich jemanden langweilen würde.« Noch während seines Architekturstudiums bekam er das Angebot, für ein Jahr eine Baustelle in Ankara zu leiten, und 24 Stunden, um sich zu entschließen. Er wurde zum Globetrotter, der oft bis zu 100 000 Flugkilometer im Jahr zurücklegte, und zum Schriftsteller. Die Geschichte des Bauens und Wohnens erzählte er so spannend wie einen Roman und seine *Kille Kille Geschichten* stehen auf dem Niveau angelsächsischer Meister der schaurigschönen Kriminalgeschichte. Während der zwölf Jahre, die er in Johannesburg lebte, gab er eine satirische Monatszeitschrift heraus und gründete mit seinem Bruder Helme Heine das politisch-literarische Kabarett Sauerkraut.

Anna Keel

»In diesem Jahrhundert sind 90 Prozent der Erfindungen gemacht worden, und ich verbringe den Nachmittag in Gesellschaft von zwei Zitronen.« Obwohl sie ihrem Beruf eine absurde Seite nicht absprechen kann, malt Anna Keel, seit sie nach dem Sekretärinnenkurs ihre erste Stelle in einer Zürcher Galerie antrat und »aus Langeweile begann, die aufgehängten Bilder abzuzeichnen und die wenigen Kunden zu karikieren«. Nach Au-pair-Stellen in Paris und London, wo sie nachmittags die Hammersmith School of Art & Building besuchte, wurde sie in Zürich Schülerin des Malers Albert Pfister. Es folgten Ausstellungen in Zürich, München, Mailand und im Essener Folkwang-Museum. Auch im ›Salon d'Automne‹ und im Musée des Arts Décoratifs in Paris waren ihre Bilder zu sehen. 1984 erhielt sie ein Stipendium der Akademie der Künste in Berlin.

Urs Widmer

Eine bildungsbürgerliche Familie und ein literarisches Umfeld waren der beste Nährboden für das Talent des Baslers Urs Widmer. Sein Vater, der Gymnasiallehrer, Literaturkritiker und Übersetzer Walter Widmer, hat seinem Sohn die »Liebe zu den Wörtern ohne Niveau, den sogenannt unanständigen Wörtern«, weitervererbt. Urs Widmers Deutschlehrer im Realgymnasium war der Schriftsteller Rudolf Graber. Heinrich Böll war gern- und oftgesehener Gast im Hause Widmer. Der Gymnasiast konnte gar nicht anders, als sich insgeheim selbst als Dichter zu fühlen. An der Universität Basel schrieb er sich für Germanistik, Romanistik und Geschichte ein. Zwei Jahre in Montpellier und in Paris ergänzten sein Studium, eine Doktorarbeit über die deutsche Nachkriegsliteratur rundete es ab. Als Lektor beim Walter Verlag in Olten wurde Widmer die rechte Hand des damals für die Literatur zuständigen Otto F. Walter. 1967 zog Urs Widmer nach Frankfurt am Main, wo er Lektor im Suhrkamp Verlag wurde. Ob ihn die Enge der Schweiz veranlaßte, in die ›große Welt‹ zu gehen, oder ob der Zufall vor jeder Absicht stand: beide Ansichten vertrat Urs Widmer in Interviews, und sie schließen einander nicht aus. Frankfurt gefiel ihm, er blieb dort 17 Jahre. 1968 rief er mit anderen Lektoren den ›Verlag der Autoren‹ ins Leben. Kurz nach der Gründung wurde er mit seinem Erstling *Alois* selbst zum Autor. Urs Widmer, auch ein erfolgreicher Dramatiker, begeisterte zuletzt mit dem Roman *Der Geliebte der Mutter* Publikum und Kritik gleichermaßen. Es genügt ihm nicht, »wenn Literatur nur den Ist-Zustand schildert. Sie muß auch utopische Qualitäten haben. Man muß daran erinnern, daß die Welt einmal schön war.« Und für die Welt, wie sie uns von Urs Widmer vorgestellt wird, würde wohl nicht nur Michael Krüger »die unsere unbesehen opfern«.

Helme Heine

»Ich war mit der Betriebswirtschaft, die ich studierte, verheiratet, aber ich liebte die Kunst«. Nach dem Studium reiste Helme Heine in die Welt. Zehn Jahre verbrachte er in Botswana, Moçambique und Südafrika, wo er außer Tellerwäscher fast jeden Beruf ausübte, dann aber doch beim Schreiben hängenblieb. Gemeinsam mit seinem Bruder E. W. Heine gab er in Südafrika eine satirische Zeitschrift heraus, machte politisch-literarisches Kabarett, war Bühnenbildner, Schauspieler und Regisseur. Zwei Jahre bevor die Brüder Heine nach Deutschland zurückkehrten, begann Helme Heine zu malen und schuf sein erstes Kinderbuch – der Beginn einer Karriere mit vielen Auszeichnungen, darunter der Europäische Jugendbuchpreis. Lange hielt es der Weltenbummler in Deutschland aber nicht aus, heute lebt er in Neuseeland.

Niklaus Meienberg

Dem kleinbürgerlichen St. Galler Milieu entfloh er nach der Matura in die USA, wo er die Limousine eines Industriellen, aber auch Bulldozer chauffierte. Danach studierte er Geschichte in Freiburg i. Br., Zürich und in Paris, wo er Barrikaden baute und später Korrespondent der *Weltwoche* und des *Stern* wurde. Als allzu freier Journalist und unbequemer Historiker verlor er oft seine Stelle oder wurde mit Publikationsverbot belegt. Bei der Zürcher *WochenZeitung* jedoch fand er so etwas wie ein zweites Zuhause. Persönliche Krisen prägten Meienbergs letzte Jahre: Seine ihm sehr nahestehende Mutter starb, er hatte einen schweren Motorradunfall und wurde Opfer eines Überfalls. Am 24. September 1993 nahm er sich das Leben. Seine letzten Anweisungen waren: »Kein Gottesdienst. Keine Ansprachen. Meine Asche in den Oberlauf der Seine. Kein Grabstein. Nirgendwo!«

John Irving

Er ist das seltene Beispiel »eines Autors von hoher literarischer Qualität, der auch beim Publikum ankommt« *(Time)*. Seine ersten drei Romane allerdings waren umfangreich und erfolglos. Mit dem vierten versuchte er es bei einem anderen Verlag und bekam vom Cheflektor die Nachricht, er habe das erste Kapitel gelesen und werde Irving Bescheid geben, sobald auch die Putzfrau es beendet habe. Sie mochte das Buch – genauso wie über drei Millionen Leser in den USA, allerdings erst nach einer riesigen Werbekampagne. Der Roman blieb dem Rummel nichts schuldig. Seither ist die bloße Erwähnung des Namens John Irving Reklame genug. Mit 19 wußte der Sohn eines Professors für russische Geschichte genau, was er wollte: Ringen und Romane schreiben. »Schreiben ist wie Ringen. Man braucht Disziplin und Technik. Man muß auf eine Geschichte zugehen wie auf einen Gegner.« Was ihm mit 19 noch fehlte, war eine Idee. In Wien, wo er studierte, fand er sie. Er saß im Zoo und in Kneipen, da es in seinem Zimmer zu kalt war, fuhr Motorrad, las *Die Blechtrommel* seines heutigen Freundes Günter Grass, und schrieb *Laßt die Bären los!* Bis zum Durchbruch mit *Garp* verkaufte er Erdnüsse bei Football-Spielen, war Kellner und trainierte an Universitäten Ringermannschaften und künftige Schriftsteller. Mit seinem älteren Sohn wettete Irving um hundert Dollar, daß er ihn an seinem 40. Geburtstag noch auf die Matte legen könne. Gesiegt hat der Sohn, und Irving hat das Ringen aufgegeben. Seine Romane – bis heute zehn an der Zahl, zuletzt *Witwe für ein Jahr* und *Die vierte Hand* – sind aber immer noch umwerfend lang. Für ihn gilt, was Chesterton über Dickens, Irvings Lieblingsautor, geschrieben hat: »Ein normaler Leser möchte wissen, wie das Buch endet, der Dickens-Leser wünscht, es möge niemals enden.«

Michael Lewin

Indianapolis ist eine 1,2-Millionen-Stadt im mittleren Nordosten der USA. Niemand würde die Stadt kennen, fände dort nicht jedes Jahr ein berühmtes Autorennen statt und gäbe es nicht Michael Lewin, der dort aufgewachsen ist und Romane schreibt, die dort spielen. In Harvard und im englischen Cambridge studierte er Chemie und Physik und und unterrichtete danach einige Jahre. Sein Vorbild Raymond Chandler war in England aufgewachsen und kam mit 23 in die USA, bei Lewin war es umgekehrt: er zog mit 29 nach England, wo er Kriminalromane schreibt und eine Basketball-Kolumne für den *Somerset Standard* (er war jahrelang Spieler und Trainer der britischen Basketball-Nationalmannschaft). Mit Albert Samson stellt er dem hartgesottenen Kollegen Philip Marlowe von der Westküste einen witzigen soft-boiled Detektiv gegenüber.

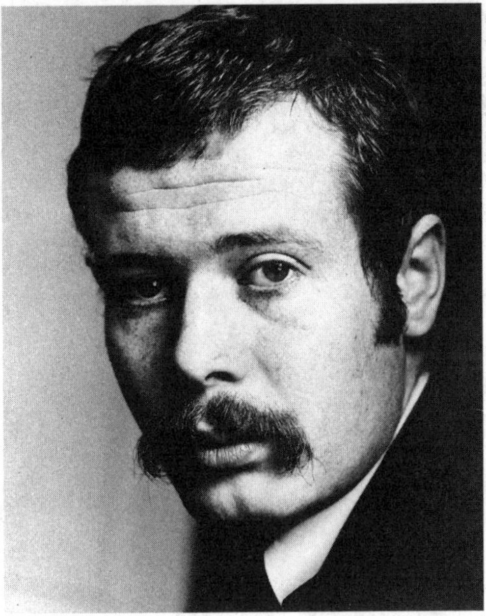

Otto Jägersberg

Nach einer Buchhändlerlehre arbeitete er bei Marga Schoeller in Berlin, Theo Pinkus in Zürich und V. O. Stomps in Stierstadt. Seinen Berufsalltag ergänzte Otto Jägersberg durch Theaterdramaturgie, Journalismus, Happenings und seinen ersten Roman *Weihrauch und Pumpernickel* – ein westfälischer Schelmenroman mit autobiographischen Zügen: Jägersberg wurde als Sohn eines Eisenbahnbeamten im westfälischen Hiltrup geboren, als jüngstes von vier Kindern. Der Roman wurde von A wie Andersch (über Erich Kästner, Arno Schmidt und Martin Walser) bis Z wie Zuckmayer gepriesen und war der erste deutschsprachige Bestseller bei Diogenes. Seit den siebziger Jahren erreicht Otto Jägersberg mit Regie- und Drehbucharbeiten für das deutsche Fernsehen ein Millionenpublikum. Er lebt als freier Schriftsteller in Baden-Baden.

Donna Leon

Mit 23 verließ sie New Jersey, wo sie 1942 geboren worden war, um in Perugia und Siena weiterzustudieren. Sie blieb im Ausland, arbeitete als Reisebegleiterin in Rom, als Werbetexterin in London und als Lehrerin an amerikanischen Schulen in Europa und Asien. Im Iran wurde sie kurz vor dem Sturz des Schahs erster und einziger weiblicher Tennischampion. Jahrelang lehrte sie englische und amerikanische Literatur an der Universität eines amerikanischen Militärstützpunkts in der Nähe von Venedig, wo sie seit 1981 lebt. Zur Idee für ihren Erstling kam Donna Leon über ihre Leidenschaft für die Oper. Während des Besuchs einer Probe im venezianischen Opernhaus ›La Fenice‹ ereiferte sich ihr Begleiter: »Ich könnte den Dirigenten umbringen!« – »Ich mach's für dich, aber in einem Roman«, beruhigte sie ihn. Gemeinsam kundschafteten sie das Haus aus, um mögliche Fluchtwege für einen möglichen Täter zu finden, und Donna Leon erfand Commissario Guido Brunetti, um ihn zu fassen. Das Resultat war *Venezianisches Finale.* Die Bücher der Amerikanerin sind heute millionenfach verkauft und in zig Sprachen übersetzt, nur nicht ins Italienische. Die Erfolgsautorin möchte ihr Leben in ihrer Wahlheimat weiterhin ungestört genießen können und hofft, daß es den Italienern erspart bleibt zu lesen, »was ich über ihr Land schreibe.« Zur Freude der vielen Fans erscheint jedes Jahr ein neuer Brunetti-Roman. Der Stoff geht Donna Leon dabei nicht aus, sie braucht nur eine italienische Zeitung aufzuschlagen. Oder tief in sich selbst zu blicken. »Meine Gedanken kreisen immer darum, eine Bank auszurauben oder jemanden zu belügen und zu betrügen. Ich muß zugeben, daß das schlimmer geworden ist, seit ich Krimis schreibe.« Die Faszination von Commissario Brunetti, den Donna Leon als die einzige hundertprozentig erfundene Figur in ihren Büchern bezeichnet, sieht sie in seinem idealen Charakter: »Brunetti ist zu gut, um wahr zu sein.«

John Vermeulen

Sein erstes Buch schrieb John Vermeulen, 1941 in einem Dorf bei Antwerpen geboren, schon mit vierzehn: ein Science-Fiction-Roman, der auch tatsächlich publiziert wurde. Nach Gymnasium und technischer Universität war Schreiben sein Lebensunterhalt: Er schrieb Pressemeldungen in der PR-Abteilung von Coca-Cola, war Wassersport-Journalist, arbeitete dann bei einem niederländischen Wassersport-Champion, bis er schließlich freier Schriftsteller wurde. Eklektisch wie kaum ein anderer: neben Thrillern schrieb Vermeulen unter Pseudonym erotische Geschichten, bis er sich historischen Stoffen zuwandte. Mit Erfolg: die Filmrechte von *Die Elster auf dem Galgen*, einem Roman zu Leben und Epoche Pieter Bruegels, waren verkauft, noch bevor das Buch überhaupt erschienen war.

Bernard Mac Laverty

Er hatte noch nie von der Insel Islay gehört. In der Zeitung, mit der der frisch gereinigte Küchenboden ausgelegt war, hatte er die Stellenanzeige entdeckt: Lehrer für die Isle of Islay gesucht. Mac Laverty wollte nicht immer nur zu Hause in Edinburgh Englisch unterrichten. Nach sechs Jahren Insellehrer-Dasein aber konnte er seiner Gattin nur zustimmen, als sie ironisch anmerkte, sie würden hier beide noch begraben werden. Schreiben war bis dahin ein Hobby für die Stunden nach Sendeschluß im Fernsehen gewesen. Nun gab er den Beruf auf, wurde Schriftsteller und zog, auch seinen vier Kindern zuliebe, nach Glasgow. Doch die Schule ließ den Iren nicht los: Heute bedauert er, daß seine Romane *Lamb* und *Cal*, mittlerweile in den Lektürekanon aufgenommen, als ›Folterinstrumente‹ für Schulkinder mißbraucht würden.

Bernhard Schlink

Er wurde 1944 bei Bielefeld geboren und wuchs in Heidelberg auf. Mit acht, nach einem Streit mit seinem Bruder, schrieb er das Drama *Der Brudermord*, mit dreizehn über seine erste unglückliche Liebe ein Sonett mit zu vielen Strophen, dazwischen und danach alles mögliche. Er wurde Jurist, Richter und Professor – »vielleicht weil die Wahrheit des Rechts ebenso in Worten und Sätzen liegt wie die Wahrheit von Geschichten und weil die Dinge hier wie dort zu ihrem Ende gebracht werden müssen.« Er schreibt Kriminal- und andere Romane. Er hat in Mannheim, Freiburg und New York gelebt und wohnt derzeit in Bonn und in Berlin. Er würde gerne in einem Haus auf einer Düne am Meer wohnen, morgens am Strand laufen und danach mit Blick auf das Meer schreiben, bis in den Abend. *Der Tagesspiegel* nannte Bernhard Schlinks Kriminalromane »raffiniert gebaute Geschichten, in denen die politische Aktualität und die deutsche Vergangenheit präsent ist.« Der erste, *Selbs Justiz*, den er zusammen mit Walter Popp geschrieben hat, wurde unter dem Titel »Der Tod kam als Freund« verfilmt. *Die gordische Schleife* wurde mit dem ›Glauser‹ für den besten Krimi 1989 ausgezeichnet und *Selbs Betrug* mit dem Deutschen Krimi-Preis 1993. 2001 erschien *Selbs Mord* – der dritte Band der Trilogie. Die deutsche Vergangenheit ist auch Thema von Schlinks Roman *Der Vorleser*, 1995 erschienen. »Gerade in dem Moment, wo alles über Deutschland und den Krieg gesagt zu sein scheint, kommt dieses fesselnde, philosophisch elegante und moralisch komplexe Buch«, so die *New York Times.* Doch es blieb nicht nur bei enthusiastischen Besprechungen. Das Buch entwickelte sich vom Geheimtip zum Welterfolg, mit Übersetzungen in 34 Sprachen. Zum ersten Mal überhaupt stand ein deutscher Roman auf Platz 1 der amerikanischen Bestsellerlisten.

Borger und Straub

Kann man gemeinsam einen Roman schreiben, ohne daß der Leser das merkt? Martina Borger und Maria Elisabeth Straub, beide verheiratet mit Kindern, die zwei Pferde, drei Katzen, einen Hund, zwei Klaviere und keinen einzigen akademischen Abschluß haben, zeigten mit *Katzenzungen*, daß es möglich ist. Aber wie funktioniert das, wenn die eine in München, die andere an der dänischen Grenze wohnt? Ganz einfach, denn Borger und Straub haben eine gemeinsame Herkunft: Zusammen mit dem Produzenten schrieben sie zwölf Jahre lang die Drehbücher zur Erfolgsserie »Lindenstraße«, insgesamt über 250 Stunden Fernsehprogramm. Das schweißt zusammen. Und machte beide hungrig auf Prosa, sie wollten endlich ihren Figuren in die Köpfe hinein sehen dürfen, endlich mehr als 28-Minuten-Folgen schreiben. Und natürlich mußte es so kommen: jetzt soll *Katzenzungen* verfilmt werden.

Posy Simmonds

Sie wuchs auf einem Bauernhof in Berkshire auf, wo ihr Vater Bullen züchtete und sie zuweilen ihr Springseil ausleihen mußte, wenn es beim Kalben Schwierigkeiten gab. Obwohl sie heute in London lebt, liebt sie weiterhin das Landleben, das sie auf ihrem Wochenendhaus in Cornwall pflegt. Nach dem Gymnasium wollte Posy Simmonds die Welt sehen; sie ging nach Paris, wo sie an der Sorbonne und der Ecole des Beaux Arts studierte. Diese Zeit verarbeitete sie später zu einem Drehbuch, das unter dem Titel »The Frog Prince« verfilmt wurde. In der School of Art and Design in London traf sie ihren späteren Mann, den Graphiker Richard Hollis. Als Karikaturistin machte sie sich schnell einen Namen und arbeitete für große Zeitungen, bevor sie für die Kleinen zu malen anfing. Posy Simmonds ist Honorary Doctor of Art der Universität Plymouth.

Paulo Coelho

Paulo Coelho wurde 1947 in Rio de Janeiro geboren. Sein Leben – voller Unterbrüche und Neuorientierungen – liest sich wie eines seiner Bücher: Von seinen Eltern wurde Coelho als Teenager dreimal in eine psychiatrische Klinik eingewiesen. Das Jurastudium brach er ab, um zwei Jahre lang Südamerika, Europa und Nordafrika zu bereisen. Zurück in Brasilien, schrieb er Theaterstücke und verfaßte provokative Songtexte. Die in den 70er Jahren herrschende Militärdiktatur steckte ihn dafür dreimal ins Gefängnis. Coelho war Herausgeber einer Untergrundzeitschrift, eines Musikmagazins und Direktor von Polygram und CBS Brasilien. 1980 wurde er entlassen, es war der Wendepunkt in Coelhos Leben. Er studierte fünf Jahre lang in einem alten spanischen Orden und legte den Pilgerweg nach Santiago de Compostela zu Fuß zurück. Dort hatte er die Idee zu seinem Buch *Der Alchimist* und schrieb es in zehn Tagen. Seither sagt Coelho: »Ich glaube an Wunder«. Seine gleichnishaften Erzählungen über die spirituelle Suche nach dem Lebenssinn schrieb er vor allem für sich selbst – und erreichte damit Millionen. Coelhos Bücher wurden in 34 Sprachen übersetzt und sind in 69 Ländern in einer Auflage von über 12 Millionen erschienen: »Ein weltweites Verlagsphänomen« (The New York Times). Zu seinen Fans gehören Politiker wie Bill Clinton und Berühmtheiten wie Madonna und der Fußballer Ronaldo. Regelmäßig wird er als Redner zum Weltwirtschaftsforum in Davos eingeladen, und die Unesco ernannte ihn zum Sonderberater ihres Programms für interkulturellen Dialog. Trotz des Erfolgs – Paulo Coelho hat nicht aufgehört zu Träumen: »Die Kraft unserer Träume liegt darin, unsere Sicht der Dinge und damit auch der Welt zu verändern. Wenn genug Menschen einen bestimmten Traum haben, dann wird er am Ende Realität werden.«

Anne Fine

Nicht einem IQ-Test hatte Anne Fine es zu verdanken, daß sie schon mit vier Jahren in die Schule ging, sondern ihrer Mutter, die mit ihren neugeborenen Drillingen genug am Hals hatte. In Warwick studierte Anne Fine Geschichte und Politologie und traf dort einen Philosophen, den sie nach sechs Wochen heiratete und nach fünf Jahren mit zwei Kindern verließ. Sie war mit ihm nach Kalifornien gezogen, wo er einen Lehrposten angenommen hatte, konnte aber schließlich das immerwährende gute Wetter nicht mehr ertragen. Außerdem hatte sie in der Fremde ihre Kreativität verloren. Im Zug von London nach Edinburgh verliebte sich Anne Fine in einen Botaniker, den sie ein Jahr später zufällig vor einem Supermarkt wiedersah und daraufhin heiratete. Mit dem Geld, das *Mrs. Doubtfire* ihr einbrachte, kaufte sie ihm einen Garten für seine Orchideenzucht.

Alfred Komarek

Nach dem Jurastudium machte sich Komarek einen Namen als Radiojournalist und Autor von Reisegeschichten und Feuilletons, »die mit zunehmenden Alter höflich als Essays bezeichnet« wurden. Doch das war ihm nicht genug. »Mit 40 Jahren wollte ich vom Schreiben leben können, sonst hätte ich mir einen anständigen Beruf gesucht, mit 50 wollte ich meine Themen selbst aussuchen können.« Es kam noch besser – mit 55 wurde Komarek Bestsellerautor. Sein erster Krimi *Polt muß weinen* gewann 1999 den ›Glauser‹ für den besten Krimi, wurde verfilmt und sogar ins Chinesische übersetzt. Er spielt wie auch die Folgebände im niederösterreichischen Weinviertel, der Lieblingsgegend des Reiseschriftstellers Komarek. In seinem letzten Landschaftsbuch beschreibt er jedoch Venedigs Lagune. Trifft Inspektor Polt im nächsten Fall auf Commissario Brunetti?

Magdalen Nabb

Wer träumt davon nicht? Nach Florenz in die Ferien fahren und einfach dortbleiben. 1975 machte Magdalen Nabb genau das. Bindungen hatte sie keine, ihre Eltern hatte sie als kleines Kind verloren und war in einem Kloster aufgewachsen. Warum sollte sie nach dem Kunstgeschichtsstudium und einer Ausbildung zur Keramikerin zurück ins triste Manchester? Anfangs schlug sie sich in einem kleinen Dorf unweit von Florenz mit Englischunterricht durch, und – als einzige Frau in einer Männerdomäne – mit Töpferarbeiten. In der Kneipe setzte der etwas besorgte Wirt sie immer an den Tisch mit dem übergewichtigen Dorf-Carabinieri, der wegen eines Augenleidens in die Suppe heulte. Als Georges Simenon aufhörte, Krimis zu schreiben, um sich seinen autobiographischen Aufzeichnungen zu widmen, war Magdalen Nabb verzweifelt. »Ich war beinahe Simenon-abhängig. Als mir klar wurde, daß er keine Krimis mehr liefern würde, begann ich sie halt selbst zu schreiben.« Und da war er wieder, der beleibte Dorf-Carabinieri mit der dunklen Sonnenbrille: Maresciallo Guarnaccia war geboren. Als 1981 ihr erster Kriminalroman, *Tod eines Engländers,* erschien, begrüßt ihn niemand Geringerer als Georges Simenon mit einem »Bravissimo!«. Leider konnte sie nicht so schnell schreiben, wie Simenon las, denn dieser fragte nach der Lektüre jedes neuen Romans telegraphisch nach, wo denn der nächste bleibe. Florenz als Schauplatz ihrer Romane findet Nabb besonders spannend; »hier wird man nicht wegen einer Armbanduhr erschossen wie in New York, hinter jedem Mord steckt eine Geschichte«. Seitdem ihre Kriminalromane auch in Italien verlegt werden, kann Magdalen Nabb nur hoffen, daß in Florenz niemand ermordet wird, wenn sie Wichtiges zu tun hat. Nach jedem Mordfall wird sie nämlich von Journalisten bedrängt, die von ihr die Auflösung des Verbrechens erfahren möchten.

Manfred Deix

Im niederösterreichischen Böhmheimkirchen bei St. Pölten, wo Manfred Deix aufwuchs, »ging es extrem kleinbürgerlich und stinknormal und lausig langweilig zu«. Das einzig Faszinierende waren die Stammtischbesucher, denen er im väterlichen Schankhaus begegnete. Sie und ihre Berichte wurden für sein Werk weit wichtiger als die Höhere Graphische Lehr- und Versuchsanstalt in Wien, die er gemeinsam mit Gottfried Helnwein besuchte und nach drei Jahren verlassen mußte. Seine ersten Zeichnungen veröffentlichte Manfred Deix mit elf in einer Kirchenzeitung, die späteren erschienen in etwas weltlicheren Blättern wie *Profil*, *Spiegel*, *Playboy*, *Titanic* und *Neue Kronen-Zeitung*. Legendär ist seine fast krankhafte Leidenschaft für die Beach Boys sowie für schnurrende Vierbeiner, von denen über 80 im ganzen Haus die Sofas zerkratzen.

Valerie Wilson Wesley

»Wenn ein Mann in meinen Büchern eine Frau schlägt, dann ist er spätestens nach dem dritten Kapitel tot«, sagt die Frau, die mit Tamara Hayle die erste schwarze Privatdetektivin der Literaturgeschichte erfunden hat. Valerie Wilson Wesleys Krimis spielen in Newark, der »Welthauptstadt des Autodiebstahls«, die zugleich ein »Alptraum für Vermieter, aber ein Wunschtraum für Schriftsteller« ist. Als sie die Stadt das erste Mal sah, sagte sie natürlich nichts, schließlich war es die Heimatstadt ihres Mannes – und sie noch keine Schriftstellerin. Sie selbst wuchs auf US-Militärstützpunkten in Spanien und Deutschland auf und studierte dann Philosophie und Journalistik an der Columbia University. Als Chefredaktorin des afroamerikanischen Magazins *Essence* erfuhr sie hautnah, was ihre schwarzen Brüder und Schwestern bewegt – Stoff für viele Bücher.

Martin Suter

»Das Schöne an Satiren ist, daß diejenigen, die gemeint sind, es nie merken«, sagt Martin Suter. Deshalb können alle über seine Kolumnen lachen. Ob er in *Business Class* die Verhaltensweisen von Managern aufs Korn nimmt oder die verzweifelten Bemühungen des Szenemitläufers Geri Weibel, den letzten Trend nicht zu verpassen, überall erweist sich Suter als scharfer und pointierter Beobachter. Und das aus der Distanz, denn Suter verbringt den größten Teil des Jahres in Spanien und Guatemala. Geri Weibel verkehrt in Zürichs Szenelokalen, die naturgemäß schnell wechseln – wie hält Suter da mit? »Manchmal geben mir Freunde Tips, den Rest denke ich mir aus. Eigentlich bräuchte ich mal wieder eine Stadtführung.« Außer aus seiner Phantasie kann Martin Suter aus seiner reichen Erfahrung schöpfen, schließlich war er 22 Jahre lang hochgelobter Werber und Werbetexter. Daneben schrieb er GEO-Reportagen, Film- und Fernsehdrehbücher. 1997 erschien sein erster Roman *Small World* – auf Anhieb ein Bestseller. *Small World* ist die Geschichte des Konrad Lang, der an Alzheimer erkrankt, sich plötzlich an Geschehnisse aus seiner frühen Kindheit erinnert und dadurch Familiengeheimnisse und seine wahre Identität ans Licht bringt. Damit ist auch das Leitmotiv von Suters bisher drei Romanen genannt: Immer geht es um Menschen, die sich verloren haben und sich neu finden, oder die sich gefunden haben und dann verlieren. »Das Schreiben ist mir schon als Kind leicht gefallen. Ich gehöre nicht zu den Menschen, die sich eine Arbeit suchen, die ihnen besonders schwerfällt.« Schwer fällt es aber, ein Buch von ihm aus der Hand zu legen, denn er schreibt Gesellschaftsromane und Thriller in einem. »Ein ehrlicher Roman stellt sich am Anfang die Frage: ›Was wäre wenn?‹ und beschäftigt sich dann mit der Antwort darauf.«

Ian McEwan

Er verbrachte seine Kindheit in England, Singapur und Nordafrika, dem jeweiligen Versetzungsbefehl ausgeliefert, der seinem Vater, einem schottischen Hauptfeldwebel, galt. Zwischen Abitur und Philologiestudium arbeitete Ian McEwan als Müllmann. An der University of East Anglia nahm sich Malcolm Bradbury seiner an – McEwan war der erste und in jenem Jahr einzige Student, der dessen Kurs in kreativem Schreiben belegt hatte. »Leicht verspätet«, wie seine erste Frau Penny Allen es formulierte, wurde McEwan »zu einem energischen und extrovertierten Hippie« und tuckerte in einem alten vw-Bus von Amsterdam nach Afghanistan. McEwans Magisterarbeit bestand aus einer Reihe von Kurzgeschichten, die später unter dem Titel *Erste Liebe, letzte Riten* veröffentlicht wurden und ihm den Somerset-Maugham-Preis einbrachten – und einen handfesten Skandal. Der elegante Stil der Erzählungen steht in krassem Widerspruch zu den halbwüchsigen Protagonisten, die McEwan anhand ihrer monströsen und noch unsicheren Sexualität charakterisiert – Kafka und Freud waren seine literarischen Ziehväter. War er damals noch der Ansicht, wenn man keine Kinder habe, solle man es dabei bewenden lassen, so spricht er sich heute begeistert für Kinder aus – er hat inzwischen zwei Söhne. »Mich interessiert es heute nicht mehr, die Sau rauszulassen. Ich möchte wissen, wie man sich anständig verhalten kann in einer Welt, in der es schwierig ist, sich anständig zu verhalten. Ich möchte Glück beschreiben können.« Die Hauptfigur seines Werkes *Der Tagträumer* (ein Kinderbuch!) nannte er Peter Glück. Ian McEwan hat sich als Mensch wie als Autor gewandelt, seine Themenwelt hat sich erweitert, die Qualität seiner Bücher jedoch bestätigt sich jedesmal aufs Neue. 1998 wurde sein Roman *Amsterdam* mit dem wichtigsten englischen Literaturpreis, dem ›Booker‹, ausgezeichnet.

Meir Shalev

Shalev, 1948 geboren, ist genauso alt wie Israel, »aber ich sehe doch viel besser aus – oder nicht?« meint er heute selbstironisch. Neunzehn Jahre alt waren er und sein Land, als er in den Sechstagekrieg zog. Auf einem Patrouillengang wurde er von vier Kugeln getroffen – ein Versehen der eigenen Leute. Gleichwohl Zionist und Zyniker, setzte Meir Shalev sich nach dem Krieg für die Rückgabe der besetzten Gebiete ein. Geboren wurde er in einem der beiden ersten Genossenschaftsdörfer, die 1921 in Palästina gegründet wurden. Die Familie der Mutter stammte aus der Ukraine, die des Vaters aus Weißrußland, und beide Familien hatten – außer einer Unmenge von Geschichten – sehr wenig mit nach Palästina gebracht. Bauer wollte Shalev nicht werden, und als er als Kind eine Brille brauchte, waren alle schockiert: Er galt als Intellektueller wie sein Vater, der Bibelforscher, aber Atheist war und Liebesgedichte und politische Bücher schrieb. Politisch äußert sich Shalev als Journalist und Kolumnist, doch ein politischer Schriftsteller will er nicht sein. »Nichts veraltet mehr als politische Romane«, meint Shalev, »klassische Themen wie die Liebe aber sind unsterblich.« *Judiths Liebe*, der Roman über drei Männer, die ihr Leben lang um eine Frau werben, wurde in Italien zum schönsten Liebesroman gewählt. Mit seinem Erstling *Ein Russischer Roman* schrieb Shalev seinem Land und dessen Siedlern eine Liebeserklärung. Dafür hatte er eine zwölfjährige Karriere als populärer Fernsehmoderator aufgegeben und heimste Lob von ungewöhnlichster Seite ein: Er erhielt den Großen Preis der israelischen Insektenforscher für die Genauigkeit seiner Nachforschungen, die auch allerlei kreuchendes und fleuchendes Getier umfassen. Kein Wunder: Meir Shalev verpaßt es in keiner fremden Stadt, den Zoo zu besuchen. Und in jedem seiner bisher vier Romane kommt eine Kuh vor.

Patrick Süskind

Zu schreiben begann er während seines Geschichtsstudiums in München und Aix-en-Provence. Nach »kürzeren unveröffentlichten Prosastücken und längeren unverfilmten Drehbüchern« wurde er Mitautor der Fernsehdrehbücher »Monaco Franze« und »Kir Royal« von Helmut Dietl. 1980 schrieb Süskind, obwohl er nicht Kontrabaß, sondern Klavier spielt, den einaktigen Monolog *Der Kontrabaß*, und damit »was noch kein Komponist komponiert hat, nämlich ein abendfüllendes Werk für einen Kontrabaßspieler« (Dieter Schnabel). Seit der Uraufführung im Münchner Cuvilliétheater 1981 zählt es zu den meistgespielten deutschen Stücken in ganz Europa. *Das Parfum,* Süskinds erster Roman, war ursprünglich als Kurzgeschichte geplant. Unversehens wurde daraus etwas Größeres: Einer der erfolgreichsten deutschsprachigen Romane dieses Jahrhunderts. *Das Parfum* hielt sich neun Jahre lang auf der *Spiegel*-Bestsellerliste und wurde in 33 Sprachen übersetzt. »Die Helden«, sagte Friedrich Ani im *Bayerischen Rundfunk*, »die Süskind auf die Reise schickt – im *Parfum* durch das stinkende Frankreich des 18. Jahrhunderts, in der *Taube* durch die Stille eines Pariser Wohnhauses, in der *Geschichte des Herrn Sommer* durch die Adenauer-Ära einer oberbayerischen Provinz, im *Kontrabaß* durch das gottverlassene Zimmer eines Musikers – diesen Helden gehört unser Herz. Wir leiden mit ihnen, wir klagen an mit ihren Worten, wir frieren mit ihnen vor Verlorenheit. Sogar, wenn man sie töten will, weil sie gemordet haben, sympathisieren wir mit ihrem Stolz. Denn sie verkörpern etwas, wonach wir uns im tiefen Innern sehnen: Freiheit, Fernsein von den Zwängen der Masse, von den gewöhnlichen Dingen, vom Lärm des üblichen Lebens.« Patrick Süskinds Figuren stehen für jene Sehnsüchte, die beim Lesen in uns lebendig werden. Damit schenkt er uns etwas von der Essenz der Literatur.

Beat Sterchi

Der Roman handelt von einer Kuh und von einer zu Ende gehenden Epoche, er dauert ein Jahrzehnt und spielt sich an einem Tag ab, das Kolorit reicht von Bernerbunt bis Großstadtgrau, vom Grün der Wiesen bis zum Rot der Schlachthöfe, schwingt zwischen Bibel und Bauernhof. Geschrieben hat ihn ein Metzgerssohn, der selber eine Metzgerlehre abgebrochen, in Kanada als Gleisarbeiter gearbeitet, Anglistik studiert und in Honduras und Montreal als Lehrer gearbeitet hatte. 1982 las Beat Sterchi an den Solothurner Literaturtagen aus seinem Roman und entfesselte einen Sturm kontroverser Meinungen, der darin gipfelte, daß der geplante Literaturpreis weder an ihn noch an einen anderen vergeben wurde. Sterchi hat seither Theaterstücke und Hörspiele geschrieben und lebt in Bern. Sein bisher einziger Roman heißt wie die Kuh, von der er handelt: *Blösch*.

Tatjana Hauptmann

Baron Nikolai von Sass, ein russischer Emigrant, war Bilanzbuchhalter, Volkslehrer, Musiker und Ingenieur und hatte die irrsinnige Vorstellung, aus Tatjana ebenfalls eine Ingenieurin zu machen. Zum Glück förderte die Mutter, Tänzerin am Hessischen Staatstheater, das künstlerische Talent ihrer Tochter. Als Ausgleich zur »Misere Schule« besuchte Tatjana Hauptmann schon mit 13 die Werkkunstschule Offenbach. Nach einer Graphiklehre an der Werkkunstschule Wiesbaden kam sie 1970 zum Fernsehen, wo sie Mainzelmännchen zeichnete. Danach begann sie, realistische Zeichnungen in Galerien auszustellen, bis es ihr graute und sie nach dem Erfolg ihres ersten Kinderbuchs *Dorothea Wutz* endlich das tun konnte, was sie wollte: »Was machen für mich, zur Freud'.« Mit ihrem *Großen Märchenbuch* bewies sie, daß sie nicht nur sich selbst Freude machen kann.

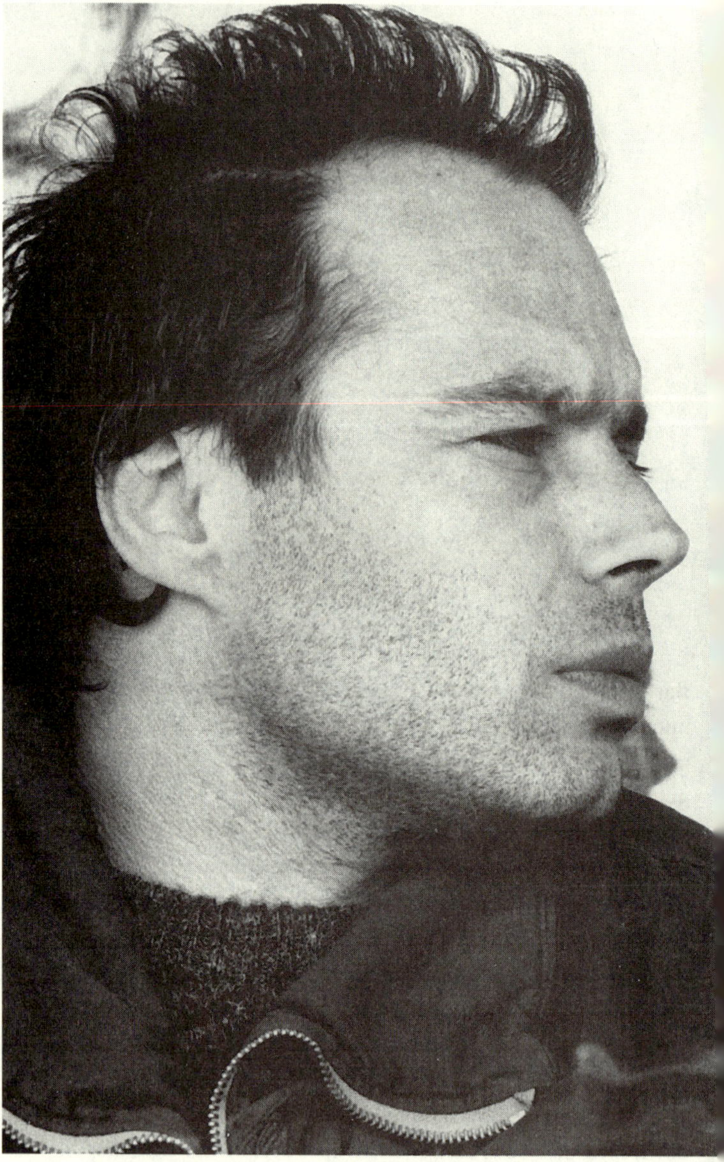

Philippe Djian

»Ein Jahr Literaturwissenschaft... danach eine Journalismusschule... das Ganze ödete mich an. Mir fehlte wohl das innere Feuer. Danach habe ich zwei Monate als Docker in Le Havre gearbeitet. Mein Fangeisen habe ich heute noch. Ich habe Kaffeesäcke gelöscht, die oben von der Reling heruntergeworfen wurden. Ich hab die Sache schnell begriffen, nämlich, die Säcke so aufzufangen, daß ein großer Teil des Inhalts woanders landet. Ich wollte auf einem Schiff nach Südamerika anheuern... Ein Kindertraum, aus dem leider nichts wurde. Schließlich habe ich mir mit dem, was ich verdient habe, ein Flugticket nach New York gekauft. Dort habe ich sechs Monate lang in der ›Librairie française‹ im Rockefeller Center gearbeitet. Danach bin ich endlich nach Kolumbien gefahren. Zusammen mit einem Freund habe ich eine Reportage über die Wahlen und die Guerilleros gemacht. In Frankreich hat sich niemand dafür interessiert. Da ist mir die Lust am Journalismus vollends vergangen. Ich habe anderthalb Jahre bei *Détective* gearbeitet. Ich habe Artikel überarbeitet. Was man als Schriftsteller daraus lernen kann, ist, sich knapp zu fassen, dem Text jedes Gramm Fett zu entziehen. Ich habe in der Buchhandlung Gibert Jeune gearbeitet, Wohnungen neu gestrichen... Und ich hatte ein Kind. Ich wollte nicht mit ihm in Paris bleiben. Dazu braucht man Geld. Also bin ich in die Nähe von La Ferte-Bernard gezogen, in der Gegend von Le Mans. Nachts habe ich an der Zahlstelle der Autobahn Paris–Le Mans gearbeitet, an der kleinen Ausfahrt. Genau da habe ich angefangen zu schreiben. Zunächst Chansontexte. Ich hatte schon immer kleine Geschichten in ein Notizbuch geschrieben. Da habe ich angeknüpft. Schließlich habe ich mir in der Kabine eine Schreibmaschine auf die Knie gestellt.« Mit seinem dritten Roman, *Betty Blue. 37,2° am Morgen*, wurde Philippe Djian 1985 weltberühmt.

Andrea De Carlo

Kein Geringerer als Italo Calvino hat ihn entdeckt, und Altmeister Alberto Moravia nannte ihn »schon vollkommen«, als 1981 sein Romandebüt *Creamtrain* erschien. Das literarische Rampenlicht war ihm aber zu grell. Von seinen ersten Tantiemen kaufte er sich einen abgelegenen mittelalterlichen Turm bei Urbino. Dorthin zieht er sich auch heute noch zurück. Er fühlt sich als Außenseiter, schon seit seiner Kindheit. De Carlos Eltern, ein Architekt und eine Übersetzerin, kümmerten sich wenig um den kleinen Andrea, die Bücher waren seine einzigen Freunde. Nach einem Literaturstudium floh er nach Afrika und Australien, lebte längere Zeit in New York und L.A., war Fotograf, Maler, Rockmusiker und interviewte Musikstars. Den Zerfall seines eigenen ›American Dream‹ beschrieb er in seinem Romandebüt, das er zuerst auf englisch verfaßte.

Sibylle Mulot

Sibylle Mulot wurde 1950 in Reutlingen geboren. In ihre Lieblingsbücher schrieb sie schon bald mit fester Hand: »Dieses Buch khört mir.« Aus derselben Zeit stammt die Überzeugung, empfangenes Lesevergnügen müsse man, egal auf welche Art, weitergeben. Sie studierte Germanistik und Romanistik und promovierte 1977 über Robert Musil. Als Journalistin bei der *Süddeutschen Zeitung* fand sie eine späte, aussichtslose Liebe zu Linotypes und Druckmaschinen, und wurde nach dem Verschwinden des Bleisatzes freie Schriftstellerin. Sie lebte viele Jahre in Rom, München und Wien, wo sie ihren niederländischen Mann kennenlernte – in einem Straßencafé, wo er las und seine Hajenius rauchte. Heute wohnt Sibylle Mulot mit ihm und zwei Töchtern in Frankreich und bekommt noch immer Gänsehaut, wenn sie an einer ›richtigen‹ Druckerei vorbeigeht.

Liaty Pisani

Sie fing als literarisches Wunderkind an: Mit 13 Jahren veröffentlichte die Mailänderin ihren ersten Gedichtband und erregte damit großes Aufsehen. Wenige Jahre später veröffentlichte sie weitere Gedichte – schon um zu zeigen, »daß sie keine Schießbudenfigur, sondern bloß eine frühreife Autorin« sei. Getreu der Maxime, daß das Leben entweder gelebt oder geschrieben werde, ließ sie das Schreiben für einige Jahre sein und lebte stattdessen intensiv – eine Zeit, von der sie sich hüten wird, sie in ihre Bücher einfließen zu lassen, wie sie sagt. Sie brach das Gymnasium ab und heiratete früh. Und es blieb nicht bei *einer* Hochzeit. Was ihr aus dieser Zeit hingegen geblieben ist, das sind zwei Kinder, einige Freunde und ihre drei Katzen. Sie fing wieder an zu schreiben, diesmal um davon zu leben. Nach zwei Kriminalromanen wagte sich Pisani, inspiriert von Ambler, Chandler und Le Carré, auf ein gefährliches Terrain: die männlich dominierte Welt der Spionageliteratur. Sie erfand den Agenten Ogden, für dessen Name ihr eine britische Zigarettenmarke der 20er Jahre Pate stand. Und Liaty Pisani räumte gleich mit zwei Vorurteilen auf, »daß Spionage-Thriller eine Männerdomäne sind und daß nach dem Ende des kalten Krieges die guten Stoffe fehlen« (*Brigitte*, Hamburg). »Ich wollte schon als Kind nur Schriftstellerin oder Spionin werden. Letzteres schien mir dann doch zu gefährlich. Aber im Grunde bin ich doch beides geworden: Autorin und Agentin.« In ihren Romanen, die immer einen aktuellen Hintergrund haben, versucht Pisani aufzudecken, was die Öffentlichkeit nicht wissen soll; »Autoren müssen Sandkörner in der Staatsmaschinerie sein, meine Bücher sind trojanische Pferde«. Mit Ogden rettet »Liaty Pisani das verstaubte Genre ins dritte Jahrtausend« (*Stern*, Hamburg): »Gestern war Bond, heute ist Ogden« (*Focus*, München).

Shane Maloney

In einer Schafzuchtgegend im australischen Hinterland, »als sommersprossiger Knabe in kurzen Hosen«, wuchs Shane Maloney auf. Die Wahl, für die Amerikaner in Vietnam zu kämpfen oder zu studieren, machte aus ihm einen Musterstudenten in asiatischer Geschichte. China bereiste er mehrmals, war aber »zu sehr Hedonist, um ein guter Maoist zu sein«. Als PR-Manager der Pfadfinder kehrte er wieder zu den kurzen Hosen zurück, machte dann Karriere als Kulturmanager und wurde Kulturdirektor der Olympia-Bewerbung Melbournes, wo er den IOC-Mitgliedern die Kunst der Aborigines erklären mußte. Plötzlich arbeitslos (Gastgeber der Spiele wurde Atlanta), begann er zu schreiben. Den ersten Roman schmiß er weg, mit dem zweiten, *Künstlerpech*, hatte er Glück: Er erhielt auf Anhieb den begehrtesten australischen Krimipreis.

Ramón Díaz Eterovic

Sein Vater, ein Arbeiter, der kaum ein Buch gelesen hat, doch dem Sohn die Schreibmaschine schenkte, und seine Mutter waren bitterarm. Warum hätten sie sich sonst fast am Ende der Welt im Süden Chiles niedergelassen? Natürlich wollte der Sohn, der schon sehr früh zu schreiben anfing, nichts wie weg, in die Hauptstadt mit den berühmten Künstler-Cafés. Hier verkehrten die Literaten, die sich eine andere Welt erdachten, als die des Regimes. In den Cafés der Altstadt von Santiago ist auch Díaz Eterovic' Privatdetektiv Heredia zu Hause, dessen Fall *Kater und Katzenjammer* zum besten lateinamerikanischen Kriminalroman des Jahres 2000 gewählt wurde. Seine Wurzeln hat Díaz Eterovic nicht vergessen, einen Roman über seine windgepeitsche Heimatstadt Punta Arenas an der Magellanstraße hat er auch geschrieben.

Connie Palmen

Bücher gab es bei ihr zu Hause keine. Und doch wollte Connie Palmen als kleines Kind nur eines: lesen und schreiben können, der Rest interessierte sie nicht. Es wurde ihr zum Genuß, zu Strafarbeiten verdonnert zu werden: Nur allzugerne schrieb sie zwanzig, dreißig oder hundertmal immer wieder denselben Satz. 1978 kam Connie Palmen von Limburg im Süden Hollands, wo sie aufgewachsen war, nach Amsterdam. Sie studierte Philosophie und niederländische Literatur und machte danach »alles, was Gott verboten hat«. Bis sie sich im Februar 1989 an die Schreibmaschine setzte, täglich von 8 bis 17 Uhr arbeitete, nur samstags freinahm und innerhalb von 18 Monaten ihren ersten Roman mit autobiographischen Zügen schrieb. »Mit allem, was ich außer Schreiben auch noch wollte, war ich gehörig gescheitert.« Ihre Karriere als Schriftstellerin geriet hingegen zum großen Erfolg. *Die Gesetze* wurden mit dem Hed Gouden Ezelsoor-Preis für den meistverkauften Erstling ausgezeichnet. Connie Palmen wurde zum Shooting-Star der niederländischen Literatur, die Medien rissen sich um Interviews, sogar in die berühmt-berüchtigten Talkshows von Ischa Meijer wurde sie eingeladen. »Ich wollte Schriftstellerin werden, und immer wollte ich die große Liebe, und zwar in dieser Reihenfolge.« Und so kam es auch. Connie Palmen und der Talkmaster verliebten sich auf der Stelle. Doch es bleiben ihnen nur vier Jahre. 1995 stirbt Ischa Meijer plötzlich. Es folgt eine existenzielle Krise und der Roman *I. M. – Ischa Meijer. In Margine. In Memoriam.* Das Buch ist eine Darstellung ihrer schwierigen Beziehung, es beeindruckt durch die schonungslose Offenheit in der Beschreibung der eigenen Gefühle. Die Schelte der Kritiker, die ihr die ausgesprochen autobiographischen Schilderungen eintrugen, nahm Connie Palmen gelassen: »Es ist doch blöde, eine Frau zu erfinden, die ich nicht kenne.«

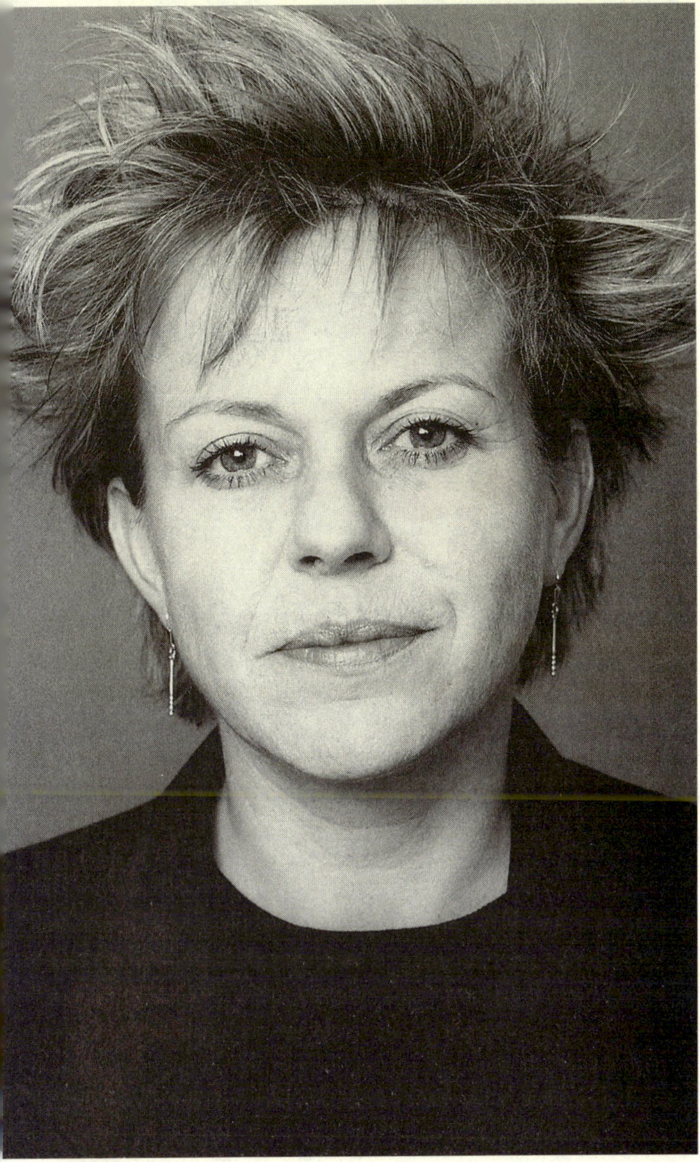

Leon de Winter

Seine Großeltern stammten aus dem jüdisch-orthodoxen Lumpenproletariat, sein Vater machte nach dem Krieg mit Lumpen ein Vermögen. Von der ganzen Familie hatten nur Leon de Winters Vater, seine Mutter und eine Tante überlebt. »Wie andere Kinder mit Grimms und Andersens Märchen«, wuchs Leon de Winter mit Erzählungen über den Holocaust auf. In der katholischen Kleinstadt 's-Hertogenbosch war er der Sohn des ›Juden de Winter‹, den die Honoratioren der Stadt nicht nur deswegen mieden, weil er sein Geld nicht mit einer ›anständigen‹ Arbeit verdiente. Um den Verlust des Vaters auszufüllen, der starb, als Leon de Winter elf war, begann er zu schreiben. Eine Ausbildung machte er bei der Bavaria Film in München, wo er unter anderem für Hans Jürgen Syberbergs Hitler-Film Puppen in SS-Uniformen stecken mußte. Anfänglich von Peter Handke inspiriert, verstand er sich mehr und mehr als Autor, der einfach Geschichten erzählen will. »Wenn ich anfange zu schreiben, ist das lustig und erfreulich für mich, so wie wenn man eine schöne Mahlzeit zubereitet und beim Kochen schon lächelt.« Mit wachsendem Erfolg faßte er Mut, sich seiner jüdischen Herkunft literarisch zu stellen. Ihn interessieren der »Außenseiter-Blick auf die Gesellschaft, die Unmöglichkeit, sich voll zu identifizieren«. Seine Heimatlosigkeit empfindet er nicht als Mangel, sondern als Wesensmerkmal: »Ich muß ein Fremder sein irgendwo. Ich darf mich nur daheim fühlen in dem jeweiligen Roman, an dem ich arbeite.« In den Niederlanden fühlt Leon de Winter sich genausowenig heimisch wie in Los Angeles, wo er seinen Roman *Hoffmans Hunger* selber verfilmt hat, mit Elliot Gould und Jacqueline Bisset in den Hauptrollen. Der Versuch, eine europäische Produktionsfirma in Hollywood zu etablieren, schlug fehl, nur zwei Filme wurden abgedreht. Zum Glück vielleicht für Leon de Winters Leser, denn jetzt hat er wieder mehr Zeit zum Schreiben.

Roland Limacher

Zum Schriften- und Reklamemaler war er ausgebildet worden, aber er übte seinen Beruf nie aus. Statt dessen führte ihn sein Weg über die Glasmalerei zum Glasdesign, womit Roland Limacher heute – neben dem Verkauf seiner Bilder und Illustrationen – sein Geld verdient. Auch die Entstehung von *Juliluft* war eine vier Jahre dauernde Odyssee mit Sackgassen und Umwegen. *Juliluft* sollte zuerst nicht geschrieben, sondern gezeichnet werden. Aus dem Comic wurde schließlich Roland Limachers erste längere Erzählung. »Ich lebe täglich im Zwiespalt zwischen Malen und Schreiben, auch wenn mich jetzt das Schreiben beherrscht.« Auch sein nächstes Projekt, *Meines Vaters Haus,* hat er geschrieben, nicht gemalt – in einer Prosa, die »stark von Emotionen, von der erinnernden Vergegenwärtigung einprägsamer Bilder lebt.« (*Neue Zürcher Zeitung*)

Matthias Matussek

Als er mit 16 Jahren das Gymnasium wechselte, hatten die Jesuiten einen Ministranten weniger und die Welt einen Marxisten mehr. Verlorengegangen war auch ein zukünftiger Fußball-Bundesliga-Spieler, gewonnen aber ein brillanter Journalist, für Harold Brodkey »der Beste seiner Generation«. In einer Schülerzeitung namens *Rotes Signal* veröffentlichte Matussek seinen ersten Artikel gegen die Zensurwillkür. »Das Glücksgefühl darüber, die großen Massen erreicht zu haben, ließ mich nicht mehr los.« Nachdem die rote Farbe abgeblättert war, nach Literaturwissenschaft und Amerikanistik in Berlin und Journalistenschule in München, verliebte er sich in eine Schauspielerin und begann, Theaterkritiken zu schreiben. Der Egon-Erwin-Kisch-Preisträger von 1991 leitet heute, nach New York und Berlin, das *Spiegel*-Büro in Rio de Janeiro.

Erich Hackl

»Das ist ein wunderbarer Erzähler, dem ich ohne weiteres, wenn ich es könnte, Preise verleihen würde«, meinte Stephan Hermlin zu Erich Hackl. Die Preiswürdigkeit seiner längeren Erzählungen *Auroras Anlaß*, *Abschied von Sidonie*, *Sara und Simón* und *Entwurf einer Liebe auf den ersten Blick* steht außer Frage. Viel erwähnenswerter aber ist ihr authentischer Stoff. Volker Hage *(Der Spiegel)* zufolge ein »Spezialist für die literarische Anverwandlung wahrer Begebenheiten«, widmet Hackl sich in seinen Erzählungen dem Kampf gegen das Vergessen. Ob sie von der spanischen Feministin und Freidenkerin Aurora Rodriguez, vom Zigeunermädchen Sidonie Adlersburg aus Oberösterreich oder von der Oppositionellen Sara Méndez aus Montevideo handeln, stets geht Hackl wahren Fällen nach, in denen das Schicksal Einzelner von einer kollektiven Macht bedroht wird. »Das Vergessen arbeitet sehr schnell. Literatur ist dem Erinnern verpflichtet.« Erich Hackl studierte in Salzburg und Málaga Germanistik und Hispanistik und war drei Jahre Lektor an der Universidad Complutense in Madrid. Zurück in Österreich war er Spanischlehrer an einer Mittelschule und Lehrbeauftragter an der Universität Wien. Seit 1983 arbeitet Hackl als Übersetzer, Herausgeber und freier Schriftsteller. Er war ständiger Mitarbeiter des *Wiener Tagebuch*, Herausgeber der Aurora-Bücherei (einer Buchreihe für internationale Lyrik, die nach zwei Bänden eingestellt wurde), und schreibt für Zeitungen im In- und Ausland. Zahlreiche von ihm herausgegebene Anthologien weisen ihn als Kenner der spanischen und lateinamerikanischen Literatur aus. Sein Märchen *König Wamba*, von Paul Flora illustriert, tanzt nur auf den ersten Blick aus der Reihe seiner ›politischen Chroniken‹, denn auch hier erweist sich Hackl als engagierter und zudem humorvoller Sprachkünstler.

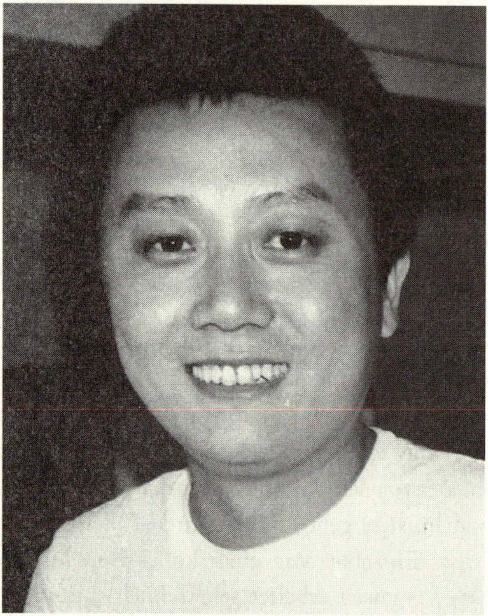

Wang Shuo

In der Marine, in die der Vater den aufsässigen Sohn gesteckt hatte, kaufte sich Wang Shuo Kugelschreiber und Papier, »sonst wäre ich Alkoholiker geworden«. Nach der Entlassung führte er mit seinen Kumpeln ein wildes Leben: Frauen, krumme Geschäfte, reichlich Zoff mit der Polizei. Ein Lebensabschnitt, der den Stoff für die Romane lieferte, die ihn zum populärsten Autor Chinas und seine Fernsehfilme zu Straßenfegern machten. Lange duldeten die Machthaber den ›Rowdy-Literaten‹ nicht: »Wenn mich die staatliche Presse loben würde, dann wüßte ich, es geht mit mir bergab«, so Wang Shuo. Er tauchte unter, ging in die USA, kehrte aber schließlich wieder nach China zu seiner Frau und Tochter zurück. Wie seine Bücher wurde auch Wang Shuos Film »Baba«, beim Filmfestival in Locarno mit dem Goldenen Leoparden 2000 ausgezeichnet, in China verboten.

Kurt Lanthaler

Er wurde 1960 in Bozen in einen »angenehmen Zustand von Sprachchaos« hineingeboren, zwischen Rätoromanisch, Italienisch und Deutsch. Bis zur Matura verlief alles planmäßig, danach nicht mehr. Sein erster Roman blieb unvollendet, sein erster Kinokurzfilm – leider, wie er sagt – nicht. Lanthaler besuchte die Deutsche Filmakademie in Berlin, wo er seit 15 Jahren lebt. Anstatt Regisseur zu werden, schrieb er seinen ersten Kriminalroman um den LKW-Fahrer und Amateurdetektiv Tschonnie Tschenett. Seither sind viele weitere Bücher erschienen, darunter ein dreisprachiger Gedichtband (Deutsch / Italienisch / Griechisch – Lanthalers Frau ist Griechin). »Das wichtigste an Literatur ist, Geschichten zu erzählen. Je mehr Datenmüll wir kriegen, desto weniger verstehen wir. Geschichten erzählen heißt, aus Fakten Erfahrungen zu machen.«

Doris Dörrie

Es fing damit an, daß die Eltern keinen Fernseher hatten. Doris inszenierte Märchen und ›zwangsverpflichtete‹ ihre jüngeren Schwestern als Schauspielerinnen, deren tragischen Ausdruck sie mit Ohrfeigen zu steigern wußte. Das Theater wurde zum Berufsziel. In Stockton in Südkalifornien studierte sie Theaterwissenschaften und Schauspiel. Nach zwei Semestern stieg sie aus, »unter anderem, weil ich nur als Nutte besetzt wurde«, und ging dann nach New York, wo sie weiterstudierte, in billigen Hotels lebte und am Goethe-Institut als Filmvorführerin jobbte. Eine neue Leidenschaft war entdeckt, und wieder folgte dem Interesse ein Studium, diesmal ein erfolgreicheres: Nach mehreren Dokumentarfilmen gab Doris Dörrie 1983 ihr Kinodebüt mit »Mitten ins Herz« und fand damit auf Festivals in Venedig und Tokio Beachtung. »Männer«, ihr dritter Kinofilm, der beinahe nicht in die Kinos gekommen wäre, weil er für die Verleiher zu ›klein‹ war, wurde zu einem der erfolgreichsten deutschen Filme aller Zeiten und überraschte sogar das verwöhnte amerikanische Publikum. Millionen Menschen haben ihre Werke gesehen, zu denen auch »Paradies«, »Ich und Er«, »Geld«, »Happy Birthday, Türke!« und »Keiner liebt mich« gehören. Um Ideen für ihre Filme zu entwickeln und sich den Figuren zu nähern, schreibt Doris Dörrie parallel zu ihrer Kinoarbeit. Daraus wurden Bücher, und heute gilt sie als »eine der besten Erzählerinnen der deutschen Gegenwartsliteratur« *(Die Zeit)*. Die Prosa hat für sie den Vorteil, daß sie nicht »bei jedem Satz nachdenken muß, was er kostet. Die Finanzierung eines Films ermüdet einen.« Doris Dörrie hatte täglich von 10 bis 15 Uhr, während ihre Tochter im Kindergarten war, an ihren Kurzgeschichten gearbeitet. Als die Tochter in die Schule wechselte, versuchte sich Doris Dörrie an ihrem ersten Roman. Prüfung bestanden: *Was machen wir jetzt?* schaffte sofort den Sprung auf die *Spiegel*-Bestsellerliste.

Susanna Tamaro

Im gleichen Jahr, in dem ein Erdbeben ihren Wohnort im Friaul zerstörte, zog sie nach Rom und besuchte dort die Filmhochschule, »obwohl mich das Kino ganz kaltließ und ich nur in der Sonne sein und die Palmen betrachten wollte«. Mit 25 wußte sie, »daß ich nur eins tun konnte, nämlich schreiben«. Über anderthalb Millionen Lire hatte Susanna Tamaro für Porto ausgegeben, bevor sie einen Verleger für ihren ersten Roman, *Love*, fand. Entdeckt wurde sie allerdings erst richtig durch Federico Fellini, der sie liebevoll beschrieb als »eine befreite Gelsomina, ein faszinierendes, unschuldiges Geschöpf, das es vermocht hat, mich zu rühren, ohne mich zu beschämen«. Er beschwerte sich bei allen ihm bekannten Literaturkritikern, daß ein solches Talent unentdeckt geblieben war. Drei Jahre später wurde ihr Roman *Geh, wohin dein Herz dich trägt* ein Welterfolg.

Ute Krause

Die letzten sechs Jahre lebte sie zwischen New York und Berlin, der Atlantik dazwischen störte nicht. Ute Krauses Kindheit war eine einzige lange Geographiestunde gewesen, mit den Stationen Türkei, Zypern, Nigeria, Indien, den USA. Und auch als Jugendliche hörte sie nicht auf zu reisen: sie war Aupair-Mädchen in Paris, dann Sekretärin in ihrer Geburtstadt Berlin, wo sie ein Kunststudium anfing. Später studierte sie auch an der Hochschule für Fernsehen und Film, drehte zwei Kurzfilme und schrieb mehrere Drehbücher. Doch bekannt ist Ute Krause vor allem für ihre Illustrationen. Sie hat 60 Bücher illustriert, aber auch eigene Kinderbücher geschrieben, wie *Nora und der Große Bär* oder *Der Löwe auf dem Dachboden* – ein Buch über die Stille in unserer hektischen Welt. Mit der Geburt ihres Sohnes Nikolai ist Ute Krause ganz nach Berlin gezogen.

Andrej Kurkow

Selbst ist der Autor: Um seinen ersten Roman zu veröffentlichen, nahm Andrej Kurkow einen Kredit auf, zog für drei Monate in die Druckerei und klebte Plakate auf die Stadtbusse seiner Heimatstadt Kiew mit dem Spruch »Der Bestseller, von dem alle reden«, ehe auch nur ein Exemplar verkauft war. Doch das war nichts verglichen mit dem Aufwand, um einen Verlag im Westen zu finden. Ausgerechnet der Verlag, der ihm zunächst unfreundlich geschrieben hatte, er verlege nur »Qualitätsliteratur«, kaufte nach dem Erscheinen von *Picknick auf dem Eis* bei Diogenes die Übersetzungsrechte. Zu schreiben begann Kurkow während seines Militärdienstes als Gefängniswärter in Odessa – zunächst Kinderbücher. Danach wurde er Kameramann und schrieb Drehbücher, auch mit Erfolg – 17 Filme wurden bisher nach ihnen gedreht.

Anna Dankowtsewa

Mit 14 Jahren ging sie täglich auf den Goetheplatz, nicht als Verehrerin des großen Meisters, sondern um ihren ersten Freund zu treffen. Aufgewachsen ist Anna Dankowtsewa nämlich in Weimar, wo ihre Eltern aus Zentralrußland mehrere Jahre arbeiteten. Nach einem Informatikstudium schloß sie eine Theaterschule ab, arbeitete am Moskauer Theater Eremitage und als Kinderbuchlektorin. Heute ist sie Redakteurin bei *Radio Liberty* in Moskau, wo sie mit ihrer Tochter, drei Katzen und einem Hund in einer Stadtwohnung lebt. Ihre ersten Bücher schrieb sie für Kinder, mit *So helle Augen* gab Anna Dankowstewa ihr vielbeachtetes Krimidebüt. Das Krimigenre hat eigene, strikte Regeln: »Man muß durch einen schmalen Korridor durch, wobei die Türen links oder rechts verschlossen sind. Das macht das Schreiben spannend.«

Thomas Strittmatter

Für ihn war der Tod »Antrieb jedes menschlichen Nachdenkens«. Allzu früh ist aus dem Antrieb ein Abschluß geworden. Thomas Strittmatter, geboren in St. Georgen im Schwarzwald, starb 1995 in Berlin in seinem 34. Lebensjahr. Was bleibt, sind sein einziger Roman, der zeitgenössische und zeitüberschreitende *Raabe Baikal*, und seine Drehbücher und Stücke. Das erste Stück, sein »Geniestreich« *(FAZ) Viehjud Levi*, gewann einen Wettbewerb für Volksstücke und wurde im Stuttgarter Theater der Altstadt uraufgeführt, als der 22jährige gerade begonnen hatte, Malerei und Graphik zu studieren. Als er 1985 gemeinsam mit Nico Hofmann sein Stück *Polenweiher* ver-filmte, war er bereits ein bekannter und mit Preisen geehrter Dramatiker. Film wurde für ihn zum zweiten wichtigen Medium, er verfaßte mehrere Drehbücher, u. a. für Jan Schütte.

Jessica Durlacher

Auf den Klappentexten ihrer Bücher erfährt der Leser nur wenig über ihr Leben: »Geboren 1961 in Amsterdam, veröffentlichte 1997 den Roman *Das Gewissen*, für den sie in den Niederlanden den *Debutantenprijs* für den besten ersten Roman und *Het Gouden Ezelsoor* für den bestverkauften Erstling erhielt. Jessica Durlacher hat als Literaturkritikerin und Kolumnistin gearbeitet und *Maus I* und *II* von Art Spiegelman ins Niederländische übersetzt. Sie lebt mit ihrem Mann Leon de Winter und ihren zwei Kindern in Bloemendaal bei Amsterdam und in Kalifornien.« Aufschlußreicher sind Jessica Durlachers zwei Romane, in denen Kinder von KZ-Überlebenden mit der Last der Geschichte konfrontiert werden. Jessica Durlachers Vater überlebte das KZ. In *Das Gewissen* heißt es: »Ich wurde verfolgt, weil mein Vater verfolgt worden war.«

Banana Yoshimoto

Aus der Unlust zu lesen und »wie diese halbtoten Angestellten jeden Morgen zur Arbeit zu hetzen« fing Mahoko Yoshimoto an zu schreiben. Ihr Vorbild dafür war ihr Vater, der bekannte Essayist und Literaturkritiker Ryumei Yoshimoto. Während sie an der Universität ihr erstes Buch schrieb, jobbte sie nebenbei als Kellnerin und verliebte sich in die Blüten der red banana flower, daher ihr Pseudonym. *Kitchen* erhielt einen angesehenen Literaturpreis und verkaufte sich, wie die sieben weiteren Bücher, millionenfach – ein Phänomen, für das erst die Bezeichnung ›Bananamania‹ gefunden werden mußte. Der Erfolg hat die öffentlichkeitsscheue Banana Yoshimoto nicht verändert. Zweimal pro Woche arbeitet sie in ihrem Schreibbüro. Abends trifft sie sich mit Freunden, geht shoppen oder schaut sich Videos an und führt ihren Golden Retriever aus.

Yael Hedaya

Sie gehört zu der jungen Generation von israelischen Schriftstellerinnen, den »Spezialistinnen für die Erforschung des Privaten« *(Weltwoche)*. Privater Natur waren schon ihre ersten Texte: Als Kind schrieb sie ihren Eltern täglich Briefe, obwohl sie im selben Haus wohnten. 1964 in Jerusalem geboren, studierte sie Bibelwissenschaften, lebte lange in New York, arbeitete als Journalistin und zog sich dann als alleinerziehende Mutter von Zwillingen aufs Land zwischen Jerusalem und Tel Aviv zurück. Aber kann man heutzutage in Israel leben und über die Liebe schreiben? Ja, meint Hedaya, denn »die Beziehung zwischen Mann und Frau ist weltweit ein extrem politisches Thema. Auch darin spiegelt sich die israelische Wirklichkeit.« Sie will nicht nach ihren Themen beurteilt werden, sondern »nach meinem Handwerk, also wie ich schreibe.«

Jakob Arjouni

Jakob Arjouni 1996 über Jakob Arjouni: »1964 in Frankfurt am Main geboren, aufgewachsen in Frankfurt und Oberroden. Mit zehn auf ein Internat im Odenwald. Mit zwölf zum ersten Mal *Rote Ernte* von Hammett gelesen – nicht alles verstanden, aber begeistert. Von vierzehn bis achtzehn regelmäßige Fahrten ins Frankfurter Bahnhofsviertel zum Pool-Billard. Sergio-Leone-Filme gesehen. Nach dem Abitur nach Montpellier, Südfrankreich. Abgebrochenes Studium. Zweieinhalb Jahre Arbeit als Kellner, Badeanzug- und Erdnußverkäufer. Ersten Roman geschrieben, *Happy Birthday, Türke!*, und erstes Theaterstück, *Die Garagen*. Mit zweiundzwanzig nach Berlin auf eine Schauspielschule. Schnell abgebrochen. Studium an der Freien Universität. Noch schneller. Hugo, Faulkner und Irmgard Keun gelesen. Roman *Mehr Bier* geschrieben, Theaterstück *Nazim schiebt ab*, Roman *Ein Mann, ein Mord*. Beruf gefunden. Umzug nach Paris. Theaterstück, *Edelmanns Tochter*. Zurück nach Berlin. Roman, *Magic Hoffmann*.« Die *FAZ*, in der *Magic Hoffmann* vorabgedruckt wurde, nannte den »Roman über die neue Hauptstadt Berlin aus der Sicht eines Underdogs aus der Provinz« auch »eine Verbeugung vor dem größten aller Berlin-Romane, Döblins *Berlin Alexanderplatz*, und seinem Helden Franz Biberkopf.« Als Verbeugung vor Raymond Chandler wurden Arjounis Kriminalromane gefeiert. *Ein Mann, ein Mord* wurde 1992 mit dem Deutschen Krimipreis ausgezeichnet. Der Held seiner Krimis wurde nicht nur mit einem »Welcome to America, Turk« *(Kirkus Reviews)* begrüßt, auch in zehn weiteren Sprachen löst Kemal Kayankaya seine Fälle. Arjouni »schreibt die besten Großstadtthriller seit Raymond Chandler. Ein großer, fantastischer Schriftsteller, der genau und planvoll und lesbar schreibt, ein gnadenloser Realist«, so Maxim Biller. Im Frühjahr 2001, nach zehn Jahren, erschien endich wieder ein Kayankaya-Roman – *Kismet.*

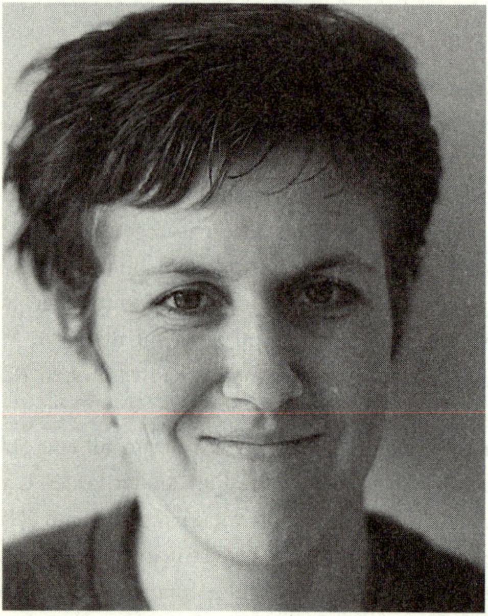

Babette Maeder

Ein Bildermensch war sie schon als Kind: Statt zu schlafen, sah sie Bildergeschichten an der Decke des Kinderzimmers. »Meine große Schwester konnte beim besten Willen nichts sehen. Das lag daran, daß sie nicht gut genug hinschaute.« Vielleicht tragen auch die Diogenes-Kinderbücher, mit denen sie aufwuchs, ein wenig Schuld an ihrer blühenden Phantasie. Jahre später fanden dann ihre eigenen Bilder den Weg in ein Diogenes Kinderbuch: Sie illustrierte das Märchenbuch *Das letzte Stück vom Regenbogen* von Joan Aiken. Nach einem Jahr in New York kam Babette Maeder mit dem Kopf voller Bilder und einem frechen Dackel zurück. Ihr erstes eigenes Bilderbuch handelt aber von Ludmilla, dem Küchenchamäleon, das Babette Maeders Mann Andreas Bosshard erfand. Mit ihm und ihren zwei Buben lebt Babette Maeder heute in Zürich.

Gabriele Kernke

Noch bevor sie gehen lernte, ließ sie Malstifte über Papier und Boden laufen. Gabriele Kernke, in einem kleinen Dorf zwischen Bremen und Osnabrück aufgewachsen, erntete in der Schule Lob und Preise für ihre Bilder, doch nach dem Graphik-Design-Studium in Bremen hieß es, aus ihrer Malpassion einen Beruf zu machen, was nicht einfach war. Um nicht zu verhungern, dekorierte sie Schaufenster, malte Wandbilder und strich sogar Zäune an. Nebenbei veröffentlichte sie vereinzelt Zeichnungen in Magazinen und Zeitungen. Die Schecks trafen oft monatelang nicht ein und blieben nicht selten ganz aus. 1992 begann sie mit *Boris und die Bauklotzburg* – als »grandiose Ouvertüre« *(Die Zeit)* – eine Karriere als Kinderbuchautorin, die sie seitdem auch als Illustratorin (zum Beispiel der Kinderbücher von Anne Fine) erfolgreich weiterführt.

Amélie Nothomb

Die diplomatische Laufbahn ihres Vaters im Fernen Osten bestimmte die Stationen ihrer Kindheit: China, Japan, Bangladesh und Laos. Als Amélie Nothomb mit 17 zum ersten Mal nach Europa kam, um in Brüssel alte Sprachen zu studieren, erlebte sie einen Kulturschock. Sie kannte Europa nur aus Romanen von Stendhal, fand keine Freunde und erfuhr, daß ihre katholisch-aristokratische Familie in Belgien sowohl berühmt als auch berüchtigt ist. Bloß eine höhere Tochter will sie nicht sein, und wie man als Studentin in Brüssel lebt, weiß sie nicht. Aus Einsamkeit und chronischer Schlaflosigkeit begann Amélie Nothomb zu schreiben, meist zwischen zwei und sechs Uhr morgens. »In den frühen Morgenstunden ist das Gehirn in einem Ausnahmezustand. Entweder es produziert geniale Ideen – oder Bullshit.« Vorerst dachte sie nicht an Veröffentlichung, sie schrieb »um zu überzuleben« und für ihre Schublade, in der sich mittlerweile gegen vierzig Romane stapeln, die nie jemand zu Gesicht bekommen wird. Nach dem Studium zog Amélie Nothomb sofort wieder nach Asien und arbeitete in Tokio als Dolmetscherin, »zwölf Stunden am Tag, 360 Tage pro Jahr«, und war genausooft unglücklich. Nachzulesen im autobiographischen Roman *Mit Staunen und Zittern.* Sie beschloß, doch Europäerin zu werden, verließ die Firma und ihren japanischen Verlobten sieben Tage vor der Hochzeit und kehrte nach Brüssel zurück. Plötzlich ohne Arbeit, schickte sie das Manuskript von *Die Reinheit des Mörders* an den renommierten französischen Verlag Éditions Albin Michel – es wurde angenommen, ein Riesenerfolg. Auch heute noch schläft Amélie Nothomb nur wenige Stunden pro Nacht, jedes Jahr erscheint ein neuer Roman: »Ich existiere nur, wenn ich schreibe. Alles andere finde ich ziemlich langweilig. Es ist das Auskosten eines faszinierenden Lustprinzips und das Genießen einer Sucht.«

Jason Starr

Als Kind konnte man ihn in keine Buchhandlung oder Bibliothek locken, lieber trieb er sich auf dem Baseballplatz und dem Tenniscourt herum. Im College wurde aus ihm plötzlich ein Bücherwurm, und er begann zu schreiben. »Ich belegte die üblichen Schreibkurse und schrieb einige wirklich schlechte Kurzgeschichten.« Weil diese überwiegend aus Dialogen bestanden, schrieb er für eine Theatergruppe Stücke. Daß die Schauspieler ihm ständig vorschreiben wollten, was er schreiben solle, machte aus ihm einen Romanschriftsteller. Es war ihm einfach lieber, monatelang alleine vor dem Computer zu sitzen. Bis er vom Schreiben leben konnte, verkaufte er übers Telefon Parfüm, Computer und – Höhepunkt seiner Karriere – unzerreißbare Strumpfhosen. In einer New Yorker Telefonmarketingfirma spielt auch sein erster Roman *Top Job.*

Arnon Grünberg

Nach dem Rausschmiß aus dem Gymnasium jobbte er in Amsterdam als Gehilfe in einer Apotheke und als Tellerwäscher. Der klassische Karrieresprung zum Millionär blieb aber aus: Ein Versuch als Verleger endete im Konkurs. Erfolg hatte er mit seinem ersten Buch, das er mit gerade einmal 23 Jahren schrieb: *Blauer Montag,* in dem er schonungslos Vorstellungen von Jugend, Liebe und Judentum zertrümmert. Ein Karrierewechsel ins Schauspielfach mißlang, Grünbergs Stücke wurden zwar aufgeführt, aber als Darsteller wollte ihn nach dem zweiten Stück niemand mehr sehen. Es blieb ihm das Schreiben: »Der Mensch ist weniger frei, als manche Philosophen denken. Nicht, daß wir keine Verantwortung tragen sollen, aber man kann nicht sagen, wir seien die Erfinder unseres eigenen Lebens; das geht nur auf dem Papier.«

Die Bücher

Bibliographie

Aiken, Joan

Ärger mit Produkt X. Roman. 1987
Anderland. Roman. 1994
Angst und Bangen. Roman. 1991
Du bist Ich. Die Geschichte einer Täuschung. Roman. 1989
Elizas Tochter. Roman. 1996
Fanny und Scylla oder Die zweite Frau. Roman. 1990
Die Fünf-Minuten-Ehe. Roman. 1993 ***
Der Geist von Lamb House. Roman. 1995
Haß beginnt daheim. Roman. 1988
Jane Fairfax. Roman. 1993 ***
Die Kristallkrähe. Roman. 1974 ***
Das Mädchen aus Paris. Roman. 1985
Mitternacht ist ein Ort. Roman. 1994 ***
Die jüngste Miss Ward. Roman. 2000
Die Party-Köchin. Roman. 1996
Der letzte Satz. Roman. 1989
Schattengäste. Roman. 1990
Der Schmuck der Lady Catherine. Roman. 2001
Der eingerahmte Sonnenuntergang. Roman. 1986 ***
Stimmen in einem leeren Haus. Roman. 1994
Tote reden nicht vom Wetter. Roman. 1986
Wie es mir einfällt. Geschichten. 1991
• Kinderbücher:
Das letzte Stück vom Regenbogen. 1987 ***
Prinz Koriander und die Trolle aus der Tiefkühltruhe. 1998
Der Winterschlafwandler. 2000

Allen, Woody

Bullets over Broadway. Drehbuch. 1995 ***
Ehemänner und Ehefrauen. Drehbuch. 1993 ***
Hannah und ihre Schwestern. Drehbuch. 1986 ***
Interiors. Drehbuch. 1981 ***
Manhattan. Drehbuch. 1981 ***
Manhattan Murder Mystery. Drehbuch. 1994 ***
Schatten und Nebel. Drehbuch. 1992 ***
Der Stadtneurotiker. Annie Hall. Drehbuch. Zusammen mit Marshall Brickman. 1981
Stardust Memories. Drehbuch. 1981 ***
Verbrechen und andere Kleinigkeiten. Drehbuch. 1991 ***
Was Sie schon immer über Sex wissen wollten, aber nie zu fragen wagten. Drehbuch. 1985 ***
Zelig. Drehbuch. 1983 ***

Ambler, Eric

Die Angst reist mit. Roman. 1975
Anlaß zur Unruhe. Roman. 1979
Eine Art von Zorn. Roman. 1975
Die Begabung zu töten. 1988 ***
Besuch bei Nacht. Roman. 1978
Bitte keine Rosen mehr. Roman. 1978
Doktor Frigo. Roman. 1975
Schirmers Erbschaft. Roman. 1975
Der Fall Deltschev. Roman. 1975
Ungewöhnliche Gefahr. Roman. 1979
Schmutzige Geschichte. Roman. 1968. ***
Der dunkle Grenzbezirk. Roman. 1979
Das Intercom-Komplott. Roman. 1971
Der Levantiner. Roman. 1973
Die Maske des Dimitrios. Roman. 1974 ***
Mit der Zeit. Roman. 1981
Nachruf auf einen Spion. Roman. 1979
Topkapi. Roman. 1969
Waffenschmuggel. Roman. 1970
• Autobiographische Werke:
Ambler by Ambler. Eric Ambler's Autobiographie. 1986
Wer hat Blagden Cole umgebracht? Lebens- und Kriminalgeschichten. 1995
• Außerdem erschien:
Über Eric Ambler. 1979 ***

Andersch, Alfred

Aus einem römischen Winter. Reisebilder. 1970 ***

*** = zur Zeit nicht lieferbar. Stand: Februar 2002

Die Blindheit des Kunstwerks. Literarische Essays und Aufsätze. 1979 ***
Hohe Breitengrade oder Nachrichten von der Grenze. 1969
Öffentlicher Brief an einen sowjetischen Schriftsteller, das Überholte betreffend. Reportagen und Aufsätze. 1977 ***
Efraim. Roman. 1967
»...einmal wirklich leben«. Ein Tagebuch in Briefen an Hedwig Andersch 1943 bis 1975. 1986 ***
empört euch der himmel ist blau. Gedichte und Nachdichtungen 1946–1977. 1977 ***
Gesammelte Erzählungen. 1971
Sämtliche Erzählungen. 1983 ***
Flucht in Etrurien. Zwei Erzählungen und ein Bericht. 1981 ***
Geister und Leute. Zehn Geschichten. 1974 ***
Erinnerte Gestalten. Frühe Erzählungen. 1986
Fahrerflucht und andere Hörspiele. 2000
Hörspiele. Fahrerflucht / In der Nacht der Giraffe / Der Tod des James Dean / Russisches Roulette. 1973 ***
Neue Hörspiele. Die Brandung von Hossegor / Tapetenwechsel / Radfahrer sucht Wohnung. 1979 ***
Die Kirschen der Freiheit. Ein Bericht. 1968
Ein Liebhaber des Halbschattens. Drei Erzählungen. 1974
Meistererzählungen. 1992 ***
Norden Süden rechts und links. Von Reisen und Büchern 1951–1971. 1972 ***
Die Romane in 4 Bänden in Kassette. Sansibar oder der letzte Grund / Die Rote / Efraim / Winterspelt. 1988
Die Rote. Roman. 1972
Sansibar oder der letzte Grund. Roman. 1970
Ein neuer Scheiterhaufen für alte Ketzer. Kritiken und Rezensionen. 1979 ***
Studienausgabe in 15 Bänden in Kassette. 1979 ***
Tochter. Erzählung. 1970 ***
Der Vater eines Mörders. Eine Schulgeschichte. 1980
Mein Verschwinden in Providence. Neun Erzählungen. 1971
Wanderungen im Norden. Ein Reisebericht mit 32 Farbtafeln nach Aufnahmen von Gisela Andersch. 1970
Winterspelt. Roman. 1974
Einige Zeichnungen. Graphische Thesen am Beispiel einer Künstlerin. 1977 ***
• Außerdem erschienen:
Das Alfred Andersch Lesebuch. 1979 ***
Über Alfred Andersch. Eine Rede von Werner Weber. 1968 ***
Über Alfred Andersch. 1974, 1980 (erweiterte Neuauflage) ***
Alfred Andersch. Eine Biographie von Stephan Reinhardt. 1990

Arjouni, Jakob
Edelmanns Tochter. Theaterstück. 1996
Ein Mann, ein Mord. Ein Kayankaya-Roman. 1991
Ein Freund. Geschichten. 1998
Happy birthday, Türke! Ein Kayankaya-Roman. 1987
Magic Hoffmann. Roman. 1996
Kismet. Ein Kayankaya-Roman. 2001
Mehr Bier. Ein Kayankaya-Roman. 1987

Austen, Jane
Die Abtei von Northanger. Roman. 1996
Emma. Roman. 1991
Gefühl und Verstand. Roman. 1991
Die Liebe der Anne Elliot oder Überredungskunst. Roman. 1996

Babel, Isaak
Die Reiterarmee. 1998
Die Reiterarmee / Tagebuch 1920 in zwei Bänden in Kassette. 1998
Tagebuch 1920. 1998

Balzac, Honoré de
Albert Savarus / Kehrseite der Geschichte unserer Zeit. Zwei Romane. 1991 ***
Die Belustigungen des guten Königs Loys XI. Eine tolldreiste Geschichte. 1957 ***
Die Frau von dreißig Jahren. Roman. 1981
Das Mädchen mit den Goldaugen. Erzählung. 1986
Meistererzählungen. 1994 (vorm.: Liebesgeschichten. 1979)
Mystische Geschichten. 1982 (vorm.: Buch der Mystik. 1977)
Oberst Chabert. Eine Erzählung. 1995 ***
Die menschliche Komödie in 40 Bänden in Kassette (Holzkiste). 1977 ***
Die menschliche Komödie in 40 Bänden

und einem Supplement in Kassette. 1998 ***
Albert Savarus. Erzählungen. 1977 ***
Der Alchimist. Roman. 1977 ***
Das Bankhaus Nucingen. Erzählungen. 1977 ***
Die Bauern. Roman. 1977 ***
Beatrix. Roman. 1977 ***
Cäsar Birotteaus Größe und Niedergang. Roman. 1977 ***
Eine dunkle Geschichte. Erzählungen. 1977 ***
Der Ehekontrakt. Erzählungen. 1977 ***
Eugenie Grandet. Roman. 1977
Zwei Frauen. Roman. 1977
Die Geheimnisse der Fürstin von Cadignan. Erzählungen. 1977 ***
Die falsche Geliebte. Erzählungen. 1977 ***
Eine dunkle Geschichte. Roman. 1992
Geschichte der Dreizehn. Erzählungen. 1977 ***
Pariser Geschichten. 1982
Tolldreiste Geschichten. 1989
Glanz und Elend der Kurtisanen. Roman. 1977
Die Grenadière. Erzählungen. 1977 ***
Das Haus zur ballspielenden Katze. Erzählungen. 1977 ***
Honorine. Erzählungen. 1977 ***
Verlorene Illusionen. Roman. 1977
Junggesellenwirtschaft. Roman. 1977
Katharina von Medici. Roman. 1977 ***
Die Kleinbürger. Roman. 1977 ***
Die Königstreuen. Roman. 1977 ***
Der Landarzt. Roman. 1977 ***
Der Landpfarrer. Roman. 1977 ***
Die Lilie im Tal. Roman. 1977 ***
Das ungekannte Meisterwerk. *** Erzählungen. 1977
Modeste Mignon. Roman. 1977 ***
Nebenbuhler. Erzählungen. 1977 ***
Oberst Chabert. Erzählungen. 1977 ***
Pierrette / Der Landpfarrer von Tours. Romane. 1991 ***
Pierrette. Erzählungen. 1977 ***
Der verstoßene Sohn. Erzählungen. 1977 ***
Tante Lisbeth. Roman. 1977
Ursula Mirouet. Roman. 1977 ***
Vater Goriot. Roman. 1977
Vetter Pons. Roman. 1977
Die tödlichen Wünsche. Das Chagrinleder. Roman. 1977 ***
• Außerdem erschienen: *Balzac – Leben und Werk.* 1994 (vorm.: Über Balzac. 1977)
Das Leben des Honoré Balzac. Eine Biographie von André Maurois. 1985 ***

Baudelaire, Charles
Die Blumen des Bösen. Gedichtzyklus. 1982
Die Tänzerin Fanfarlo und Der Spleen von Paris. Prosadichtungen. 1977 ***

Blake, Nicholas
Ende des Kapitels. Roman. 1998
Mein Verbrechen. Roman. 1995
Eine vertrackte Geschichte. Roman. 1996 ***
Was zu beweisen ist. *Roman.* 1999

Boccaccio, Giovanni
Der Decamerone in 5 Bänden in Kassette. 1984 ***
Der Decamerone I. Die Novellen der ersten und zweiten Tages. 1984 ***
Der Decamerone II. Die Novellen der dritten und vierten Tages. 1984 ***
Der Decamerone III. Die Novellen der fünften und sechsten Tages. 1984 ***
Der Decamerone IV. Die Novellen der siebten und achten Tages. 1984 ***
Der Decamerone V. Die Novellen der neunten und zehnten Tages. 1984 ***
Meistererzählungen aus dem Decamerone. 1995
Eine Nacht in Neapel. Drei pikante Schelmengeschichten aus dem Decamerone. 1983 ***

Borger, Martina & Maria Elisabeth Straub
Katzenzungen. Roman 2001

Bosc
Alles, bloß das nicht! Die 300 besten Zeichnungen. 1974
Du mich auch. Ein unfreundliches Bilderbuch für Erwachsene. 1965 ***
Du mich auch! 1982 ***
Homo sapiens. Ein Bilderbuch für reife Menschen. 1957 ***
Ich liebe dich. Cartoons. 1969
Ist die Liebe ein grausames Spiel? Cartoons. 1974 ***
Kalte Füße und andere Cartoons. 1964 ***
Keep Smiling! Cartoons. 1975 ***
Love and Order. Zeichnungen über Krieg und Frieden. 1973 ***
Staatsvisiten oder Wie man Freunde gewinnt.

Ein zeitnahes Bilderbuch
für Erwachsene. 1960 ***
Wenn De Gaulle klein wäre. Cartoons. 1968 ***
• Von Bosc illustriert:
Fremdenlegion für Anfänger.
Von Jakob Pinard.
1964 ***

Boswell, James
Dr. Samuel Johnson.
Leben und Meinungen.
1981

Bradbury, Ray
Familientreffen.
Erzählungen. 1986
Friedhof für Verrückte.
Roman. 1992
Geisterfahrt.
Erzählungen. 2000
Halloween. Roman.
1994 ***
Das Kind von morgen.
Erzählungen. 1984
Die Laurel & Hardy-Liebesgeschichte und andere Erzählungen.
1990 ***
Löwenzahnwein.
Roman. 1983
Die Mechanismen der Freude.
Erzählungen. 1985
Der Tod ist ein einsames Geschäft. Roman.
1987 ***
Der Tod kommt schnell in Mexico.
Erzählungen. 1988
Space-Opera in 6 Bänden in Kassette. 1981 ***
Die goldenen Äpfel der Sonne. Erzählungen. 1981
Das Böse kommt auf leisen Sohlen.
Roman. 1981
Fahrenheit 451.
Roman. 1981
Der illustrierte Mann.
Erzählungen. 1962
Die Mars-Chroniken.
Roman in Erzählungen.
1981
Medizin für Melancholie.
Erzählungen. 1981 ***

Bräker, Ulrich
Leben und Schriften in 2 Bänden in Kassette.
1978 ***
Der arme Mann im Tockenburg.
Lebensgeschichte und Natürliche Ebentheuer des armen Mannes im Tockenburg. 1993

Brambach, Rainer
Auch im April.
Gedichte. 1983 ***
Für sechs Tassen Kaffee.
Geschichten. 1972 ***
Heiterkeit im Garten.
Das gesamte Werk. 1989
Ich fand keinen Namen dafür. Gedichte. 1969 ***
Wirf eine Münze auf.
Gesammelte Gedichte.
1977 ***
Marco Polos Koffer.
Gedichte, zusammen mit Jürg Federspiel.
1968 ***
Kneipenlieder.
Zusammen mit Frank Geerk. 1974 ***

Brodkey, Harold
Erste Liebe und andere Sorgen. Erzählungen.
1968

Brontë, Charlotte
Jane Eyre.
Roman. 1988

Brontë, Emily
Sturmhöhe.
Roman. 1999

Brown, Charles Brockden
Arthur Mervyn oder Die Pest in Philadelphia.
Roman. 1999

Brown, Christy
Mein linker Fuß. 1995

Brunhoff, Jean de
Babar auf Reisen. 1978
Babar und der Weihnachtsmann. 1980
Familie Babar. 1979
Die Geschichte von Babar. 1976
König Babar. 1977
Zephir macht Ferien.
1978

Buchan, John
Basilissa.
Roman. 1985 ***
Die 4 Richard-Hannay-Romane in Kassette.
1980 ***
Die drei Geiseln.
Roman. 1980 ***
Grünmantel.
Roman. 1971 ***
Mr. Standfast oder Im Westen was Neues.
Roman. 1972 ***
Die neununddreißig Stufen. Roman. 1967

Büchner, Georg
Werke und Briefe.
Dantons Tod / Lenz / Leonce und Lena / Woyzeck / Über Schädelnerven / Briefe. 1988

Busch, Wilhelm
Der Eispeter und andere Bilderpossen. 1981 ***
Die Liebe war nicht geringe. Geflügelte Worte, Verse und Zeichnungen. 1984 *** (vorm.: Das Wilhelm Busch mini Lesebuch. 1981)
Schöne Studienausgabe in 7 Bänden in Kassette.
1977 ***
Balduin Bählamm / Maler Klecksel. 1974 ***
Gedichte. 1974
Hans Huckebein / Fipps der Affe / Plisch und Plum. 1974 ***
Die fromme Helene.
1974 ***
Max und Moritz. 1974
Tobias Knopp.
Trilogie. 1974
Eduards Traum / Der Schmetterling. 1990
(vorm.: Prosa. 1974)
• Außerdem erschienen:
Das Wilhelm Busch Bilder- und Lesebuch.
1981 ***
Faust. Von Johann Wolfgang Goethe. In einer krassen Bearbeitung

von Eberhard Thomas Müller. Mit vielen Zeichnungen von Wilhelm Busch. 1982 ***

Butler, Gwendoline

Doppelter Boden. Ein Fall für John Coffin. Roman. 2000

Heißes Geld . Ein Fall für John Coffin. Roman. 1999

Sein ganzes Glück. Ein Fall für John Coffin. Roman. 2002

Kalte Nacht. Ein Fall für John Coffin. Roman. 2001

Ein schönes Paar. Ein Fall für John Coffin. Roman. 2002

Falsches Spiel. Ein Fall für John Coffin. Roman. 2000

Dunkle Stunde. Ein Fall für John Coffin. Roman. 1999

Unter Druck. Ein Fall für John Coffin. Roman. 2000

Čechov, Anton

Die Dame mit dem Hündchen / Herzchen. Zwei Erzählungen. 1995

Das Drama auf der Jagd. Eine wahre Begebenheit. 1985

Dramatische Werke. (in einem Band, in der Übersetzung von Sigismund von Radecki) 1968 ***

Freiheit von Gewalt und Lüge. Gedanken über Aufklärung, Fortschritt, Kunst, Liebe, Müßiggang und Politik. 1992 (vorm.: Denken mit Anton Čechov. 1983)

Das weibliche Glück. Acht Erzählungen. 1957 ***

Der Kirschgarten. Komödie in vier Akten. In der Übersetzung von Sigismund von Radecki. 1964 ***

Meistererzählungen. 1989 (vorm.: Die besten Geschichten... 1985)

Seelchen. Erzählungen. 1963 ***

Tagebücher, Notizbücher. 1983 ***'

Wie soll man leben? Anton Čechov liest Marc Aurel. 1997

• Briefe:

Briefe 1877–1904 in 5 Bänden in Kassette. 1979 ***

Briefe 1877–1904 in 5 Bänden mit Supplement in Kassette. 1998

Briefe 1877–1889. 1979 ***

Briefe 1889–1892. 1979 ***

Briefe 1892–1897. 1979 ***

Briefe 1897–1901. 1979 ***

Briefe 1901–1904. 1979 ***

• Das dramatische Werk in der Übersetzung von Peter Urban:

Das dramatische Werk in 8 Bänden in Kassette. 1980 ***

Sämtliche Einakter. 1980

Ivanov. Drama in vier Akten. 1974 ***

Der Kirschgarten. Komödie in vier Akten. In der Übersetzung von Peter Urban. 1973

Die Möwe. Komödie in vier Akten. 1973

Onkel Vanja. Szenen aus dem Landleben in vier Akten. 1973

Drei Schwestern. Drama in vier Akten. 1974

Die Vaterlosen [Platonov]. ›Stück ohne Titel‹ in vier Akten und fünf Bildern. 1995 (vorm.: Platonov. 1974)

Der Waldschrat. Komödie in vier Akten. 1973 ***

• Das erzählende Werk:

Das erzählende Werk in 10 Bänden in Kassette. 1976 ***

Die Dame mit dem Hündchen. Erzählungen 1897–1903. 1976

Flattergeist. Erzählungen 1888–1892. 1976

Rothschilds Geige. Erzählungen 1893–1896. 1976 ***

Eine langweilige Geschichte / Das Duell. Kleine Romane I. 1976

Gespräch eines Betrunkenen mit einem nüchternen Teufel. Erzählungen 1886. 1976

Die Insel Sachalin. Reisebericht. 1976

Drei Jahre / Mein Leben. Kleine Romane III. 1976

Krankenzimmer Nr. 6 / Erzählung eines Unbekannten. Kleine Romane II. 1976

Ein unbedeutender Mensch. Erzählungen 1883–1885. 1976

Die Steppe. Erzählungen 1887–1888. 1976

• Das Frühwerk:

Gesammelte *Humoresken und Satiren 1880–1892* in 2 Bänden in Kassette. 2001 (enthält die beiden folgenden Bände)

Das Leben in Fragen und Ausrufen. Humoresken und Satiren 1880–1884. 2001

Aus den Erinnerungen eines Idealisten. Humoresken und Satiren 1885–1892. 2001

Ein unnötiger Sieg. Frühe Novellen und Kleine Romane. 2000

• Außerdem erschienen:

Das Čechov Lesebuch. Herausgegeben von Peter Urban. 1985

Über Čechov.
Herausgegeben von Peter Urban. 1988 ***
Čechov-Chronik.
Leben und Werk. Von Peter Urban. 1981
Anton Čechov.
Sein Leben in Bildern. Herausgegeben von Peter Urban. 1987

Cervantes Saavedra, Miguel de
Leben und Taten des scharfsinnigen Edlen Don Quixote von la Mancha. Roman. 1987
Meistererzählungen. Die beispielhaften Novellen. 1993

Cézanne, Paul
Briefe. 1962
Gespräche mit Cézanne. 1982

Chandler, Raymond
Gesammelte Detektivstories um Philip Marlowe und seine Vorläufer. 1976 ***
Meistererzählungen. 1988 (vorm.: Die besten Detektivstories. 1983)
Zierfische. Eine Philip-Marlowe-Geschichte. 1983 ***
Sämtliche Romane und mehr in 9 Bänden in Kassette. 1976 ***
Werkausgabe in 13 Bänden in Kassette. 1980
Der lange Abschied. Roman. 1975
Erpresser schießen nicht und andere Detektivstories. 1980
Das hohe Fenster. Roman. 1975
Gefahr ist mein Geschäft und andere Detektivstories. 1967
Der König in Gelb und andere Detektivstories. 1980
Die simple Kunst des Mordes. Briefe, Essays, Notizen, eine Geschichte und ein Romanfragment. 1975
Lebwohl, mein Liebling. Roman. 1976
Mord im Regen. Frühe Stories. 1976
Playback. Roman. 1976
Der große Schlaf. Roman. 1974
Die kleine Schwester. Roman. 1975
Englischer Sommer. Drei Geschichten und Parodien, Aufsätze, Skizzen und Notizen aus dem Nachlaß. 1980
Die Tote im See. Roman. 1976
• Außerdem erschien:
Raymond Chandler. Eine Biographie von Frank MacShane. 1984

Chaval
Autofahren kann jeder! 1959 ***
Gesammelte Cartoons in 3 Bänden in Kassette. 1977 ***
Fotoschule. Ein unkonventioneller Leitfaden für Foto- und Filmamateure. 1960 ***
Diesseits von Gut und Böse. 99 Zeichnungen ohne jeden Kommentar. 1955 ***
Eva hinter dem erstbesten Mann her. 1986 *** (vorm.: Hochbegabter Mann, befähigt, durch die bloße Erdumdrehung einen Eindruck von Geschwindigkeit zu empfinden. 1970)
Eßt Scheiße – zehn Millionen Fliegen können nicht irren. Die 400 besten Zeichnungen. 1982 ***
Gesundheit! Fünfundfünfzig Cartoons. 1975 ***
Gute Nacht! Sechsundsechzig Cartoons. 1975 ***
Gute Reise! Einundfünfzig Cartoons. 1974 ***
Guten Morgen! Vierundsechzig Cartoons. 1974 ***
Mein Name ist Hase. 1974 ***
Pechvogel und andere Zeichnungen ohne jeden Kommentar. 1963 ***
Zum Heulen. Französischer Galgenhumor in 66 Zeichnungen. 1953 ***
Zum Lachen. Gesammelte Cartoons 1. 1974 ***
Zum Lachen und zum Heulen. Die 400 besten Cartoons von Chaval. 1969

Chesterton, G. K.
Pater Brown und der Fehler in der Maschine. Erzählungen. 1980
Pater Brown und das blaue Kreuz. Erzählungen. 1980
Pater Brown und das schlimmste Verbrechen der Welt. Erzählungen. 1980
Die verdächtigen Schritte. Eine Pater-Brown-Geschichte. 1983 ***

Childers, Erskine
Das Rätsel der Sandbank. Ein Bericht des Geheimdienstes. Roman. 1975

Choderlos de Laclos, Pierre Ambroise François
Gefährliche Liebschaften. Roman. 1985

Christie, Agatha
Der Fall der enttäuschten Hausfrau. Sechs Kriminalgeschichten. 1982
Der Nemeische Löwe. Eine Hercule-Poirot-Geschichte. 1983 ***
Meistererzählungen. 1994 (vorm: Die besten Geschichten von... 1982)

Villa Nachtigall. Dreizehn Kriminalgeschichten. 1964

Clair, René
Kino. Vom Stummfilm zum Tonfilm. Kritische Notizen zur Entwicklungsgeschichte des Films 1920 – 1950. 1995
Die Prinzessin von China. Roman. 1954 ***

Coelho, Paulo
Der Alchimist. Roman. 1996
Am Ufer des Rio Piedra saß ich und weinte. Roman. 1997
Der Fünfte Berg. Roman. 1998
Der Dämon und Fräulein Prym. Roman. 2001
Handbuch des Kriegers des Lichts. 2001
Auf dem Jakobsweg. Tagebuch einer Pilgerreise nach Santiago de Compostela. 1999
Unterwegs. Geschichten und Gedanken. 1999
Veronika beschließt zu sterben. Roman. 2000
Der Wanderer. Geschichten und Gedanken. 1998

Collodi, Carlo
Pinocchio. 1978

Conrad, Joseph
Das Duell. Sechs Erzählungen. 1989
Der Geheimagent. Eine einfache Geschichte. 1975
Herz der Finsternis. Erzählung. 1977
Lord Jim. Roman. 1974

Cooper, James Fenimore
Lederstrumpf in 5 Bänden in Kassette. 1989 ***
Die Ansiedler oder Die Quellen des Susquehanna. Ein Zeitgemälde. 1989 ***
Der letzte Mohikaner. Ein Bericht über das Jahr 1757. 1989
Der Pfadfinder oder Das Binnenmeer. Roman. 1989 ***
Die Prärie. Roman. 1989 ***
Der Wildtöter oder Der erste Kriegspfad. Roman. 1989 ***

Coster, Charles de
Die Geschichte von Ulenspiegel. Roman 1985
Die Hochzeitsreise. Roman 1989

Dankowtsewa, Anna
So helle Augen. Roman 2001

Dante Alighieri
Die göttliche Komödie. 1991

De Carlo, Andrea
Techniken der Verführung. Roman. 1993
Arcodamore. Roman. 1995
Creamtrain. Roman. 1985
Macno. Roman. 1987
Vögel in Käfigen und Volieren. Roman. 1984
Yucatan. Roman. 1988
Zwei von zwei. Roman. 1991 ***

De Crescenzo, Luciano
Also sprach Bellavista. Neapel, Liebe und Freiheit. 1986
Bellavistas Neapel. 1990 ***
oi dialogoi. Von der Kunst, miteinander zu reden. 1987
Geschichte der griechischen Philosophie I und II. Sonderausgabe in einem Band. 1998
Geschichte der griechischen Philosophie I. Die Vorsokratiker. 1985
Geschichte der griechischen Philosophie II. Von Sokrates bis Plotin. 1988
Sokrates. 1995
Zio Cardellino. Der Onkel mit dem Vogel. Roman. 1988

Defoe, Daniel
Robinson Crusoe. Seine ersten Seefahrten, sein Schiffbruch und sein siebenundzwanzigjähriger Aufenthalt auf einer unbewohnten Insel. 1985

Deix, Manfred
Augenschmaus. Das neue Tagebuch. 1989 ***
Deix am Sonntag. 1995 ***
Geisterfahrer. Menschen unterwegs. 1993 ***
Küss' die Hand. 1993 ***
Der Männer-Report. 1991 ***
The Very Best of Deix. Bilder aus den Jahren 1983 bis 1995. 1999

Delacroix, Eugène
Mein Tagebuch. 1993

Díaz Eterovic, Ramón
Engel und Einsame. Roman. 2000
Kater und Katzenjammer. Roman. 2001

Dickens, Charles
Weihnachtslied. Eine Gespenstergeschichte. 1989 (vorm.: Ein Weihnachtslied in Prosa. 1982)
Ausgewählte Romane und Geschichten in 7 Bänden in Kassette. 1986 ***
Bleakhaus. Roman. 1984
David Copperfield. Roman. 1982
Martin Chuzzlewit. Roman. 1986
Nikolas Nickleby. Roman. 1982
Oliver Twist. Roman. 1982
Die Pickwickier. Roman. 1986
Drei Weihnachtsgeschichten. 1984
• Außerdem erschien: *Charles Dickens.* Ein Essay von George Orwell. 1986 ***

Dickinson, Emily
Guten Morgen, Mitternacht. Gedichte und Briefe. Zweisprachig. 1997

Djian, Philippe
Betty Blue. 37,2° am Morgen. Roman. 1986
Blau wie die Hölle. Roman. 1990
Erogene Zone. Roman. 1987
Heißer Herbst. Roman. 1999
Kriminelle. Roman. 1998
Krokodile. Sechs Geschichten. 1993
Matador. Roman. 1995
Mörder. Roman. 1998 (vorm.: Ich arbeitete für einen Mörder. 1996)
Pas de deux. Roman. 1994
Rückgrat. Roman. 1991
Schwarze Tage, weiße Nächte. Roman. 2002
Verraten und verkauft. Roman. 1988

Donne, John
Alchimie der Liebe. Gedichte. 1996

Dörrie, Doris
Bin ich schön? Erzählungen. 1994
Für immer und ewig. Eine Art Reigen. 1991
Happy. Ein Drama. 2001
Liebe, Schmerz und das ganze verdammte Zeug. Vier Geschichten. 1989
Love in Germany. Deutsche Paare im Gespräch mit Doris Dörrie. 1992
Männer. Erzählung. 2001
Der Mann meiner Träume. Erzählung. 1991
Samsara. Erzählungen. 1996
Was machen wir jetzt?. Roman. 2000
»Was wollen Sie von mir?« und 15 andere Geschichten. 1989

Dostojewskij, Fjodor
Meistererzählungen. 1982
Die Sanfte. Eine phantastische Erzählung. 1997

Doyle, Arthur Conan
Das gefleckte Band. Eine Sherlock-Holmes-Geschichte. 1983 ***
Sherlock Holmes Geschichten. 1984

Dürrenmatt, Friedrich
Gesammelte Werke in 7 Bänden in Kassette. 1988, 1996 (erweiterte Neuausgabe) ***
Denkanstöße. 1989 (vorm.: Denken mit Friedrich Dürrenmatt. 1982)
Kants Hoffnung. Zwei politische Reden / Zwei Gedichte aus dem Nachlaß. 1991
Minotaurus. Eine Ballade. 1985
Das Mögliche ist ungeheuer. Ausgewählte Gedichte. 1993
• Das dramatische Werk:
Das dramatische Werk in 18 Bänden in Kassette. 1998 ***
Achterloo. Komödie in zwei Akten. (Erste Fassung) 1983 ***
Achterloo. Komödie. (Vierte und letzte Fassung) 1993
Der Besuch der alten Dame. Eine tragische Komödie. 1980
Die Ehe des Herrn Mississippi. Eine Komödie in zwei Teilen (Neufassung 1980) und ein Drehbuch. 1980
Ein Engel kommt nach Babylon. Eine fragmentarische Komödie in drei Akten. 1980
Es steht geschrieben / Der Blinde. Frühe Stücke. 1980
Frank der Fünfte. Komödie einer Privatbank. 1980
Die Frist. Eine Komödie. 1980
Nächtliches Gespräch mit einem verachteten Menschen / Stranitzky und der Nationalheld / Das Unternehmen der Wega. Hörspiele und Kabarett. 1980
Herkules und der Stall des Augias / Der Prozeß um des Esels Schatten. Griechische Stücke. Zwei Hörspiele und eine Komödie, letztere in der Neufassung 1980. 1980
König Johann / Titus Andronicus. Shakespeare-Umarbeitungen. 1980
Der Meteor / Dichterdämmerung. Zwei Nobelpreisträgerstücke. ›Der Meteor‹ in der Wiener Fassung 1978, ›Dichterdämmerung‹ ist die 1980 dramatisierte Form von ›Abendstunde im Spätherbst‹. 1980
Midas oder Die schwarze Leinwand. 1991 ***
Der Mitmacher. Ein Komplex. 1980
Die Panne. Hörspiel und Komödie. 1980
Die Physiker. Eine Komödie in zwei Akten. 1980
Play Strindberg / Porträt eines Planeten. Übungsstücke für Schauspieler. 1980
Romulus der Große. Eine ungeschichtliche historische Komödie in vier Akten. 1980
Urfaust / Woyzeck. Zwei Bearbeitungen. 1980
Die Wiedertäufer. Eine Komödie in zwei Teilen. 1980
• Das Prosawerk:
Prosa, Essays und Materialien in 19 Bänden in Kassette. 1998

Prosa, Essays und Materialien in 13 Bänden in Kassette. 1980 ***
Albert Einstein. Ein Vortrag. 1979 ***
Der Auftrag oder Vom Beobachten des Beobachters der Beobachter. Novelle in vierundzwanzig Sätzen. 1986
Aus den Papieren eines Wärters. Frühe Prosa. 1980
Durcheinandertal. Roman. 1989
Gedankenfuge. 1992
Grieche sucht Griechin. 1992
Grieche sucht Griechin / Mr. X macht Ferien / Nachrichten über den Stand des Zeitungswesens in der Steinzeit. Grotesken. 1980
Der Hund / Der Tunnel / Die Panne. Erzählungen. 1980
Justiz. Roman. 1985
Kritik. Kritiken und Zeichnungen. 1980
Labyrinth. Stoffe I–III: Der Winterkrieg in Tibet / Mondfinsternis / Der Rebell. 1990 (vorm.: Stoffe I–III. 1981)
Literatur und Kunst. Essays, Gedichte und Reden. 1980
Meistererzählungen. 1992
Mondfinsternis / Der Rebell. Stoffe II/III. 1984 ***
Die Panne. Eine noch mögliche Geschichte. 1995
Der Pensionierte. Fragment eines Kriminalromans. 1995
Philosophie und Naturwissenschaft. Essays, Gedichte und Reden. 1980
Politik. Essays, Gedichte und Reden. 1980
Der Richter und sein Henker. Kriminalroman. 1986
Der Richter und sein Henker / Der Verdacht. Zwei Kriminalromane. 1978
Meine Schweiz. Ein Lesebuch. 1998
Der Sturz. Erzählungen: ›Abu Chanifa und Anan Ben David‹ / ›Smithy‹ / ›Das Sterben der Pythia‹. 1980
Theater. Essays und Reden. 1980
Turmbau. Stoffe IV–IX: Begegnungen / Querfahrt / Die Brücke / Das Haus / Vinter / Das Hirn. 1990
Der Verdacht. Kriminalroman. 1986
Versuche. 1988
Der Winterkrieg in Tibet. Stoffe I. 1984
Das Versprechen. Requiem auf den Kriminalroman. 1995
Das Versprechen / Aufenthalt in einer kleinen Stadt. Erzählungen. 1980
Zusammenhänge / Nachgedanken. Essay über Israel. 1980
• Das zeichnerische Werk:
Bilder und Zeichnungen. 1978 ***
Die Heimat im Plakat. Ein Buch für Schweizer Kinder. 1963
Die Mansarde. Die Wandbilder aus der Berner Laubeggstraße. 1995
Friedrich Dürrenmatt. Schriftsteller und Maler. Ein Bilder- und Lesebuch. 1994
• Außerdem erschienen:
Das Dürrenmatt Lesebuch. 1991
Über Friedrich Dürrenmatt. 1980
Max Frisch und Friedrich Dürrenmatt. *Briefwechsel.* Hrsg. v. Peter Rüedi. 1998
Gespräche 1961–1990 in vier Bänden in Kassette. Hrsg. v. Heinz Ludwig Arnold
Herkules und Atlas. Lobreden und andere Versuche über Friedrich Dürrenmatt. 1992
play Dürrenmatt. Ein Lese- und Bilderbuch. 1996 ***
Rollenspiele. Protokoll einer fiktiven Inszenierung und Achterloo III. Zusammen mit Charlotte Kerr. 1986
Friedrich Dürrenmatt. Stationen seines Werkes. Von Elisabeth Brock-Sulzer. Mit Fotos, Zeichnungen, Faksimiles. 1986
Die Welt als Labyrinth. Ein Gespräch mit Franz Kreuzer. 1986 ***
Querfahrt mit Friedrich Dürrenmatt. Aufsätze und Vorträge. Von Heinz Ludwig Arnold. 1998

Dunsany, Lord
Jorkens borgt sich einen Whisky. 1957
Smetters erzählt Mordgeschichten. 1958

Durlacher, Jessica
Das Gewissen. Roman. 2001
Die Tochter. Roman. 2001

Eckehart, Meister
Deutsche Predigten und Traktate. 1979

Eichendorff, Joseph von
Aus dem Leben eines Taugenichts. Novelle. 1978
Das Marmorbild. 1986 ***
Meistererzählungen. 1988
Wem Gott will rechte Gunst erweisen. Die schönsten Gedichte. 1998

Einstein, Albert
Briefe. 1981 ***
Warum Krieg? Ein Briefwechsel mit Sigmund Freud. 1972
• Außerdem erschien: *Albert Einstein.* Ein Vortrag. Von Friedrich Dürrenmatt. 1979 *** (enthalten in: Friedrich Dürrenmatt, Philosophie und Naturwissenschaft. 1980)

Ellenberger, Henry F.
Die Entdeckung des Unbewußten. Geschichte und Entwicklung der dynamischen Psychiatrie von den Anfängen bis zu Janet, Freud, Adler und Jung. 1985

Emerson, Ralph Waldo
Essays. Erste Reihe. 1983
Natur. 1988 ***
Repräsentanten der Menschheit. Plato, Swedenborg, Montaigne, Shakespeare, Napoleon, Goethe. Sieben Essays. 1989
Von der Schönheit des Guten. Betrachtungen und Beobachtungen. 1992

Epiktet
Handbüchlein der Moral und Unterredungen. 1996

Epikur
Über das Glück. 1995

Erasmus von Rotterdam
Vertrauliche Gespräche. 2000
Die Klage des Friedens. 1998
Das Lob der Narrheit. 1987

Faulkner, William
Dürrer September. Neun Erzählungen. 1968 ***
Gesammelte Erzählungen in 5 Bänden in Kassette. 1978 ***
Werke, Briefe und Materialien in 29 Bänden in Kassette. 1982 ***
Absalom, Absalom! Roman. 1974 ***
Als ich im Sterben lag. Roman. 1973 ***
Brandstifter. Erzählungen. 1972
Briefe. 1980
Das Dorf. Roman. 1982 ***
Frankie und Johnny. Uncollected Stories. 1992 ***
Die Freistatt. Roman. 1973
Go down, Moses. Chronik einer Familie. 1974
Griff in den Staub. Roman. 1974
Das Haus. Roman. 1982 ***
Rotes Laub. Erzählungen. 1972 ***
Eine Legende. Roman. 1982 ***
Licht im August. Roman. 1981 ***
Meistererzählungen. 1993
Moskitos. Roman. 1978
Schwarze Musik. Erzählungen. 1972
New Orleans. Skizzen und Erzählungen. 1982 ***
Wilde Palmen und Der Strom. Doppelroman. 1982
Requiem für eine Nonne. Roman in Szenen. 1982
Eine Rose für Emily. Erzählungen. 1972
Sartoris. Roman. 1973 ***
Schall und Wahn. Roman. 1973
Sieg im Gebirge. Erzählungen. 1972 ***
Soldatenlohn. Roman. 1978 ***
Die Spitzbuben. Roman. 1982 ***
Der Springer greift an. Kriminalgeschichten. 1974 ***
Die Stadt. Roman. 1982 ***
Die Unbesiegten. Roman. 1973 ***
Der große Wald. Vier Jagdgeschichten. 1974 ***
Wendemarke. Roman. 1978
• Außerdem erschienen: *Über William Faulkner.* 1973 ***
Faulkner in West Point. Die Entwicklung der amerikanischen Ideale im Spiegel der amerikanischen Literatur. Hrsg. von Joseph L. Fant und Robert Ashley. 1990 ***
William Faulkner. Sein Leben. Sein Werk. Von Stephen B. Oates. 1990

Fellini, Federico
Aufsätze und Notizen. 1974
Casanova. Federico Fellinis Film- und Frauenheld. 1977 ***
Fellini's Faces. Vierhundertachtzehn Bilder aus Fellinis Fotoarchiv. 1981
Fellini's Filme. 1976 ***
Fellini's Zeichnungen. Einhundertachtzig Entwürfe für Figuren, Dekorationen, Kostüme, Telefonzeichnungen und Graffiti. 1976 ***
Giulietta. Roman. 1989 ***
Federico Fellini. 1995
Spielen wie die Kinder. 1989 (vorm.: Denken mit Fellini. 1984)
• Die Drehbücher:
8 1/2. (Otto e mezzo). 1974
Amarcord. 1974 ***
Casanova. 1977 ***
La Dolce Vita. Das süße Leben. 1974 ***
E la nave va. 1984 ***
Die Gauner. 1988
Ginger und Fred. 1986 ***
Intervista. 1987

Julia und die Geister. 1974
Die Nächte der Cabiria. Le notti di Cabiria. 1977
Orchesterprobe. Prova d'orchestra. 1979
Die Reise des G. Mastorna. Treatment und Drehbuch. 1995
Roma. 1972 ***
Satyricon. 1983 ***
Der weiße Scheich. 1988
Die Stadt der Frauen. 1980 ***
Die Stimme des Mondes. La voce della luna. 1990
La Strada. Das Lied der Straße. 1977 ***
I Vitelloni. 1977 ***
• Außerdem erschienen:
Carissimo Simenon – Mon cher Fellini. Der Briefwechsel zwischen Federico Fellini und Georges Simenon. 1997
Fellini über Fellini. Ein intimes Gespräch mit Giovanni Grazzini. 1993 (vorm.: »Warum machen Sie nicht mal eine schöne Liebesgeschichte?«. 1984)
Fellini. Versuch einer Sekretärin, ihren Chef zu porträtieren. Von Liliana Betti. 1980 ***
Fellini. Eine Biographie von Tullio Kezich. 1989

Fine, Anne
Killjoy. Roman. 1988
Mutterglück. Eine schwarze Komödie. Roman. 1996
Schwesternliebe. Roman. 1998
Wer dem Teufel glaubt. Roman. 1991
Zuviel des Guten. Roman. 2002
• Kinder- und Jugendbücher:
Das Baby-Projekt. Roman. 1995
Bills neues Kleid. 1993 ***
Ein Engel in der Schule. 1996
Familienkrieg. Roman. 1994
Familien-Spiel. Roman. 1999
Goldnebel. 1999
Ein total verrücktes Huhn. 1997
Mrs. Doubtfire. Das stachelige Kindermädchen. Roman. 1994. (vorm.: Madame Mirabilis. 1993)
Der Neue. Roman. 1992
Das Oma-Projekt. Roman. 1990
Punky Mami. 1998
Der Schreibkünstler. 2001
Die Steinmenagerie. Roman. 1989
Kuh-Lotto. 1993
Die Lügenbande. Roman. 1996
Miss Charming. Roman. 2001
Tagebuch einer Killer-Katze. 1996
Typisch Tulipa. Roman. 1998
Zaubernebel. 1995

Fitzgerald, F. Scott
Ein Diamant – so groß wie das Ritz. Erzählungen. 1980
Der große Gatsby. Roman. 1974
Das Liebesschiff. Erzählungen. 1984
Meistererzählungen. 1988
Pat Hobby's Hollywood-Stories. Erzählungen. 1978 ***
Der Rest von Glück. Erzählungen. 1980 ***
Der gefangene Schatten. Erzählungen. 1980
Der ungedeckte Scheck. Erzählungen 1931–1935. 1985
Die letzte Schöne des Südens. Erzählungen. 1980 ***
Die Schönen und Verdammten. Roman. 1998
Der letzte Taikun. Roman. 1977
Wiedersehen mit Babylon. Erzählungen. 1980
Zärtlich ist die Nacht. Roman. 1982

Flaubert, Gustave
Jugendwerke. Erste Erzählungen. 1980
November. Erinnerungen, Aufzeichnungen und innerste Gedanken / Memoiren eines Irren. Zweiter Band der Jugendwerke. 1982 ***
Reisetagebuch aus Ägypten. 1991 ***
Werke, Briefe und Materialien in 8 Bänden in Kassette. 1979 ***
Bouvard und Pécuchet. Roman. 1979
Briefe. 1977 ***
Die Erziehung des Herzens. Geschichte eines jungen Mannes. 1979
Drei Geschichten. 1979
Madame Bovary. Sitten der Provinz. Roman. 1979
Salammbô. Roman. 1979
Die Versuchung des heiligen Antonius. 1979
• Außerdem erschien:
Über Gustave Flaubert. 1979 ***

Flora, Paul
Ach du liebe Zeit I. Rund 200 Zeichnungen aus der ›Zeit‹. 1962 ***
Ach du liebe Zeit II. Rund 170 Zeichnungen aus der ›Zeit‹. 1964 ***
Als der Großvater auf die Großmutter schoß und vierhunderteinundzwanzig andere Zeichnungen. 1971 ***
Der blasse Busenfreund. 83 vom Monde beschienene Szenen. 1979 ***
Hungerburger Elegien. Zeichnungen 1943–1974. 1975 ***

Floras Fauna. Eine abendländische Biologie in 77 neuzeitlichen Bildern. 1953 ***
Königsdramen. 44 höfische Szenen. 1966 ***
Das Musenroß. Ein Buch von Dichtern. 1955 ***
Nocturnos. Dreiundfünfzig romantische Erzählungen. 1982 ***
Penthouse. Zeichnungen. 1977
Portfolio 2. Mappe mit 12 Blättern. 1970 ***
Die welke Pracht. Venezianische Zeichnungen und Geschichten. 1990
Premiere. 77 Zeichnungen. 1971 ***
Die Raben von San Marco. 72 venezianische Augenblicke. 1985 ***
Das Schlachtroß. Ein Buch von Dichtern. 1957 ***
Die verwurzelten Tiroler und ihre bösen Feinde. 1970 ***
Trauerflora. Idyllen. 1958 ***
Veduten und Figuren. 1968 ***
Vivat Vamp! 1959 ***
Vergebliche Worte. Von Dichtern und Denkern. 1981 ***
Der bürgerliche Wüstling. Siebenundfünfzig romantische Blätter. 1972 ***
Der Zahn der Zeit. 174 altmodische Zeichnungen, darstellend private und öffentliche Unglücke, wahre Ereignisse, Fluch und Segen der Technik sowie sentimentale Szenen. 1961 ***
Zeichnungen. 1992
Zeitvertreib. 118 Zeichnungen aus der ›Zeit‹. 1969 ***

• Von Paul Flora illustriert:

Die Verlobung / Oskar und Erik. Von Marcel Aymé. 1956 ***
Moskau für Anfänger. Von Jurij Cramer. 1962 ***
Jorkens borgt sich einen Whisky. Von Lord Dunsany. 1957
Smetters erzählt Mordgeschichten. Von Lord Dunsany. 1958 ***
So erobere ich einen Mann. Von Lena Dur. 1985 *** (vorm.: Männer für Anfängerinnen. 1965)
Spionagegeschichten. Hrsg. von Graham Greene. 1975
König Wamba. Von Erich Hackl. 1991
Ich trage eine Eule nach Athen. Von Wolfgang Hildesheimer. 1956 ***
Gespenster. Hrsg. von Mary Hottinger. 1956
Horror. Hrsg. von Mary Hottinger. 1983 (vorm.: Gruselgeschichten. 1973, Panik. 1961)
Mord / Mehr Mord / Noch mehr Mord. Hrsg. von Mary Hottinger. 1959, 1961, 1963
Die Männchen und die Fräuchen. Roman für kluge Kinder von Hilde Janzárik. 1974 (vorm.: Die Männchen. 1964)
Wien für Anfänger. Von Jörg Mauthe. 1959 ***
Weltreisen für Anfänger. Von Eka von Merveldt. 1963 ***
Fernöstlicher Diwan. Von Georges Mikes. 1959 ***
Indien für Anfänger. Von George Mikes. 1963 ***
Japan für Anfänger. Von Georges Mikes. 1963 ***
Vom Umgang mit Drachen. Von Kurt Moldovan. 1958 ***
So erobere ich eine Frau. Von Lenus Moll. 1985 *** (vorm.: Frauen für Anfänger. 1965)
Das müssen Sie lesen. Von Sigismund von Radecki. 1970 ***
Über das Küssen der Welt. Von Herbert Rosendorfer. 1971 ***
Übersetzer für Anfänger. Von N. O. Scarpi. 1962 ***
Blödeln für Anfänger. Von Hans Weigel. 1973 ***
Tirol für Anfänger. Von Hans Weigel. 1964 ***
Das Gespenst von Canterville. Von Oscar Wilde. 1957 ***

Fontane, Theodor
L'Adultera. Roman. 1998
Effi Briest. Roman. 1983
Frau Jenny Treibel. Roman. 1998
Gedichte / Erinnerungen / Aufsätze. 1983 ***
Irrungen Wirrungen / Frau Jenny Treibel. Zwei Romane. 1983 ***
Irrungen Wirrungen. Roman. 1998
Schach von Wuthenow / L'Adultera / Stine. Drei Romane. 1983
Schach von Wuthenow Erzählung aus der Zeit des Regiments Gendarmes. Roman. 1998
Der Stechlin. Roman. 1998
Wer schaffen will, muß fröhlich sein. Die schönsten Gedichte. 1996
Herr von Ribbeck auf Ribbeck im Havelland. Illustriert von Karin Blume. 1987 ***

Francis, Dick
Ausgestochen. Roman. 1995

Außenseiter. Roman. 1991
Banker. Roman. 1993
Blindflug. Roman. 1993
Comeback. Roman. 1993
Doping. Roman. 2000
Favorit. Ein Sid-Halley-Roman. 1997
Fehlstart. Roman. 1995
Festgenagelt. Roman. 1995
Galopp. Roman. 1991
Gefälscht. Roman. 2001
Gefahr. Roman. 1993
Gefilmt. Roman. 1993
Gegenzug. Roman. 1992
Handicap. Roman. 1991
Hilflos. Roman. 1994
Hurrikan. Roman. 2001
Knochenbruch. Roman. 1996
Lunte. Roman. 1995
Mammon. Roman. 2000
Nervensache. Roman. 1993
Peitsche. Roman. 1995
Rat Race. Roman. 1998
Reflex. Roman. 1991
Risiko. Roman. 1999
Rivalen. Roman. 1999
Rufmord. Roman. 1998
Scherben. Roman. 2002
Schlittenfahrt. Roman. 1996
Schnappschuß. Roman. 1998
Sporen. Roman. 1994.
Todsicher. Roman. 1993
Unbestechlich. Roman. 1990
Verrechnet. Roman. 1998
Versteck. Roman. 1998
Weinprobe. Roman. 1994
Winkelzüge. Dreizehn Geschichten. 2000
Zügellos. Roman. 1996
Zuschlag. Roman. 1998

Franz von Assisi
Fioretti. Gebete / Ordensregeln / Testa-ment / Briefe. 1979 ***

Fremlin, Celia
Die Eifersüchtige. Roman. 1993
Gefährliche Gedanken. Roman. 1994
Gibt's ein Baby, das nicht schreit? Roman. 1991
Klimax oder Außerordentliches Beispiel von Mutterliebe. Roman.1972
Sieben magere Jahre. Roman. 1994
Onkel Paul. Roman. 1989
Parasiten-Person. Roman. 1991
Rendezvous mit Gestern. Roman. 1988
Der lange Schatten. Roman. 1993
Die Spinnen-Orchidee. Roman. 1988
Die Stunden vor Morgengrauen. Roman. 1987
Ein schöner Tag zum Sterben. Erzählungen. 1991
Das Tudorschloß. Roman. 1996
Unruhestifter. Roman. 1993
Vaters Stolz. Roman. 1998
Wer hat Angst vorm schwarzen Mann? Roman. 1985
Wetterumschwung. Geschichten. 1994 ***
Zwielicht. Roman. 1992

Friedell, Egon
Abschaffung des Genies. Gesammelte Essays 1905 bis 1918. 1985 ***
Ecce Poeta. 1992 ***
Das letzte Gesicht. 69 Bilder von Totenmasken. 1984 ***
Ist die Erde bewohnt? Gesammelte Essays 1919 bis 1931. 1985 ***
Konversationslexikon. 1974 ***
Die Rückkehr der Zeitmaschine. Phantastische Novelle. 1974
Steinbruch. Kleine Philosophie. 1991
• Von Egon Friedell herausgegeben:
Von der Schönheit des Guten. Von Ralph Waldo Emerson. 1992
Dieses und Jenes. Aufsätze und Aphorismen. Von Georg Christoph Lichtenberg. 1991 ***

Glauser, Friedrich
Gourrama. Ein Roman aus der Fremdenlegion. 1989
Die Kriminalromane in 6 Bänden in Kassette. 1989
Der Chinese. Roman. 1989
Die Fieberkurve. Roman. 1989
Krock & Co. Roman. 1989
Matto regiert. Roman. 1989
Der Tee der drei alten Damen. Roman. 1989
Wachtmeister Studer. Roman. 1989

Goethe, Johann Wolfgang
Faust. Der Tragödie erster und zweiter Teil. 1982
Faust. Eine Tragödie. 1997
Gedanken und Aussprüche. 1988 ***
Gedichte I. Lieder / Balladen / Elegien / Sonette / Kantaten / Epigramme. 1982
Gedichte II. Gedankenlyrik / Westöstlicher Divan. 1982
Herz, mein Herz. Die schönsten Gedichte. 1984 *** (vorm.: Liebesgedichte. 1982)
Von der Höflichkeit des Herzens und andere Gedanken. 1999
Die Leiden des jungen Werther. Roman. 1986
Die Wahlverwandtschaften. Roman. 1996

• Außerdem erschienen:
Faust.
Von Johann Wolfgang Goethe. In einer krassen Bearbeitung von Eberhard Thomas Müller. Mit vielen Zeichnungen von Wilhelm Busch. 1982 ***
Unser Goethe.
Ein Lesebuch. Beiträge von und über Goethe. Von Eckhard Henscheid und F. W. Bernstein. 1982 ***

Gogol, Nikolai
Meistererzählungen. 1984 (vorm.: Die Nase. 1966)
Die toten Seelen.
Roman. 1977

Gorey, Edward
• Das graphische Werk:
Ein sicherer Beweis. 1962 ***
Die Draisine von Untermattenwaag. 1963 ***
Der zweifelhafte Gast. 1961
Das Geheimnis der Ottomane. Ein pornografisches Werk. 1964 ***
Eine Harfe ohne Saiten oder Wie man Romane schreibt. 1963 ***
The Catafalque Works. Eight Volumes of Moral Disarmament. 1979 ***
The Dwindling Party. Pop-up-Buch. 1983 ***
The Fantod Works. Nine Volumes of Moral Rearmament. 1978
The Recently Deflowered Girl. The Right Thing to Say on Every Dubious Occasion by Hyacinthe Phypps. 1966 ***
Das jüngst entjungferte Mädchen. Das rechte Wort am unrechten Ort. Von Hyacinthe Phypps. 1975 ***
An Ominous Gathering. Seven Volumes of Moral Destruction. 1975 ***
The Vinegar Works. Seven Volumes of Moral Instruction. 1972 ***
Die wahnsinnigen Werke des Edward Gorey in 33 Bänden in Kassette. 1981 ***
Das Gräßliche Baby / Das fromme Kind Heini Klump, von Frau Regera Dowdy. 1981 ***
Balaclava. 1972 ***
Cat^{e}gor y. Bilderbuch mit 50 bunten Katzen. 1977 ***
La Chauve-Souris Dorée. 1969 ***
Der klatschnasse Donnerstag. 1981 ***
Die elfte Episode / Die respektlose Aufforderung. 1981 ***
Erinnerung an einen Besuch. 1981 ***
Das epiplektische Fahrrad. 1981 ***
Der Böse Garten. 1981 ***
Der zweifelhafte Gast / Ein sicherer Beweis. Merkwürdige Geschichten. 1981 ***
Der Insektengott. 1981 ***
Das Käferbuch / Der Schrekelhuck. 1981 ***
Das unglückselige Kind. 1967 ***
Die Kleinen von Morksrohlingen. 1981 ***
Die entschwundenen Löwen / Das lavendelfarbene Trikot. 1981 ***
Das Moritaten-Alphabet / Der Spuk-Fall. 1981 ***
Das gnadenlose Nasenbluten. 1981 ***
Die chinesischen Obelisken. 1981 ***
Der Ospickvogel / Das Buch ohne Titel. 1981 ***
Das verabscheuungswürdige Paar. 1981 ***
Die verkommene Socke / Blätter aus einem verlegten Album. 1981 ***
Die weiche Speiche. Eine Ikonographie. Von der Entwicklung des Fahrrads. 1978 ***
Die andere Statue. 1981 ***
Die blaue Stunde. 1981 ***
Die seelenlose Tragödie / Die horriblen Posamenterien. 1981 ***
Die sehr gute Uhr. 1971 ***
Das Vermächtnis der Miss D. Awdrey-Gore. 1974 ***
Die besessenen Vettern / Das Eisen-Tonikum oder Ein Winternachmittag im Stille-Tal. 1981 ***
Der Westflügel. 1981 ***
Der alphabetische Zoo / Der Kinderstuben-Fries. 1981 ***
Der traurige Zwölfpfünder oder Die blaue Spieke. 1981 ***
• Von Edward Gorey illustrierte Kinderbücher:
Katz und Fuchs und Hund und Hummer. Von Äsop. 1976 ***
Zuckerträume. Von Edward Fenton. 1979 ***
Rotkäppchen. Ein Märchen der Brüder Grimm. 1974 ***
Rumpelstilzchen. Ein Märchen der Brüder Grimm. 1977 ***
Schorschi. Von Florence Parry Heide. 1989 ***
Schorschis Schatz. Von Florence Parry Heide. 1982 ***
Schorschi schrumpft. Von Florence Parry Heide. 1976 ***
Schorschis Wunsch. Von Florence Parry Heide. 1985 ***

Er war da und saß im Garten. Von Rhoda Levine. 1970 ***
Samuel und Emma. Von Donald Nelsen. 1973 ***
Meister Lampe und seine Tricks. Von Ennis Rees. 1971 ***
Schloß Spinnweb. Von Jan Wahl 1978 ***
• Von Edward Gorey illustriert:
Das Haus, das tickte. Von John Bellairs. 1977 ***
Die neununddreißig Stufen. Von John Buchan. 1967
Englischer Sommer. Von Raymond Chandler. 1980
Die Orgie – eine Idylle. Von Walter de la Mare. 1965 ***
Sankt Valentinstag. Von Walter de la Mare. 1984
Augenblicke aus dem Leben großer Geister. Von Howard Moss. 1977 ***
Meistererzählungen. Von Saki. 1993 (vorm.: Die offene Tür. 1964)

Goscinny, René
Der kleine Nick in 5 Bänden in Kassette. 1978 ***
Der kleine Nick. 1974
Der kleine Nick und seine Bande. 1974
Der kleine Nick und die Ferien. 1976
Der kleine Nick und die Mädchen. 1976
Der kleine Nick und die Schule. 1975

Gotthelf, Jeremias
Der Bauernspiegel oder Lebensgeschichte des Jeremias Gotthelf. Von ihm selbst beschrieben. 1986 ***
Elsi, die seltsame Magd. 1986 ***
Meistererzählungen. 1991 ***
Ausgewählte Werke und Materialien in 13 Bänden in Kassette. 1978 ***
Anne Bäbi Jowäger. Roman in zwei Bänden. 1978
Der Besenbinder von Richyswil / Barthli der Korber / Die Frau Pfarrerin / Selbstbiographie. Ausgewählte Erzählungen IV. 1978 ***
Michels Brautschau / Niggi Ju / Das Erdbeerimareili. Ausgewählte Erzählungen III. 1978 ***
Geld und Geist oder Die Versöhnung. Roman. 1978 ***
Der Geltstag oder Die Wirtschaft nach der neuen Mode. Roman. 1978 ***
Die Käserei in der Vehfreude. Roman. 1978 ***
Käthi die Großmutter. Erzählung. 1978
Die schwarze Spinne / Elsi, die seltsame Magd / Kurt von Koppigen. Ausgewählte Erzählungen II. 1978
Uli der Knecht. Eine Gabe für Dienstboten und Meisterleute. Roman. 1978
Uli der Pächter. Roman. 1978
Die Wassernot im Emmental / Wie Joggeli eine Frau sucht. Ausgewählte Erzählungen I. 1978 ***
• Außerdem erschien:
Keller über Gotthelf. Vier Essays von Gottfried Keller. 1978 ***

Gracián, Baltasar
Hand-Orakel und Kunst der Weltklugheit. 1993

Grünberg, Arnon
Blauer Montag. Roman. 1997
Statisten. Roman. 1999

Gulik, Robert van
Der geschenkte Tag. Ein Amsterdamer Kriminalroman. 1991
Der Affe und der Tiger. Roman. 1988
Geisterspuk in Peng-lai. Roman. 1988
Halskette und Kalebasse. Roman. 1987
Mord im Labyrinth. Roman. 1985
Mord in Kanton. Roman. 1988
Mord nach Muster. Roman. 1989
Nagelprobe in Pei-tscho. Roman. 1990
Die Perle des Kaisers. Roman. 1989
Das Phantom im Tempel. Roman. 1989
Poeten und Mörder. Roman. 1988
Richter Di bei der Arbeit. Roman. 1990
Der See von Han-yuan. Roman. 1990
Nächtlicher Spuk im Mönchskloster. Roman. 1990
Tod im Roten Pavillon. Roman. 1986
Der Wandschirm aus rotem Lack. Roman. 1990
Wunder in Pu-yang? Roman. 1985
• Außerdem erschien:
Robert van Gulik. Ein Leben mit Richter Di. Eine Biographie von Janwillem van de Wetering. 1990
Merkwürdige Kriminalfälle des Richters Di. Herausgegeben von Robert van Gulik. 1998

Hackl, Erich
Abschied von Sidonie. Erzählung. 1989
Materialien zu Abschied von Sidonie. 2000
Auroras Anlaß. Erzählung. 1987

Entwurf einer Liebe auf den ersten Blick. 1999
In fester Umarmung. Geschichten und Berichte. 1996
König Wamba. Ein Märchen. 1991
Sara und Simón. Eine endlose Geschichte. 1995

Hammett, Dashiell
Detektiv bei Continental's. Der Detektivgeschichten zweite und letzte Folge. 1978 ***
Der Farewell-Mord. Eine Sam-Spade-Geschichte. 1983 ***
Meistererzählungen. 1989 (vorm.: Die besten Geschichten von... 1984)
Das große Umlegen. Der Detektivgeschichten erste Folge. 1976 ***
Sämtliche Romane in 5 Bänden in Kassette. 1976 ***
Sämtliche Werke in 10 Bänden in Kassette. 1981 ***
Rote Ernte. Roman. 1976
Der Fluch des Hauses Dain. Roman. 1976
Der Malteser Falke. Roman. 1974
Der dünne Mann. Roman. 1976
Der gläserne Schlüssel. Roman. 1976
Das Dingsbums Küken und andere Detektivstories. 1981
Fliegenpapier und andere Detektivstories. 1965 ***
Fracht für China und andere Detektivstories. 1981
Das Haus in der Turk Street und andere Detektivstories. 1981
Das große Umlegen und andere Detektivstories. 1981
• Außerdem erschien:
Dashiell Hammett. Eine Biographie von Diane Johnson. 1985

Hauptmann, Tatjana
Adelheid Schleim. 1980 ***
Ein Tag im Leben der Dorothea Wutz. 1978
Hurra, Eberhard Wutz ist wieder da! 1979.
Das große Märchenbuch. 1987
Das große Märchenbuch. Mappe mit 4 Granolithos oder 6 Kunstdrucken. 1987
Das kleine Märchenbuch. Sieben Märchen der Brüder Grimm. 1998
Das große Sagenbuch. Die schönsten Götter-, Helden- und Rittersagen des Mittelalters. 1997
• Von Tatjan Hauptmann illustrierte Kindbücher:
Wie der Maulwurf beinahe in der Lotterie gewann. Von Kurt Bracharz. 1981
Die Zugmaus. Von Uwe Timm. 1981
• Von Tatjan Hauptmann illustrierte Bücher:
Auch im April. Von Rainer Brambach. 1983 ***
Die drei Geiseln. Von John Buchan. 1980 ***
Weihnachtslied. Von Charles Dickens. 1989 (vorm.: Ein Weihnachtslied in Prosa. 1982)

Hedaya, Yael
Liebe pur. Erzählung. 2001

Heine, E. W.
Das Glasauge. Neue Kille Kille Geschichten. 1991
Hackepeter. Neue Kille Kille Geschichten. 1984
Kille Kille. Makabre Geschichten. 1983
Kuck Kuck. Noch mehr Kille Kille Geschichten. 1986
Luthers Floh. Geschichten aus der Weltgeschichte. 1987
New York liegt im Neandertal. Die abenteuerliche Geschichte des Menschen von der Höhle bis zum Hochhaus. 1984
Der neue Nomade. Ketzerische Prognosen. 1986 ***
Nur wer träumt, ist frei. Eine Geschichte. 1985 ***
Toppler. Ein Mordfall im Mittelalter. 1990 ***
Wer ermordete Mozart? Wer enthauptete Haydn? Mordgeschichten für Musikfreunde. 1984
Wie starb Wagner? Was geschah mit Glenn Miller? Neue Geschichten für Musikfreunde. 1985

Heine, Heinrich
Gedichte. 1977
Ich weiß nicht, was soll es bedeuten. Die schönsten Gedichte. 1983 ***
Reisebilder. 1993

Heine, Helme
• Bilderbücher für Kinder:
Die Abenteurer. 1994
Hans und Henriette. 1993
Sauerkraut. Fast eine Idylle. 1992 ***
• Bilderbücher für Erwachsene:
Der innere und der äußere Otto. 1986 ***
Uhren haben keine Bremse. 1985 ***
• Von Helme Heine illustriert:
Pfundsachen. Von Gisela von Radowitz. 1986 ***
Der doppelte Weihnachtsmann. Von Gisela von Radowitz. 1988 ***

Henry, O.
Glück, Geld und Gauner. Ausgesuchte Geschichten. 1967 ***

Meistererzählungen. 1991
Der edle Gauner. Erzählungen. 1981 ***
Gesammelte Geschichten in 6 Bänden in Kassette. 1981 ***
Das Herz des Westens. Erzählungen. 1981 ***
Die klügere Jungfrau. Erzählungen. 1981 ***
Rollende Steine. Erzählungen. 1981 ***
Streng geschäftlich. Erzählungen. 1981 ***
Wege des Schicksals. Erzählungen. 1981 ***

Highsmith, Patricia
Carol. Roman einer ungewöhnlichen Liebe. 1990
Ediths Tagebuch. Roman. 1978
Elsie's Lebenslust. Roman. 1986
Kleine Geschichten für Weiberfeinde. Eine weibliche Typenlehre in siebzehn Beispielen. 1975
Geschichten von natürlichen und unnatürlichen Katastrophen. 1988
Der Geschichtenerzähler. Roman. 1974
Die zwei Gesichter des Januars. Roman. 1974
Der Junge, der Ripley folgte. Roman. 1980
Drei Katzengeschichten. 1995
Keiner von uns. Elf Geschichten. 1982
Leise, leise im Wind. Zwölf Geschichten. 1979
Leute, die an die Tür klopfen. Roman. 1983
Lösegeld für einen Hund. Roman. 1974
Meistererzählungen. 1989 (vorm.: Die besten Geschichten von... 1984)
Die stille Mitte der Welt. Stories. 2002
Kleine Mordgeschichten für Tierfreunde. 1976
Der talentierte Mr. Ripley. Roman. 1971
Nixen auf dem Golfplatz. Erzählungen. 1985
Ripley Under Ground. Roman. 1972
Ripley Under Water. Roman. 1991
Ripley's Game oder Der amerikanische Freund. Roman. 1976
Der Schneckenforscher. Elf Geschichten. 1978 (vorm.: Gesammelte Geschichten. 1973)
Der Schrei der Eule. Roman. 1976
›Small g‹ – eine Sommeridylle. Roman. 1995
Ein Spiel für die Lebenden. Roman. 1979
Der Stümper. Roman. 1974
Suspense oder Wie man einen Thriller schreibt. 1985, 1990 (überarbeitete Neuausgabe)
Venedig kann sehr kalt sein. Roman. 1968
Der süße Wahn. Roman. 1974, 2002 (Neuübersetzung)
Tiefe Wasser. Roman. 1976
Zeichnungen. 1995
Die gläserne Zelle. Roman. 1976
Das Zittern des Fälschers. Roman. 1970, 2002 (Neuübersetzung)
Zwei Fremde im Zug. Roman. 1974, 2002 (Neuübersetzung)
• Außerdem erschien: *Patricia Highsmith – Leben und Werk.* 1996 (vorm.: Über Patricia Highsmith. 1980)

Hoffmann, E. T. A.
Das Fräulein von Scuderi. 1986 ***
Meistererzählungen. 1994

Homer
Ilias. 1980
Odyssee. 1980

Hottinger, Mary (Hrsg.)
Geschichten für den Connaisseur in 6 Bänden in Kassette. 1978 ***
Ehegeschichten. 1971 (vorm.: Der Connaisseur v. 1966)
Familiengeschichten. 1987 (vorm.: Der Connaisseur III. 1964)
Geldgeschichten. 1994 (vorm.: Der Connaisseur IV. 1965)
Ganz gemeine Geschichten. 1987 (vorm.: Der Connaisseur II. 1963)
Horror. 1983 (vorm.: Gruselgeschichten. 1973. Panik. 1961)
Kindergeschichten. 1987 *** (vorm.: Geschichten über Kinder. 1972. Der Connaisseur VI. 1968)
Krimi für Anfänger. Zusammen mit J. P. Scherer. 1962 ***
Mord. Das Standardwerk englischer und amerikanischer Kriminalstories. 3 Bände in Kassette. 1974 ***
Mord. 1959
Mehr Morde. 1961
Noch mehr Morde. 1963
Unheimliche Geschichten. 1987 (vorm.: Der Connaisseur I. 1962)
Wahre Morde. Die berühmtesten Kriminalfälle und -prozesse aus England. 1976 ***

Hugo, Victor
Der Glöckner von Notre-Dame. Roman. 1985
Napoleon der Kleine. Ein Pamphlet. 1991 ***
Der letzte Tag eines Verurteilten. 1984
Das Teufelsschiff. Roman. 1987
Die Elenden in 5 Bänden in Kassette. 1986 ***

Fantine.
Die Elenden I. 1986 ***
Cosette.
Die Elenden II. 1986 ***
Marius.
Die Elenden III. 1986 ***
Eponine.
Die Elenden IV. 1986 ***
Jean Valjean.
Die Elenden V. 1986 ***

Irving, John
Die imaginäre Freundin. Vom Ringen und Schreiben. 1996
Die wilde Geschichte vom Wassertrinker. Roman. 1989
Gottes Werk und Teufels Beitrag. Roman. 1988
Gottes Werk und Teufels Beitrag. Drehbuch mit zahlreichen Fotos aus dem Film. 2000
Die vierte Hand. Roman. 2002
Das Hotel New Hampshire. Roman. 1982
Laßt die Bären los! Roman. 1985
Eine Mittelgewichts-Ehe. Roman. 1986
My Movie Business. Mein Leben, meine Romane, meine Filme. 2000
Owen Meany. Roman. 1990
Die Pension Grillparzer. Eine Bärengeschichte. 2001
Rettungsversuch für Piggy Sneed. Sechs Erzählungen und ein Essay. 1993
Witwe für ein Jahr. Roman. 1999
Zirkuskind. Roman. 1995

Jägersberg, Otto
Der letzte Biß. Geschichten aus der Gegenwart. 1977 ***
Cosa Nostra. 3 Stücke aus dem bürgerlichen Heldenleben. 1971 ***
Vom Handel mit Ideen. Geschichten. 1984.
He he, ihr Mädchen und Frauen. Eine Konsum-Komödie. 1975 ***
Der Herr der Regeln. Roman. 1983
Land. Ein Lehrstück. 1975. ***
Lehrstücke in 4 Bänden in Kassette. 1978 ***
Der industrialisierte Romantiker. Reportage unserer Umwelt. 1976 ***
Seniorenschweiz. Reportage unserer Zukunft. 1976 ***
Söffchen oder Nette Leute. Roman. 1989 (vorm.: Nette Leute. Roman. 1967)
Weihrauch und Pumpernickel. Ein westpfählisches Sittenbild. 1964 ***
Wein, Liebe, Vaterland. Gedichte. 1985

Jiménez, Juan Ramón
Herz, stirb oder singe. Gedichte, spanisch und deutsch. 1958

Kafka, Franz
Brief an den Vater. 1996
Meistererzählungen. 1995
Die Verwandlung. Erzählung. 1995
• Außerdem erschien:
Frauen in Kafkas Leben. Von Nahum N. Glatzer. 1987 ***

Keel, Anna
Bilder und Zeichnungen. Eine Porträtgalerie durchschauter Mitmenschen. 1976
Porträtzeichnungen 1977 bis 1979. 1979
Zeichnungen. 1983

Keller, Gottfried
Kleider machen Leute. 1986 ***
Meistererzählungen. 1992 ***
Ein Nest voll Glück. Die schönsten Gedichte. 1984 ***
Zürcher Ausgabe: Werke und Materialien in 9 Bänden in Kassette. 1978 ***
Gedichte / Der Apotheker von Chamounix. 1978 ***
Der grüne Heinrich. Roman. 1993
Martin Salander / Ein Bettagsmandat / Therese / Autobiographische Schriften. 1978 ***
Die Leute von Seldwyla. Erzählungen. 1993 ***
Die Leute von Seldwyla / Zwei Kalendergeschichten. In zwei Bänden. 1978 ***
Das Sinngedicht / Sieben Legenden. 1978 ***
Züricher Novellen / Aufsätze. 1978 ***
Züricher Novellen. 1993
• Außerdem erschienen:
Über Gottfried Keller. 1978 ***
Gottfried Keller. Eine Biographie von Emil Ermatinger. 1990 ***

Kernke, Gabriele
Boris und die Bauklotzburg. 1992 ***
• Von Gabriele Kernke illustriert:
Bills neues Kleid. Von Anne Fine. 1993 ***
Ein Engel in der Schule. Von Anne Fine. 1996
Goldnebel. Von Anne Fine. 1999
Ein total verrücktes Huhn. Von Anne Fine. 1997
Kuh-Lotto. Von Anne Fine. 1993
Punky Mami. Von Anne Fine. 1998
Zaubernebel. Von Anne Fine.1995

Kettenbach, Hans Werner
Davids Rache. Roman. 1994
Der Feigenblattpflücker. Roman. 1992

Glatteis. Roman. 2001
Hinter dem Horizont. Eine New Yorker Liebesgeschichte. 1986
Die Konkurrentin. Roman. 2002
Minnie oder Ein Fall von Geringfügigkeit. Roman. 1984
Der Pascha. Roman. 1987
Die Schatzgräber. Roman. 1998
Schmatz oder Die Sackgasse. Roman. 1987
Sterbetage. Roman. 1986

Kleist, Heinrich von
Sämtliche Erzählungen. 1990
Die Marquise von O… 1986 ***

Komarek, Alfred
Blumen für Polt. Roman. 2001
Polt muß weinen. Roman. 2000

Krause, Ute
Der Löwe auf dem Dachboden. 1998
Die Moffels. 1991 ***
Nora und der Große Bär. 1989
• Von Ute Krause illustriert:
Leopoldo und der Bücherberg. Von Susanna Tamaro. 1999
Tobias und der Engel. Von Susanna Tamaro. 2000

Kurkow, Andrej
Ein Freund des Verblichenen. Roman. 2001
Petrowitsch. Roman. 2000
Picknick auf dem Eis. Roman. 1999

Lange, Hartmut
Die Bildungsreise. Novelle. 2000
Die Ermüdung. 1988
Eine andere Form des Glücks. 1999
Der Herr im Café. Drei Erzählungen. 1996
Irrtum als Erkenntnis. Meine Realitätserfahrung als Schriftsteller. 2002
Das Konzert. Novelle. 1986
Gesammelte Novellen in zwei Bänden in Kassette. 2002
Die Reise nach Triest. Novelle. 1991
Schnitzlers Würgeengel. Novellen. 1995
Die Selbstverbrennung. Roman. 1984
Die Stechpalme. Novelle. 1993
Das Streichquartett. Novelle. 2001
Tagebuch eines Melancholikers. Aufzeichnungen der Monate Dezember 1981 bis November 1982. 1987
Die Waldsteinsonate. Fünf Novellen. 1984
Die Wattwanderung. 1990
Vom Werden der Vernunft und andere Stücke fürs Theater. 1988

Lanthaler, Kurt
Azzurro. Ein Tschonnie-Tschenett-Roman. 2001
Grobes Foul. Ein Tschonnie-Tschenett-Roman. 2000
Herzsprung. Ein Tschonnie-Tschenett-Roman. 2000
Der Tote im Fels. Ein Tschonnie-Tschenett-Roman. 1999
Weißwein und Aspirin. Hirnrissige Geschichten. 2002

Lao Tse
Tao-Te-King. 1990

Latimer, Jonathan
Den Toten ist's egal. Roman. 1993
Rote Gardenien. Roman. 1991
Der enthauptete Großonkel. Roman. 1995 ***
Leiche auf Abwegen. Roman. 1988
Mord bei Vollmond. Roman. 1991
Die falsche Nonne. Roman. 1995 ***
Salomons Weinberg. Roman. 1993 ***
Verbotener Dschungel. Roman. 1995 ***
Wettlauf mit der Zeit. Roman. 1990

Lawrence, D. H.
Briefe. 1982 ***
Der Hengst St. Mawr. Roman. 1975
John Thomas & Lady Jane. Roman. 1975
Liebe, Sex und Emanzipation. Essays. 1982 (vorm.: Pornographie und Obszönität. 1971)
Ein moderner Liebhaber und andere Erzählungen. 1996
Meistererzählungen 1991 (vorm.: Die besten Geschichten von… 1985)
Mr. Noon. Autobiographischer Roman. 1985 ***
Die gefiederte Schlange. Roman. 1986
Zwei blaue Vögel. Erzählungen. 1965 ***
• Die Erzählungen und Kurzromane:
Sämtliche Erzählungen und Kurzromane in 8 Bänden in Kassette. 1976 ***
England, mein England. Erzählungen. 1975
Die Frau, die davonritt. Erzählungen. 1975
Der Fremdenlegionär. Erzählungen, Autobiographisches, Fragmente. 1975
Die Hauptmanns-Puppe Erzählungen. 1990 *** (vorm.: Der Fuchs / Der Marienkäfer / Die Hauptmanns-Puppe. 1975)

Liebe im Heu. Erzählungen. 1975
Der Mann, der Inseln liebte. Erzählungen. 1975
Der preußische Offizier. Erzählungen. 1975
• Reisetagebücher:
Italienische Dämmerung. Reisetagebücher. 1985
Das Meer und Sardinien. Reisetagebücher. 1985 ***
Mexikanischer Morgen. Reisetagebücher. 1985
Etruskische Stätten. Reisetagebücher. 1985
• Außerdem erschien:
Frieda von Richthofen. Ihr Leben mit D. H. Lawrence, dem Dichter der ›Lady Chatterley‹. Von Robert Lucas. 1985 ***

Leon, Donna
Acqua alta. Commissario Brunettis fünfter Fall. Roman. 1997
Eine Amerikanerin in Venedig. Geschichten aus dem Alltag. 2000
Endstation Venedig. Commissario Brunettis zweiter Fall. Roman. 1995
Feine Freunde. Commissario Brunettis neunter Fall. Roman. 2001
Das Gesetz der Lagune. Commissario Brunettis zehnter Fall. Roman. 2002
In Sachen Signora Brunetti. Der achte Fall. Roman. 2000
Latin Lover. Von Männern und Frauen. 1999
Nobiltà. Commissario Brunettis siebter Fall. Roman. 1999
Sanft entschlafen. Commissario Brunettis sechster Fall. Roman. 1998
Venezianische Scharade. Commissario Brunettis dritter Fall. Roman. 1996
Vendetta. Commissario Brunettis vierter Fall. Roman. 1997
Venezianisches Finale. Commissario Brunettis erster Fall. Roman. 1993

Lermontow, Michail
Ein Held unserer Zeit. Roman. 1982 ***

Lessing, Doris
Hunger nach dem großen Leben. Erzählung. 1987 (vorm.: Hunger. 1976)
Der Zauber ist nicht verkäuflich. Afrikanische Erzählungen. 1976

Lewin, Michael
Anruf vom Panther. Roman. 1997
Der stumme Handlungsreisende. Roman. 1995
*Wer viel fragt.*Roman 1998

Limacher, Roland
Juliluft. Erzählung. 1995
Meines Vaters Haus. Erzählung. 2000

Loetscher, Hugo
Abwässer. Ein Gutachten. 1989
Die Augen des Mandarin. Roman. 1999
Der Buckel. Geschichten. 2002
Die Fliege und die Suppe und 33 andere Tiere in 33 anderen Situationen. Fabeln. 1989
Der predigende Hahn. Das literarisch-moralische Nutztier. 1992
Herbst in der Großen Orange. 1982
Der Immune. Roman. 1985
Die Kranzflechterin. Roman. 1989
Noah. Roman einer Konjunktur. 1984
Die Papiere des Immunen. Roman. 1986
Vom Erzählen erzählen. Münchner Poetikvorlesungen. 1988
Saison. Roman. 1995
Der Waschküchenschlüssel und andere Helvetica. 1983
Wunderwelt.
Der Waschküchenschlüssel oder Was – wenn Gott Schweizer wäre. 1988
Eine brasilianische Begegnung. 1983
Kulinaritäten. Ein Briefwechsel mit Alice Vollenweider über die Kunst und die Kultur der Küche. 1991 ***
• Außerdem erschien:
Das Hugo Loetscher Lesebuch. 1984 ***

London, Jack
John Barleycorn oder Der Alkohol. Roman. 1987 ***
Meistererzählungen. 1993
Der Ruf der Wildnis. Roman. 1987
Seefahrer- & Goldgräbergeschichten. 1976 ***
Der Seewolf. Roman. 1987
Südsee-Abenteuer. Erzählungen. 1987
Westwärts. Erzählungen. 1965 ***
Wolfsblut. Roman. 1992 (vorm.: Weißzahn, der Wolfshund. 1987)

Loriot
• Gesammelte Werke:
Loriots Gesammelte Werke in 4 Bänden in Kassette. Großer Ratgeber / Heile Welt / Dramatische Werke / Möpse & Menschen. 1995
Loriots Gesammelte Werke in 4 Bänden in Kassette. Großer Ratgeber / Heile Welt / Dramatische Werke / Großes Tagebuch. 1983 ***
Loriots Großer Ratgeber. 500 Abbildungen und erläuternde Texte. 1968

Loriots Großes Tagebuch. Erheblich erweiterte Ausgabe von ›Loriots Tagebuch‹ und ›Loriots Kommentare‹. 1970
Loriots Heile Welt. Neue gesammelte Texte und Zeichnungen, dazu erstmals ›Loriots Telecabinet‹. 1973
Loriots Dramatische Werke. Texte und Bilder aus sämtlichen TV-Sendungen seit Loriots Telecabinet. 1981
Möpse & Menschen. Eine Art Biographie. 1983
Große Deutsche. Circa acht Portraits. 1998
• Drehbücher:
Loriots Ödipussi. Drehbuch. 1988 ***
Pappa ante portas. Drehbuch. 1991
• Werkausgabe in Einzelbänden:
Sehr verehrte Damen und Herren… Reden und Ähnliches. 1993
Auf den Hund gekommen. 44 lieblose Zeichnungen. 1954
Für den Fall… 1960
Der gute Geschmack. 1964
Herzliche Glückwünsche. Ein umweltfreundliches Erzeugnis. 1975
Das große Loriot Buch. Gesammelte Geschichten in Wort und Bild. 1998
Neue Lebenskunst in Wort und Bild. 1966
Loriot. 1993
Loriots kleines Buch der Katastrophen. 1987
Loriots Kommentare zu Politik, Kriminalistik, Wirtschaft, Kultur, Modernem Leben, Männer und Sport sowie Tier- und Frauenwelt. 1978
Loriots mini-Ratgeber. 1980 ***
Loriots Kleine Prosa. 1971
Loriots kleiner Ratgeber. 1974
Loriots Tagebuch. 1974
Loriots kleines Tierleben von B bis Z. 1986
Loriots ganz kleine heile Welt. 1981
Menschen, die man nicht vergißt. Achtzehn beispielhafte Bildergeschichten. 1974
Nimm's leicht! 1962
Reinhold das Nashorn. 1968
Szenen einer Ehe in Wort und Bild. 1986
Der gute Ton. Das Handbuch feiner Lebensart in Wort und Bild. 1957
Umgang mit Tieren. 1962
Wahre Geschichten. Erlogen von Loriot. 1959
Der Weg zum Erfolg. 1958
Wum und Wendelin erzählen Euch was. 1979 ***
Loriots Wum und Wendelin. Worte und Taten von Deutschlands populärstem Hund und seinem lieben Freunde. 1977 ***
Loriots bewegte Botschaften. Serie I. 1971 ***
Loriots bewegte Botschaften. Serie II. 1971 ***
• Loriot's Film Festival Super Pocket Cinemascope
Ein Amerikaner in Paris. 1985 ***
Casanova. 1985 ***
Dr. Jekyll und Mr. Hyde. 1985 ***
Der dritte Mann. 1985 ***
Endstation Sehnsucht. 1985 ***
Fußballfieber. 1986 ***
Krieg und Frieden. 1985 ***
Lohn der Angst. 1985 ***
Manche mögen's heiß. 1985 ***
Odyssee im Weltall. 1985 ***
Schwarzwaldmädel. 1985 ***
Vom Winde verweht. 1985 ***
• Von Loriot illustriert:
Liebesbriefe für Anfänger. Von Fritz Ammer und Georg Andreas. 1962
Die Ehe für Anfängerinnen oder Wie man einen Ehemann erzieht. Von Hans Gmür. 1962 (vorm.: Der häusliche Drill. 1959)
Eltern für Anfänger. Von Reinhart Lempp. 1973
Enkel für Anfänger. Von Reinhart Lempp. 1989
Kinder für Anfänger. Von Reinhart Lempp. 1968
Die perfekte Hausfrau. Von Elinor Goulding Smith. 1957 ***
München für Anfänger. Von Siegfried Sommer. 1958 ***

Lu Wenfu
Der Gourmet. Leben und Leidenschaft eines chinesischen Feinschmeckers. Roman. 1993 ***

Lurie, Alison
Affären. Eine transatlantische Liebesgeschichte. 1986
Ein ganz privater kleiner Krieg. Roman. 1988
Frauen und Phantome. Erzählungen. 1996
Liebe und Freundschaft. Roman. 1987
Nowhere City. Roman. 1991
Sommer in Key West. Roman. 2000
Varna oder Imaginäre Freunde. Roman. 1988

Von Kindern und Leuten. Roman. 1994
Die Wahrheit über Lorin Jones. Roman. 1990

McCullers, Carson
Sämtliche Erzählungen. 1970 ***
Der Marsch. Novelle. 1968 ***
Meistererzählungen. 1991 (vorm.: Die besten Geschichten von... 1986)
Gesammelte Werke und Materialien in 8 Bänden in Kassette. 1977 ***
Die Ballade vom traurigen Café. Novelle. 1961
Frankie. Roman. 1965
Das Herz ist ein einsamer Jäger. Roman. 1963
Madame Zilensky und der König von Finnland. Erzählungen. 1974
Spiegelbild im goldnen Auge. Roman. 1966
Uhr ohne Zeiger. Roman. 1962
Wunderkind. Erzählungen. 1974
• Außerdem erschienen:
Über Carson McCullers. 1974 ***
Carson McCullers. Eine Biographie von Oliver Evans. 1970 ***

Macdonald, Ross
Blue City. Roman. 1985
Der Drahtzieher. Sämtliche Detektivstories um Lew Archer I. 1983
Sämtliche Detektivstories um Lew Archer. 1979 ***
Einer lügt immer. Sämtliche Detektivstories um Lew Archer II. 1983
Der Mörder im Spiegel. Roman. 1985
Dornröschen war ein schönes Kind... Roman. 1975
Durchgebrannt. Roman. 1970 ***
Der Fall Galton. Roman. 1976
Gänsehaut. Roman. 1976
Geld kostet zuviel. Roman. 1970
Ein Grinsen aus Elfenbein. Roman. 1976
Der blaue Hammer. Roman. 1978
Die Kehrseite des Dollars. Roman. 1971
Die Küste der Barbaren. Roman. 1976
Sanftes Unheil. Roman. 1984
Unter Wasser stirbt man nicht! Roman. 1976
Der Untergrundmann. Roman. 1973

McEwan, Ian
Amsterdam. Roman. 1999
Schwarze Hunde. Roman. 1994
Ein Kind zur Zeit. Roman. 1988
Erste Liebe – letzte Riten. Erzählungen. 1980
Liebeswahn. Roman. 1998
Oder müssen wir sterben? Ein Oratorium. 1984 ***
Psychopolis. Abschied aus L.A. 2000
Der Tagträumer. Erzählung. 1995
Der Trost von Fremden. Roman. 1983
Unschuldige. Eine Berliner Liebesgeschichte. Roman. 1990
Der Zementgarten. Roman. 1980
Zwischen den Laken. Erzählungen. 1982

Mac Laverty, Bernard
Cal. Roman. 1984
Geheimnisse. Erzählungen. 1990
Lamb – der Ausgeflogene. Roman. 1982
Tanzen hat seine Zeit. Erzählungen. 1992

Maeder, Babette
Ludmilla, das Küchenchamäleon. Geschichte von Andreas Bosshard. 1998
• Von Babette Maeder illustriert:
Prinz Koriander und die Trolle aus der Tiefkühltruhe. Von Joan Aiken. 1998
Der Winterschlafwandler. Von Joan Aiken. 2000

Maloney, Shane
Künstlerpech. Roman. 2000

Mansfield, Katherine
Meistererzählungen. 1995 (vorm.: Das Puppenhaus. 1988)

Marcuse, Ludwig
Amerikanisches Philosophieren. Pragmatisten, Polytheisten, Tragiker. 1994
Argumente und Rezepte. Ein Wörterbuch für Zeitgenossen. 1973 *** (vorm.: Denken mit Ludwig Marcuse. 1983)
Briefe von und an Ludwig Marcuse. 1975 ***
Essays / Porträts / Polemiken. 1979 ***
Meine Geschichte der Philosophie. Aus den Papieren eines bejahrten Philosophiestudenten. 1981 ***
Heinrich Heine. Melancholiker, Streiter in Marx, Epikureer. 1977
Ignatius von Loyola. Ein Soldat der Kirche. 1973
Mein zwanzigstes Jahrhundert. Auf dem Weg zu einer Autobiographie. 1975
Das denkwürdige Leben des Richard Wagner. Mit Register. 1973
Ludwig Börne. Aus der Frühzeit der deutschen Demokratie. 1977
Das Märchen von der Sicherheit oder Die unverschämte Vernunft. 1981 ***

Nachruf auf Ludwig Marcuse. 1975
Obszön. Geschichte einer Entrüstung. 1984
Der Philosoph und der Diktator. Plato und Dionys. Geschichte einer Demokratie und einer Diktatur. 1984 ***
Philosophie des Glücks. Von Hiob bis Freud. 1972
Philosophie des Un-Glücks. Pessimismus – ein Stadium der Reife. 1981
Richard Wagner. Ein denkwürdiges Leben. 1983
Sigmund Freud. Sein Bild vom Menschen. 1972
Strindberg. Das Leben der tragischen Seele. 1989 ***
Die Welt der Tragödie. 1992
Wie alt kann Aktuelles sein? Literarische Porträts und Kritiken. 1989
Ein Panorama europäischen Geistes. 3 Bände in Kassette. 1977 ***

Markaris, Petros
Hellas Channel. Ein Fall für Kostas Charitos. Roman. 2000
Nachtfalter. Ein Fall für Kostas Charitos. Roman. 2001

Matisse, Henri
Über Kunst. 1982
Der Zeichner. 1982
• Außerdem erschien:
Henri Matisse. Sein Leben und Schaffen. Von Raymond Escholier. 1958 ***

Matussek, Matthias
Fifth Avenue. Zehn Stories und ein Dramolett. 1995
Rupert oder die Kunst des Verlierens. 1996
Showdown. Geschichten aus Amerika. 1994

Maugham, W. Somerset
Zehn Romane und ihre Autoren. 1994
Die halbe Wahrheit. Keine Autobiographie. 1997
• Die Erzählungen:
Gesammelte Erzählungen in 10 Bänden in Kassette. 1976 ***
Gesammelte Erzählungen I. 1972 ***
Gesammelte Erzählungen II. 1972 ***
Gesammelte Erzählungen III. 1972 ***
Gesammelte Erzählungen IV. 1972 ***
Meistererzählungen. 1975 (vorm.: Die besten Geschichten von… 1985)
Ashenden oder Der britische Geheimagent. Erzählungen. 1976
Fata Morgana. Erzählungen. 1976
Honolulu. Erzählungen. 1976 (vorm.: Regen. 1985)
Die Leidenschaft des Missionars. Erzählung. 1995
Lord Mountdrago. Erzählungen. 1976
Die Macht der Umstände. Erzählungen. 1976 ***
Das ewig Menschliche Erzählungen. 1985 (vorm.: Fußspuren im Dschungel. 1976)
Das glückliche Paar. Erzählungen. 1976
Vor der Party. Erzählungen. 1976 ***
Entlegene Welten. Erzählungen. 1976
Winter-Kreuzfahrt. Erzählungen. 1976
• Die Romane:
Auf Messers Schneide. Roman. 1973
Damals und heute. Roman. 1975
Don Fernando oder Eine Reise in die spanische Kulturgeschichte. 1987
Der Menschen Hörigkeit. Roman. 1973
Liza von Lambeth. Ein Liebesroman. 1985
Der Magier. Ein parapsychologischer Roman. 1975
Mrs. Craddock. Roman. 1975
Oben in der Villa. Ein kriminalistischer Liebesroman. 1975
Rosie und die Künstler. Roman. 1973
Der bunte Schleier. Roman. 1986
Silbermond und Kupfermünze. Roman. 1973
Südsee-Romanze. Roman. 1982
Theater. Roman. 1975

Maupassant, Guy de
Das Freudenhaus. Drei Erzählungen. 1998
Das Glück und andere Erzählungen. 1993 (vorm.: Mein Freund Patience. 1983)
Das Haus Tellier und andere Erzählungen. 1983
Eine List und andere Erzählungen. 1993 (vorm.: Die kleine Roque. 1983)
Mamsell Fifi und andere Erzählungen. 1963
Meistererzählungen. 1990, 1977 (vorm.: Die besten Geschichten von… 1985)
Der Schmuck und andere Erzählungen. 1993 (vorm.: Hoch zu Roß. 1983)

Meienberg, Niklaus
Heimsuchungen. Ein ausschweifendes Lesebuch. 1986
Zunder. Überfälle, Übergriffe, Überbleibsel. 1993

Melville, Herman
Billy Budd. Novelle. 1981
Meistererzählungen. 1993
Moby-Dick. Roman. 1977

Millar, Margaret
Banshee die Todesfee. Roman. 1987
Blinde Augen sehen mehr. Roman. 1990
Da waren's nur noch neun. Roman. 1996
Ein Fremder liegt in meinem Grab. Roman. 1969
Es liegt in der Familie. Roman. 1997
Fast wie ein Engel. Roman. 1984
Die Feindin. Roman. 1965
Fragt morgen nach mir. Roman. 1978
Gesetze sind wie Spinnennetze. Roman. 1989
Kannibalen-Herz. Roman. 1988
Letzter Auftritt von Rose. Roman. 1994
Liebe Mutter, es geht mir gut… Roman. 1967
Der Mord von Miranda. Roman. 1981
Nymphen gehören ins Meer! Roman. 1984
Die Süßholzraspler. Roman. 1972
Das eiserne Tor. Roman. 1983
Stiller Trost. Roman. 1994
Umgarnt. Roman. 1995
Von hier an wird's gefährlich. Roman. 1974
Die lauschenden Wände. Roman. 1986
Wie du mir. Roman. 1992

Mörike, Eduard
Mozart auf der Reise nach Prag. Novelle. 1983
Was hilft das Schimpfen. Die schönsten Gedichte. 1984

Molière
Die gelehrten Frauen. Komödie in fünf Akten. 1965 ***
Der Geizige. Komödie in fünf Akten. 1965 ***
Der Herr aus der Provinz. Eine Komödie mit Gesang und Tanz. 1964 ***
Die Schule der Frauen. Komödie in fünf Akten. 1964 ***
Tartuffe oder Der Betrüger. Komödie in fünf Akten. 1967 ***
Komödien und Materialien in 8 Bänden in Kassette. 1977 ***
Der Wirrkopf / Die lächerlichen Schwärmerinnen / Sganarell oder Der vermeintlich Betrogene. Komödien I. 1975
Die Schule der Frauen / Kritik der ›Schule der Frauen‹ / Die Schule der Ehemänner. Komödien II. 1975 ***
Tartuffe oder Der Betrüger / Der Betrogene oder George Dandin / Vorspiel in Versailles. Komödien III. 1975 ***
Don Juan oder Der steinerne Gast / Die Lästigen / Der Arzt wider Willen. Komödien IV. 1975
Der Menschenfeind / Die erzwungene Heirat / Die gelehrten Frauen. Komödien V. 1975 ***
Der Menschenfeind. Komödie in fünf Akten. 1965 ***
Der Geizige / Der Bürger als Edelmann / Der Herr aus der Provinz. Komödien VI. 1975
Der eingebildete Kranke/ Die Gaunereien des Scappino. Komödien VII. 1975 ***
• Außerdem erschien:
Über Molière. 1973 ***

Montaigne, Michel de
Essais nebst des Verfassers Leben nach der Ausgabe von Pierre Coste, ins Deutsche übersetzt von Johann Daniel Tietz. 3 Bände in Schuber. 1992
Essais. Eine Auswahl. 1993
Um recht zu leben. Aus den Essais. 1996
Zum Zeitvertreib und um die Phantasie zu tummeln. Aus den Essais. 1985
• Außerdem erschienen:
Über Montaigne. 1992
Michel de Montaigne. Eine Biographie von Wilhelm Weigand. 1985

Moore, Brian
Die Antwort der Hölle. Roman. 1991
Dillon. Roman. 1991
Der Eiscremekönig. Roman. 1996
Es gibt kein anderes Leben. Roman. 1994
Die Farbe des Blutes. Roman. 1989
Die Frau des Arztes. Roman. 1992
Die Frau des Zauberers. Roman. 1998
Ginger Coffey sucht sein Glück. Roman. 1994
Hetzjagd. Roman. 1997
Kalter Himmel. Roman. 1992
Ich bin Mary Dunne. Roman. 1991
Katholiken. Roman. 1978
Die einsame Passion der Judith Hearne. Roman. 1988
Die Große Viktorianische Sammlung. Roman. 1978
Schwarzrock – Black Robe. Roman. 1987
Saturnischer Tanz. Roman. 1995
Strandgeburtstag. Roman. 1996
Mangans Vermächtnis. Eine irische Familiengeschichte. Roman. 1999
Die Versuchung der Eileen Hughes. Roman. 1995

Morgenstern, Christian
Alle Galgenlieder. 1981
Galgenlieder. Eine Auswahl. 1995

Morus, Thomas
Utopia. Roman. 1981
Morweiser, Fanny
Indianer-Leo und andere Geschichten aus dem Wilden Westdeutschland. 1977 ***
Die Kürbisdame. Eine Kleinstadt-Trilogie. Erzählungen. 1980 ***
Lalu lalula, arme kleine Ophelia. Eine unheimliche Liebesgeschichte. 1971
Das Medium. Roman. 1991 ***
O Rosa. Ein melancholischer Roman. 1983 ***
Ein Sommer in Davids Haus. Roman. 1978 ***
La vie en rose. Ein romantischer Roman. 1973 ***
Der Taxitänzer. Erzählungen. 1996
Schwarze Tulpe. Roman. 1999
Voodoo-Emmi. Erzählungen. 1987
Ein Winter ohne Schnee. Roman. 1985 ***
Mozart, Wolfgang Amadeus
Briefe. 1982
• Außerdem erschien:
Mozart. Eine Biographie von Dorothea Leonhart. 1994
Mrożek, Sławomir
Amor und andere Stücke. 1998
Auf hoher See / Striptease. Zwei Einakter. 1994 ***
Der Botschafter und andere Stücke. 1993
Der Doppelgänger und andere Geschichten. 2000
Das dramatische Werk in sieben Bänden in Kassette. 2000
Emigranten. Schauspiel in einem Akt. 1994
Emigranten und andere Stücke. 1997
Mein unbekannter Freund und andere Geschichten. 1999
Die Geheimnisse des Jenseits und andere Geschichten. 1993
Die Giraffe und andere Erzählungen. 1992
Liebe auf der Krim. Tragische Komödie. 1994
Lolo und andere Geschichten. 2000
Der Perverse und andere Geschichten. 1995
Striptease und andere Stücke. 1992
Tango und andere Stücke. 1993
Tango. Schauspiel in drei Akten. 1994
Watzlaff und andere Stücke. 1994
Müller, Wilhelm
Die Winterreise und Die schöne Müllerin. 1991
Mulot, Sibylle
Das ganze Glück. Eine Liebesgeschichte. Mit einem Hafis-Orakel. Roman. 2001
Das Horoskop. 1997
Die unschuldigen Jahre. Roman. 1999
Liebeserklärungen. Roman. 1994
Nachbarn. Roman. 1995
Murschetz, Luis
Draculas Ende. 28 Zeichnungen. 1969 ***
Der dicke Karpfen Kilobald. 1978 ***
Tschau! Tschüß! Servus! Cartoons. 1974 ***
Die Ungeheuer von Loch Ness. 29 Zeichnungen. 1973 ***
Wir sitzen alle im gleichen Boot. 1981 ***
• Bilderbücher für Kinder:
Der Hamster Radel. 1975
Der Maulwurf Grabowski. 1972
Die Theaterhasen. 1988 ***
• Von Luis Murschetz illustriert:
Sylt für Anfänger. Von Rudolf Walter Leonhardt. 1969 ***
Bayreuth für Anfänger. Von Herbert Rosendorfer. 1969 ***
Nabb, Magdalen
Alta moda. Roman. 1999
Ein neuer Anfang. Roman. 2000
Geburtstag in Florenz. Roman. 1998
Terror. Roman. Zusammen mit Paolo Vagheggi. 1988
Tod einer Queen. Roman. 1994
Tod einer Verrückten. Roman. 1997
Tod eines Engländers. Roman. 1991
Tod eines Holländers. Roman. 1992
Tod im Frühling. Roman. 1988
Tod im Herbst. Roman. 1990
Tod in Florenz. Roman. 1992
Das Ungeheuer von Florenz. Roman. 1997
Tod im Palazzo. Roman. 1995
• Bilderbücher für Kinder von Magdalen Nabb und Karen Donnelly:
Finchen im Frühling. 2002
Finchen im Herbst. 2001
Finchen im Sommer. 2001
Finchen im Winter. 2000
Nietzsche, Friedrich
Brevier. 1987
Gedichte. 1994
Die schönsten Gedichte. 2000
Vom Nutzen und Nachteil der Historie für das Leben. 1984
Nigg, Walter
Buch der Büßer. Neun Lebensbilder. 1993

Das Buch der Ketzer. Von Simon Magus bis Leo Tolstoi. 1986
Das mystische Dreigestirn. Meister Eckhart, Johannes Tauler, Heinrich Seuse. 1990 ***
Friedrich Nietzsche. 1994
Vom Geheimnis der Mönche. Von Bernhard von Clairvaux bis Teresa von Avila. 1990 ***
Große Heilige. Von Franz von Assisi bis Therese von Lisieux. 1986
Große Unheilige. Von König Saul bis Charles Baudelaire und Friedrich Nietzsche. 1996
Heilige und Dichter. Von Augustinus bis Reinhold Schneider. 1991 ***
Der christliche Narr. 1993 ***
Des Pilgers Wiederkehr. Drei Variationen über ein Thema. 1992 ***
Heimliche Weisheit. Mystisches Leben in der evangelischen Christenheit. 1992 ***

Noll, Ingrid
Kalt ist der Abendhauch. *Roman. 1996*
Die Apothekerin. Roman. 1994
Der Hahn ist tot. Roman. 1991
Die Häupter meiner Lieben. Roman. 1993
Röslein rot. Roman. 1998
Der Schweinepascha. Ein Gedicht mit 15 Bildern der Autorin. 1996
Die Sekretärin. Drei Rachegeschichten. 2000
Stich für Stich. Fünf schlimme Geschichten. 1997
Selige Witwen. Roman. 2001

Nothomb, Amélie
Liebessabotage. Roman. 1995
Metaphysik der Röhren. Roman. 2002
Der Professor. Roman. 1996
Quecksilber. Roman. 2001
Die Reinheit des Mörders. Roman. 1994
Mit Staunen und Zittern. Roman. 2000

O'Brien, Edna
Das Liebesobjekt. Erzählungen. 1972 ***
Das Mädchen mit den grünen Augen. Roman. 1972
Plötzlich im schönsten Frieden. Roman. 1974
X, Y & Zee oder Deine Freundin ist bezaubernd. 1972 ***

O'Casey, Sean
Eine Auswahl aus den Stücken, der Autobiographie und den Aufsätzen. 1970 ***
Dubliner Trilogie: Der Schatten eines Rebellen / Juno und der Pfau / Der Pflug und die Sterne. 1972 ***
Purpurstaub. Eine abwegige Komödie. 1971 ***
Rebell zum Schein. Ausgewählte Stücke. 1967 ***
• Die Autobiographie:
Die ganze Autobiographie in 6 Bänden in Kassette. 1969 ***
Ich klopfe an. Autobiographie I. 1965
Bilder in der Vorhalle. Autobiographie II. 1966 ***
Trommeln unter den Fenstern. Autobiographie III. 1967 ***
Irland, leb wohl! Autobiographie IV. 1968 ***
Rose und Krone. Autobiographie V. 1968 ***
Dämmerung und Abendstern. Autobiographie VI. 1969 ***
• Außerdem erschien:
Das Sean O'Casey Lesebuch. 1984 ***

O'Connor, Frank
Einziges Kind. Autobiographie I. 1964 ***
Meines Vaters Sohn. Autobiographie II. 1970 ***
Geschichten von Frank O'Connor. 1967 ***
Hochzeit. Eine Liebesgeschichte. 1971 ***
Meistererzählungen. 1992 (vorm.: Ausgewählte Erzählungen. 1971) ***
Die Reise nach Dublin. Roman. 1961
Die lange Straße nach Ummera. Elf Meistererzählungen aus Irland. 1959 ***
Gesammelte Erzählungen in 6 Bänden in Kassette. 1977 ***
Brautnacht. Erzählungen. 1977
Don Juans Versuchung. Erzählungen. 1977
Eine unmögliche Ehe. Erzählungen. 1977 ***
Eine selbständige Frau. Erzählungen. 1977 ***
Mein Ödipus-Komplex. Erzählungen. 1977 ***
Und freitags Fisch. Sieben Geschichten von irischen Liebes- und Ehepaaren. 1958

O'Faolain, Sean
Dividenden. Neun Liebesgeschichten. 1969 ***
Lügner und Liebhaber. Erzählungen. 1980 ***
Ein Nest voll kleiner Leute. Roman. 1966 ***
Sünder und Sänger. Erzählungen. 1960
Trinker und Träumer. Erzählungen. 1980 ***
Der Einzelgänger. Roman. 1963 ***

O'Flaherty, Liam
Der Denunziant. Roman. 1984 ***
Meistererzählungen. 1993 (vorm.: Armut und Reichtum. 1976. Silbervogel. 1961) ***
Ich ging nach Rußland. Ein politischer Reisebericht. 1971 ***
Tiergeschichten. 1979 ***
Zornige grüne Insel. Eine irische Saga. 1982 (vorm.: Hungersnot. 1965)

Orwell, George
Charles Dickens. Ein Essay. 1986 ***
Farm der Tiere. Ein Märchen. Mit Illustrationen von F. K. Waechter. 1982
Gerechtigkeit und Freiheit. Gedanken über Selbstverwirklichung nebst dem Essay ›Kreativität und Lebensqualität‹. 1991 *** (vorm.: Denken mit Orwell. 1982)
Meistererzählungen. 1991 (vorm.: Die besten Geschichten von… 1984)
Werkausgabe in 11 Bänden in Kassette. 1983 ***
Auftauchen, um Luft zu holen. Roman. 1981
Erledigt in Paris und London. Bericht. 1978
Farm der Tiere. Ein Märchen. 1973
Im Innern des Wals. Erzählungen und Essays. 1975 ***
Mein Katalonien. Bericht über den Spanischen Bürgerkrieg. 1975
1984. Roman. 1983 (nur in Kassette erhältlich) ***
Eine Pfarrerstochter. Roman. 1983 ***
Rache ist sauer. Essays. 1975
Tage in Burma. Roman. 1982 ***
Der Weg nach Wigan Pier. 1982 ***
Die Wonnen der Aspidistra. Roman. 1983 ***
• Außerdem erschienen:
Das George Orwell Lesebuch. 1981 ***
George Orwell. Eine Biographie von Michael Shelden. 1993
Über George Orwell. 1984 ***
Der Hellseher. George Orwells Werk und Wirken. Von George Woodcock. 1985 ***

Ovid
Metamorphosen. 1998

Padrutt, Hanspeter
Die Autopest. 1978 ***
Und sie bewegt sich doch nicht. Parmenides im epochalen Winter. 1992
Der epochale Winter. Zeitgemäße Betrachtungen. 1984

Palmen, Connie
Die Erbschaft. Roman. 2001
Die Freundschaft. Roman. 1996
Die Gesetze. Roman. 1993
I.M. Ischa Meijer – In Margine, In Memoriam. 1999

Pericoli, Tullio
Portraits. 1992

Picasso, Pablo
Der Maler und sein Modell. 1972 ***
Der Zeichner. Dreihundert Zeichnungen und Graphiken 1893–1972. 3 Bände in Kassette. 1982 ***
Der Zeichner. Dreihundert Zeichnungen und Graphiken 1893–1972. 1989 ***
Über Kunst. Aus Gesprächen zwischen Picasso und seinen Freunden. 1988 (vorm: Denken mit Picasso. 1982)
• Außerdem erschienen:
Leben mit Picasso. Von Françoise Gilot & Lake Carlton. 1981
Picasso und seine Freunde. Erinnerungen aus den Jahren 1905–1913. Von Fernande Olivier. 1957

Pirandello, Luigi
Meistererzählungen. 1987
Die Paduaner Mütze. 1959 ***
Novellen für ein Jahr I. 1964 ***
Novellen für ein Jahr II. 1965 ***

Pisani, Liaty
Der Spion und der Analytiker. Roman. 1997 *(vorm.:* Tod eines Forschers. Roman. 1994)
Der Spion und der Bankier. Roman. 1999
Der Spion und der Dichter. Roman. 1997
Der Spion und der Schauspieler. Schweigen ist Silber. Roman. 2002

Plutarch
Von der Heiterkeit der Seele. Moralia. 2000

Poe, Edgar Allan
Der entwendete Brief. Eine Auguste-Dupin-Geschichte. 1983 ***
Die denkwürdigen Erlebnisse des Arthur Gordon Pym. Roman. 1985
Meistererzählungen. 1989 (vorm.: Die besten Geschichten von… 1985)
Die schwarze Katze und andere Verbrechergeschichten. 1984
Die Maske des roten Todes und andere phantastische Fahrten. 1984
Der Teufel im Glockenstuhl und andere Scherz- und Spottgeschichten. 1984
Der Untergang des Hauses Usher und andere Geschichten von Schönheit, Liebe und Wiederkunft. 1965

Post, Laurens van der
Das dunkle Auge Afrikas 1996
C. G. Jung, der Mensch und seine Geschichte. 2000
Durchs große Durstland müßt ihr ziehn. Roman. 1996
Flamingofeder. Roman. 1995
Das Gesicht neben dem Feuer. Roman. 1997
Das Herz des kleinen Jägers. Roman. 1995
Der Jäger und der Wal. Roman. 1998
Das Schwert und die Puppe / Trennender Schatten / Die Saat und der Säer. Roman. 1995
Vorstoß ins Innere. Roman. 1995
Die verlorene Welt der Kalahari. Reisebericht. 1995 ***
Wenn Stern auf Stern aus der Milchstraße fällt. Roman. 1995

Puschkin, Alexander
Meistererzählungen. 1987
• Außerdem erschien: *Puschkin.* Historischer Roman. Von Juri Tynjanow. 1990 ***

Renoir, Jean
La grande illusion. Vollständiges Drehbuch. 1981 ***
Mein Leben und meine Filme. 1992
Mein Vater Auguste Renoir. 1981
La règle du jeu. Vollständiges Drehbuch. 1981 ***

Richartz, Walter E.
Meine vielversprechenden Aussichten. 1966 ***
Der Aussteiger. Angestelltenprosa. 1979 ***
Büroroman. 1976
Das Leben als Umweg. Geschichten. 1976
Noface – Nimm was du brauchst. Roman. 1973 ***
Prüfungen eines braven Sohnes. Erzählung. 1966 ***
Reiters Westliche Wissenschaft. Roman. 1980 ***
Shakespeare's Geschichten. Band 1. 1980
Tod den Ärtzten. Roman. 1969
Vorwärts ins Paradies. Aufsätze zu Literatur und Wissenschaft. 1979 ***

Rilke, Rainer Maria
Briefe an einen jungen Dichter. 1997
Briefe an eine junge Frau. 1997
Die schönsten Gedichte. 1997

Ringelnatz, Joachim
Das Gesamtwerk in 7 Bänden in Kassette. 1994
Briefe. (Aus Henssel-Beständen) 1995 ***
Geheimes Kinder-Spiel-Buch. 1995
Kinder-Verwirr-Buch. 1995
Kuttel Daddeldu. Gedichte. 1995
Meistererzählungen. 1998
Es zwitschert eine Lerche im Kamin. Gedichte. 1995 ***
Gedichte und Prosa in kleiner Auswahl. 1995
Sämtliche Gedichte. 1997
Die schönsten Gedichte. 1996
Die wilde Miss vom Ohio und andere ungewöhnliche Geschichten. 1995
Turngedichte. 1995
und auf einmal steht es neben dir. Gesammelte Gedichte. 1994
• Außerdem erschien: *Das Ringelnatz Lesebuch.* 1984

Rodin, Auguste
Die Kunst. 1979

Rosendorfer, Herbert
Bayreuth für Anfänger. 1976 *** (vorm. unter dem Pseudonym Vibber Tøgesen. 1969)
Die Glasglocke. Erzählung. 1966 ***
Über das Küssen der Erde. Frühe Schriften zu Politik und Kunst. 1971 ***
Der stillgelegte Mensch. Erzählungen. 1970
Der Ruinenbaumeister. Roman. 1969 ***
Skaumo. Roman. 1976 ***
Großes Solo für Anton. Roman. 1976
Deutsche Suite. Roman. 1972 ***

Saki
Meistererzählungen. 1993 (vorm.: Die offene Tür. 1964)

Schlink, Bernhard
Liebesfluchten. Geschichten. 2000
Die gordische Schleife. Roman. 1988
Selbs Betrug. Roman. 1992
Der Vorleser. Roman. 1995
Selbs Mord. Roman. 2001
Selbs Justiz. Roman. Zusammen mit Walter Popp. 1987

Schnack, Elisabeth
Spiegelungen. 1989 ***
• Elisabeth Schnack hat folgende Autoren für Diogenes übersetzt:
David Dodge, Lord Dunsany, William Faulkner, Brian Friel, D. H. Lawrence, Katherine Mansfield, Carson McCullers, John Montague, Brian Moore, George Moore, Edna O'Brien, Frank O'Connor, Sean O'Faolain, Liam O'Flaherty, Olive Schreiner, Muriel Spark,

Tomi Ungerer, Evelyn Waugh, Eudora Welty
Schopenhauer, Arthur
Aphorismen zur Lebensweisheit. 1987
Zürcher Ausgabe: Werke in 10 Bänden in Kassette. 1993
Zürcher Ausgabe: Werke und Materialien in 11 Bänden in Kassette. 1977 ***
Die beiden Grundprobleme der Ethik: Über die Freiheit des menschlichen Willens / Über die Grundlage der Moral. Kleinere Schriften II. 1977 ***
Parerga und Paralipomena I in zwei Teilbänden. 1977 ***
Parerga und Paralipomena II in zwei Teilbänden. 1977 ***
Die Welt als Wille und Vorstellung I in zwei Teilbänden. 1977 ***
Die Welt als Wille und Vorstellung II in zwei Teilbänden. 1977 ***
Über die vierfache Wurzel des Satzes vom zureichenden Grunde / Über den Willen in der Natur. Kleinere Schriften I. 1977
• Außerdem erschien: *Über Arthur Schopenhauer.* 1977 ***
Schreiner, Olive
Geschichte einer afrikanischen Farm. Roman. 1964
Searle, Ronald
Weil noch das Lämpchen glüht. 1952
Sempé
Kleine Abweichung. 1978 ***
Air Mail. 1991
Alles wird komplizierter. 1974 ***
Der gesellschaftliche Aufstieg des Monsieur Lambert. 1979 ***
Schöne Aussichten. 2001
Bonjour Bonsoir. 1976 ***
Carlino Caramel. 1971 ***
Emil, ich hab Schiß! Cartoons. 1964 ***
Fenster. 1988
Das Geheimnis des Fahrradhändlers. 1996
Unergründliche Geheimnisse. 1995
Gute Fahrt! und andere Bildergeschichten. 1974 ***
Halb gewonnen. 1986 ***
Von den Höhen und Tiefen. 1972
Konsumgesellschaft Cartoons. 1973 ***
Der Lebenskünstler und andere Bildergeschichten. 1975 ***
Mamma mia! 1965 ***
Monsieur Lambert oder Wie einem das Leben so mitspielt. 1973
Der Morgenmensch. 1984
Nichts ist einfach. 1968 ***
Verwandte Seelen. 1993
Sempé's Beziehungskisten 1988 ***
Sempé's Katzen. 1989 ***
Sempé's Konsumenten Cartoons. 1986 ***
Sempé's Musiker. 1980 ***
Sempé's Paris. 1988 ***
Sempé's Radfahrer. Cartoons. 1985
Sempé's St-Tropez. 1970 ***
Sempé's Volltreffer. Geschichten, die das Leben schreibt. Cartoons. 1975 *** (vorm.: Volltreffer. 1959)
Sie & Er. 1978 ***
Sie sind entlassen! Cartoons. 1967 ***
So ein Zufall. 1982 ***
Stille, Sinnenlust und Pracht. 1988
Umso schlimmer. Cartoons. 1978 ***
Unsere schöne Welt. 1975 ***
Wie das Leben so spielt. Der gesellschaftliche Aufstieg des Monsieur Lambert. 1988
Wie sag ich's meinen Kindern? Ein Buch über den Umgang mit Kindern. 1960 ***
Traumtänzer. 1999
Wie verführe ich die Frauen? 1974 ***
Wie verführe ich die Männer? Ein nützliches Handbuch. 1974 ***
Wohin die Liebe fällt. 1991
• Von Sempé illustriert:
Der kleine Nick. Von René Goscinny. 1974
Der kleine Nick und seine Bande. Von René Goscinny. 1974
Der kleine Nick und die Ferien. Von René Goscinny. 1976
Der kleine Nick und die Mädchen. Von René Goscinny. 1976
Der kleine Nick und die Schule. Von René Goscinny. 1975
Catherine, die kleine Tänzerin. Von Patrick Modiano. 1991 ***
Die Geschichte von Herrn Sommer. Von Patrick Süskind. 1991
Sendak, Maurice
Als Papa fort war. 1984 ***
Die Geschichte von den sieben kleinen Riesen. 1975 ***
Hektor Protektor und Als ich über den Ozean kam. 1971 ***
Higgelti Piggelti Pop! oder Es muß im Leben mehr als alles geben. 1969
Hühnersuppe mit Reis. 1977
In der Nachtküche. 1971

Zehn kleine Kerlchen. Eine kleine Bildergeschichte zum Erscheinen der ersten zehn kinderdetebes. 1977 ***
Die Mini-Bibliothek. 1970 ***
Portfolio 3. Mappe mit 19 Blättern. 1972 ***
Das Schild an Rosis Tür. 1976 ***
Wo die wilden Kerle wohnen. 1967
• Von Maurice Sendak illustriert:
Das grüne Buch. Von Robert Graves. 1983 ***
König Drosselbart. Von den Brüdern Grimm. 1974 ***
Märchen der Brüder Grimm. 1974
Nachtschwärmer. Von Randall Jarrell. 1980 ***
Die Tierfamilie. Von Randall Jarrell. 1984 ***
Was sagst du dann? Ein Anstandsbuch für alle Gelegenheiten. Von Sesyle Joslin. 1973 ***
Was tust du dann? Richtiges Benehmen für alle Gelegenheiten. Von Sesyle Joslin. 1973 ***
Sie liebt mich… Sie liebt mich nicht… Sie liebt mich… Ein Buch für Verliebte und solche, die es werden wollen. Von Robert Kershan. 1970 ***
Viele, viele Kinderspiele Von Ruth Krauss. 1968 ***
Ein Loch ist, was man gräbt. Von Ruth Krauss. 1982 *** (vorm.: Es ist fein, klein zu sein. 1968)
Die Lachprinzessin / Der goldene Schlüssel. Von George MacDonald. 1976 ***
Ein lieber böser Köter oder Willst Du wirklich einen Hund? Von Matthew Margolis. 1977 ***
Sarahs Zimmer. Von Doris Orgel. 1970 ***
In Großvaters Haus. Von Philip Sendak. 1987 ***
Der Greif und der jüngste der Domherren. Von Frank R. Stockton. 1978 ***
Hans und Heinz. Von Janice May Udry. 1969 ***
Die Mondhüpfer. Von Janice May Udry. 1984 ***
Fidel Feldmaus. Von Jan Wahl. 1975 ***
Herr Hase und das schöne Geschenk. Von Charlotte Zolotow. 1969

Seneca
Mächtiger als das Schicksal. Ein Brevier. 1999

Shakespeare, William
Shakespeare's Sonette. Englisch und deutsch. (Übersetzt von Karl Kraus) 1977 ***
Sonette. Englisch und deutsch. (Hrsg. und übersetzt von Hanno Helbling) 1994
Liebessonette. Englisch und deutsch. 1999
Dramatische Werke in 10 Bänden in Kassette. 1979 ***
Cymbeline / Das Wintermärchen / Der Sturm. 1979 ***
Ende gut, alles gut / Was ihr wollt / Troilus und Cressida / Maß für Maß. 1979 ***
Heinrich der Fünfte / Heinrich der Achte / Titus Andronicus. 1979
Heinrich der Sechste / Richard der Dritte. 1979 ***
Julius Cäsar / Antonius und Cleopatra / Coriolanus. 1979
König Lear / Macbeth / Timon von Athen. 1979
Verlorne Liebesmüh / Die Komödie der Irrungen / Die beiden Veroneser / Der Widerspenstigen Zähmung. 1979 ***
Richard der Zweite / König Johann / Heinrich der Vierte. 1979
Romeo und Julia / Hamlet / Othello. 1979
Ein Sommernachtstraum / Der Kaufmann von Venedig / Viel Lärm um nichts / Wie es euch gefällt / Die lustigen Weiber von Windsor. 1979
• Außerdem erschienen:
Shakespeare's Geschichten I. Nacherzählt von Walter E. Richartz. 1978
Shakespeare's Geschichten II. Nacherzählt von Urs Widmer. 1978

Shalev, Meir
Esaus Kuß. Eine Familiensaga. 1994
Im Haus der Großen Frau. Roman. 2000
Judiths Liebe. Roman. 1998
Ein Russischer Roman. 1991
Der Sündenfall – ein Glücksfall? Alte Geschichten aus der Bibel neu erzählt. 1999
• Kinderbücher:
Hannahs Grübchen. 1995
Luzie, die Laus. 1996
Papa nervt. 1994
Der Traktor im Sandkasten. 1999
Wie der Neandertaler den Kebab erfand. 1997

Sillitoe, Alan
Der brennende Baum. Roman. 1975 ***
Die Flamme des Lebens. Roman. 1982 ***

Guzman, Go Home. Erzählung. 1971 ***
Der Mann, der Geschichten erzählte. Roman. 1983 ***
Meistererzählungen. 1991 ***
Reise nach Nihilon Roman. 1992 *** (vorm.: Nihilon. 1973)
Samstagnacht und Sonntagmorgen. Roman. 1970
Der Sohn des Witwers. Roman. 1981 ***
Ein Start ins Leben. Ein Schelmenroman. 1971 ***
Der Tod des William Posters. Roman. 1969 ***
Gesammelte Erzählungen in 5 Bänden in Kassette. 1981 ***
Die Einsamkeit des Langstreckenläufers. Erzählung. 1967
Fußball. Erzählungen II. 1981 ***
Die Lumpensammlerstochter. Erzählungen III. 1973 ***
Männer, Frauen und Kinder. Erzählungen V. 1981 ***
Mimikry. Erzählungen IV. 1981 ***

Simenon, Georges

- Autobiographische Schriften, Briefe und Tagebücher:

Als ich alt war. Tagebücher 1960–1963. 1977
Brief an meine Mutter. 1978
Briefwechsel mit André Gide. 1977 ***
Intime Memoiren und Das Buch von Marie-Jo. 1982 ***
Ein Mensch wie jeder andere. Mein Tonband und ich. 1978 ***
Stammbaum. Pedigree. Autobiographischer Roman. 1982 ***

- Reportagen:

Die Pfeife Kleopatras. Reportagen aus aller Welt. 1984 ***
Zahltag in einer Bank. Reportagen aus Frankreich. 1984 ***

- Romane und Erzählungen:

Die beiden Alten in Cherbourg. Erzählungen. 1990 ***
Am Maultierpaß. Roman. 1991
Der Amateur. Roman. 1992 ***
Ankunft Allerheiligen. Roman. 1979
Antoine und Julie. Roman. 1983
Auf großer Fahrt. Roman. 1987
Der Ausbrecher. Roman. 1979
Der Bananentourist. Roman. 1988
Das Begräbnis des Monsieur Bouvet. Roman. 1989
Die Beichte. Roman. 1993
Bellas Tod. Roman. 1977
Der Bericht des Polizisten. Roman. 1987
Betty. Roman. 1983
Betty / Die Tür. Zwei Romane in einem Band. 1978 ***
Der große Bob. Roman. 1978 ***
Brief an meinen Richter. Roman. 1977
Der ältere Bruder. Roman. 1992 ***
Die Brüder Rico. Roman. 1983
Der Bürgermeister von Furnes. Roman. 1984 ***
»... die da dürstet«. Roman. 1989 ***
Der kleine Doktor. Drei Erzählungen. 1971
Doktor Bergelon. Roman. 1992 ***
Doppelleben. Roman. 1994
Die Eisentreppe. Roman. 1988
Emil und sein Schiff. Erzählungen. 1985
Die Erbschleicher. Roman. 1991
Der Erpresser. Roman. 1991
Gesammelte Erzählungen. Erste Folge. 1980 ***
Es gibt noch Haselnußsträucher. Roman. 1984 ***
Exotische Novellen. 1985
Die Fantome des Hutmachers. Roman. 1982
Das Fenster der Rouets. Roman. 1987 ***
Die grünen Fensterläden. Roman. 1977
Die Ferien des Monsieur Mahé. Roman. 1993
Die Flucht der Flamen. Roman. 1991 ***
Die Flucht des Monsieur Monde. Roman. 1991
Fremd im eigenen Haus Roman. 1991
45° im Schatten. Roman. 1987 ***
Das Gasthaus im Elsaß. Roman. 1986 ***
Das Gefängnis. Roman. 1990
Der Glaskäfig. Roman. 1991 ***
Die Glocken von Bicêtre. Roman. 1974
Der Grenzgänger. Roman. 1994
Die Großmutter. Roman. 1978
Das Haus am Kanal. Roman. 1986 ***
Das Haus am Quai Notre-Dame. Roman. 1990
Das Haus der sieben Mädchen. Roman. 1992 ***
Der kleine Heilige. Roman. 1979

Hochzeit in Poitiers. Roman. 1992
Im Falle eines Unfalls. Roman. 1977
Die Katze. Roman. 1985
Die Komplizen. Roman. 1980 ***
Sieben Kreuzchen in einem Notizbuch. Zwei Weihnachtsgeschichten. 1992
Die schwarze Kugel. Roman. 1982
Das zweite Leben. Roman. 1991
Die Leute gegenüber. Roman. 1985
Das große Los. Drei Geschichten. 1994
Malétras zieht Bilanz. Roman. 1990
Der Mann aus London. Roman. 1981 ***
Der Mann, der den Zügen nachsah. Roman. 1981 ***
Der Mann mit dem kleinen Hund. Roman. 1978
Der kleine Mann von Archangelsk. Roman. 1978
Der reiche Mann. Roman. 1989 ***
Manuela. Roman. 1993 ***
Die schielende Marie. Roman. 1990 ***
Die Marie vom Hafen. Roman. 1989 ***
Meistererzählungen. 1988
Der Mörder. Roman. 1977
Monsieur La Souris. Roman. 1988
Der Neger. Roman. 1983 ***
Der Neger / Das blaue Zimmer. Zwei Romane in einem Band. 1979 ***
Der Neue. Roman. 1990 ***
Neues vom kleinen Doktor. Drei Geschichten. 1994
Der Outlaw. Roman. 1979
Der Passagier der Polarlys. Roman. 1986 ***
Die Pitards. Roman. 1990
Der Präsident. Roman. 1979
Schwarzer Regen. Roman. 1993
Drei große Romane: Der Mörder / Drei Zimmer in Manhattan / Der große Bob. 1988 ***
Der Rückfall. Roman. 1991
Sackgasse. Roman. 1991 ***
Das Schicksal der Malous. Roman. 1991
Schlußlichter. Roman. 1982 ***
Der Schnee war schmutzig. Roman. 1977
Der Schwager. Roman. 1993
Die Schwarze von Panama. Roman. 1986 ***
Die schwanzlosen Schweinchen. Erzählungen. 1985 ***
Die bösen Schwestern von Concarneau. Roman. 1988 ***
Die Selbstmörder. Roman. 1990
Der Sohn Cardinaud. Roman. 1988
Sonntag. Roman. 1977
Der Stammgast. Roman. 1992
Striptease. Roman. 1986
Die verlorene Stute. Roman. 1992 ***
Die letzten Tage eines armen Mannes. Roman. 1991
Tante Jeanne. Roman. 1990
Der Teddybär. Roman. 1989 ***
Das Testament Donadieu. Roman. 1985
Die verschwundene Tochter. Roman. 1992
Der Tod des Auguste Mature. Roman. 1980 ***
Tropenkoller. Roman. 1979
Die Tür. Roman. 1983 ***
Die Überlebenden der Télémaque. Roman. 1981
Der Uhrmacher von Everton. Roman. 1991
Der Umzug. Roman. 1990
Die Unbekannten im eigenen Haus. Roman. 1978 ***
Das Unheil. Roman. 1992 ***
Der Untermieter. Roman. 1984 ***
Das ungesühnte Verbrechen. Roman. 1992
Die Verbrechen meiner Freunde. Autobiographischer Roman. 1994
Der Verdächtige. Roman. 1977
Die Verlobung des Monsieur Hire. Roman. 1978 ***
Der verlorene Sohn. Roman. 1993
Der fremde Vetter. Roman. 1989 ***
Vor Gericht. Roman. 1989 ***
Die Wahrheit über Bébé Donge. Roman. 1978
Weder ein noch aus. Roman. 1985
Weißer Mann mit Brille. Roman. 1988
Wellenschlag. Roman. 1979 ***
Die Witwe Couderc. Roman. 1982 ***
Der Witwer. Roman. 1992 ***
Der Wucherer. Roman. 1994
Die Zeit mit Anaïs. Roman. 1987 ***

Die Zeugen.
Roman. 1980 ***
Das blaue Zimmer.
Roman. 1983
Drei Zimmer in Manhattan. Roman. 1978
Der Zug. Roman. 1986
Der Zug aus Venedig.
Roman. 1988
Zum Roten Esel.
Roman. 1994
Zum Weißen Roß.
Roman. 1980

- Maigret-Romane und -Erzählungen:

Der goldene Gelbe 88.
Maigret amüsiert sich / Mein Freund Maigret / Maigret und die junge Tote. 1988 ***
Hier irrt Maigret.
Roman. 1979 ***
Madame Maigrets Freundin. Roman. 1979 ***
Madame Maigrets Liebhaber. Vier Fälle für Maigret. 1989
Maigret als möblierter Herr. Roman. 1979
Maigret am Treffen der Neufundlandfahrer.
Roman. 1980 ***
Maigret amüsiert sich.
Roman. 1978 ***
Maigret auf Reisen.
Roman. 1988 ***
Maigret bei den Flamen.
Roman. 1980
Maigret beim Coroner
Roman. 1981 ***
Maigret contra Picpus.
Roman. 1982
Maigret erlebt eine Niederlage. Roman. 1983 ***
Maigret gerät in Wut.
Roman. 1983 ***
Maigret gerät in Wut / Maigret verteidigt sich.
Zwei Maigret-Romane in einem Band. 1979 ***
Maigret-Geschichten.
Erste Folge. 1980 ***
Maigret hat Angst.
Roman. 1983 ***
Maigret hat Angst / Maigret erlebt eine Niederlage.
Zwei Maigret-Romane in einem Band. 1978 ***
Maigret hat Skrupel.
Roman. 1989 ***
Maigret im Haus des Richters.
Roman. 1984 ***
Maigret in Arizona.
Roman. 1991 ***
Maigret in Künstlerkreisen. Roman. 1990 ***
Maigret in Kur.
Roman. 1989 ***
Maigret in der Liberty Bar.
Roman. 1986 ***
Maigret in New York.
Roman. 1985 ***
Maigret in Nöten.
Roman. 1987
Maigret kämpft um den Kopf eines Mannes.
Roman. 1979 ***
Maigret läßt sich Zeit.
Roman. 1982 ***
Maigret, Lognon und die Gangster.
Roman. 1981
Maigret macht Ferien.
Roman. 1987 ***
Maigret regt sich auf.
Roman. 1981 ***
Maigret stellt eine Falle.
Roman. 1985 ***
Maigret, die Tänzerin und die Gräfin.
Roman. 1986
Maigret und die Affäre Saint-Fiacre.
Roman. 1986 ***
Maigret und die Bohnenstange. Roman. 1980 ***
Maigret und der Clochard.
Roman. 1989 ***
Maigret und die alte Dame. Roman. 1978
Maigret und der faule Dieb. Roman. 1988 ***
Maigret und das Dienstmädchen. Roman. 1984 ***
Maigret und der Fall Nahour.
Roman. 1985 ***
Maigret und der hartnäckigste Gast der Welt. Sechs Fälle für Maigret. 1987
Maigret und der Gehängte von Saint-Pholien. Roman. 1981
Maigret und das Gespenst. Roman. 1989
Maigret und der gelbe Hund. Roman. 1979 ***
Maigret und sein Jugendfreund. Roman. 1988
Maigret und der geheimnisvolle Kapitän.
Roman. 1984
Maigret und die Keller des ›Majestic‹.
Roman. 1982
Maigret und die schrecklichen Kinder.
Roman. 1987 ***
Maigret und die kleine Landkneipe.
Roman. 1986
Maigret und die kopflose Leiche. Roman. 1980 ***
Maigret und die alten Leute. Roman. 1984
Maigret und die braven Leute. Roman. 1988 ***
Maigret und der Mann auf der Bank.
Roman. 1978
Maigret und der Messerstecher.
Roman. 1990 ***
Maigret und der Minister.
Roman. 1978 ***
Maigret und Monsieur Charles.
Roman. 1990 ***
Maigret und der verstorbene Monsieur Gallet. Roman. 1981
Maigret und sein Neffe.
Roman. 1989 ***
Maigret und Pietr der Lette. Roman. 1978
Maigret und sein Revolver. Roman. 1988 ***

Maigret und sein Rivale. Roman. 1987 ***
Maigret und der Samstagsklient. Roman. 1985 ***
Maigret und das Schattenspiel. Roman. 1982
Maigret und der Spion. Roman. 1986 ***
Maigret und der Spitzel. Roman. 1990 ***
Maigret und Stan der Killer. Vier Fälle für Maigret. 1989 ***
Maigret und die junge Tote. Roman. 1978 ***
Maigret und sein Toter. Roman. 1981 ***
Maigret und der Treidler der ›Providence‹. Roman. 1983
Maigret und das Verbrechen in Holland. Roman. 1980
Maigret und der Verrückte von Bergerac. Roman. 1986 ***
Maigret und der Weinhändler. Roman. 1990 ***
Maigret und die verrückte Witwe. Roman. 1988
Maigret und die widerspenstigen Zeugen. Roman. 1980 ***
Maigret verliert eine Verehrerin. Roman. 1987
Maigret verteidigt sich. Roman. 1983 ***
Maigret vor dem Schwurgericht. Roman. 1979 ***
Maigret zögert. Roman. 1982 ***
Maigrets Geständnis. Roman. 1982
Maigrets Memoiren. Roman. 1978 ***
Maigrets Nacht an der Kreuzung. Roman. 1983 ***
Maigrets Pfeife. Eine Meisterdetektiv-Geschichte. 1983 ***
Maigrets erste Untersuchung. Roman. 1978
Der Mann auf der Straße und andere Maigret-Geschichten. 1995
Mein Freund Maigret. Roman. 1978 ***
Sechs neue Fälle für Maigret. Erzählungen. 1985 ***
Weihnachten mit Maigret. Erzählung. 1994
Weihnachten mit Maigret. Zwei Romane und eine Erzählung. 1986 ***
• Außerdem erschienen:
Carissimo Simenon – Mon Chèr Fellini. Der Briefwechsel zwischen Federico Fellini und Georges Simenon. 1997
Das Simenon Lesebuch. Erzählungen, Reportagen, Erinnerungen. 1982 ***
Über Simenon. 1978
Simenon auf der Couch. Fünf Ärzte verhören den Autor sieben Stunden lang. 1985 ***
Simenon. Eine Biographie von Stanley G. Eskin. 1989

Simmonds, Posy
Das Bibber-ABC. 1997
Fred. 1994
Lulu und die fliegenden Babys. 1990 ***
Polly, Jack und der Büffel. 1996
Schokoladenhochzeit. 1991
• Von Posy Simmonds illustriert:
Matilda, die so schrecklich log. Von Hilaire Belloc. 1993

Sinowjew, Alexander
Der Arm des Kremls. Komödie. 1986 ***
Gähnende Höhen. Roman. 1980
Homo sovieticus. Roman. 1984
Ich bin für mich selbst ein Staat. Betrachtungen eines russischen Kosmopoliten. 1987 ***
Kommunismus als Realität. Essay. 1981 ***
Ohne Illusionen. Interviews, Vorträge, Aufsätze. 1981
Der Staatsfreier oder Wie wird man Spion? Roman. 1986
Wir und der Westen. Interviews, Vorträge, Aufsätze. 1983 ***
Lichte Zukunft. Roman. 1979

Slesar, Henry
Aktion Löwenbrücke. Roman. 1970
Babyboom. Geschichten. 2002
Böse Geschichten für brave Leser. 1985
Ein Bündel Geschichten für lüsterne Leser. Sechzehn Kriminalgeschichten. 1967
Coole Geschichten für clevere Leser. 1981
Fiese Geschichten für fixe Leser. 1982
Frisch gewagt ist halb gemordet. Geschichten. 1988
Hinter der Tür. Roman. 1978
Das graue distinguierte Leichentuch. Roman. 1974 ***
Listige Geschichten für arglose Leser. 1992 ***
Die siebte Maske. Roman. 1987
Mein Vater, der Kater. Geschichten. 2001
Meistererzählungen. 1988 (vorm.: Die besten Geschichten von… 1984. Gesammelte Geschichten. 1972)
Mord in der Schnulzenklinik. Roman. 1990 ***

Das Morden ist des Mörders Lust. Sechzehn Kriminalgeschichten. 1988
Eine Mordschance. Geschichten. 1997
Das Phantom der Seifenoper. Geschichten. 1991
Rache ist süß. Geschichten. 1991
Rategeschichten für kluge Köpfe. 1998
Ruby Martinson. Vierzehn Geschichten um den größten erfolglosen Verbrecher der Welt, erzählt von einem Freunde. 1976 ***
Schlimme Geschichten für schlaue Leser. 1980
Teuflische Geschichten für tapfere Leser. 1992
Erlesene Verbrechen und makellose Morde. Geschichten. 1964
Vorhang auf, wir spielen Mord. Roman. 1975

Spark, Muriel
Die Äbtissin von Crewe. Roman. 1993
Die Ballade von Peckham Rye. Roman. 1961
Bitte nicht stören. Roman. 1990
Die Blütezeit der Miss Jean Brodie. Roman. 1983 ***
Curriculum Vitae. Selbstportrait der Künstlerin als junge Frau. 1994
Frau Dr. Wolfs Methode. Roman. 2001
Hoheitsrechte. Roman. 1988
Hundertundelf Jahre ohne Chauffeur. Geschichten. 2002
»Ich bin Mrs. Hawkins«. Roman. 1989 ***
In den Augen der Öffentlichkeit. Roman. 1992
Junggesellen. Roman. 1961
Die Lehrerin. Roman. 1962 ***
Mädchen mit begrenzten Möglichkeiten. Roman. 1986
Das Mandelbaumtor. Roman. 1986 ***
Meistererzählungen. 1996. (vorm.: Portobello Road. 1982. Der Seraph und der Sambesi. 1963)
Memento Mori. Roman. 1960
Päng päng, du bist tot und andere Erzählungen. 1987 ***
Das einzige Problem. Roman. 1985
Robinson. Roman. 1962
Symposion. Roman. 1992
»Töte mich!«. Roman. 1990
Träume und Wirklichkeit. Roman. 1998
Das Treibhaus am East River. Roman. 1991
Die Tröster. Roman. 1963
Übernahme. Roman. 1992
Vorsätzlich Herumlungern. Roman. 1982

Starr, Jason
Ein wirklich netter Typ. Roman. 2002
Top Job. Roman. 1998
Die letzte Wette. Roman. 2001

Steger, H. U.
Zwecks Heirat. Wie Sie und Er sich in der Zeitung finden. 1953 ***
Autolatein für Anfänger. 1961 *** (vorm.: Laßt hupen aus alter Zeit. 1955)
• Kinderbücher:
Reise nach Tripiti. 1967
Wenn Kubaki kommt. 1976
• Von H. U. Steger illustriert:
Dichteranekdoten. Von Christian Strich. 1978 *** (vorm.: Der Autorenabend. 1953)
In Kino veritas. Von Guido Baumann. 1956 ***

Steinberg, Saul
Die Entdeckung Amerikas. 1992

Stendhal
Meistererzählungen. 1992
Werke und Materialien in 11 Bänden in Kassette. 1981 ***
Die Äbtissin von Castro. Kurzgeschichten. 1981 ***
Amiele. Romanfragment. 1981
Armance. Einige Szenen aus einem Pariser Salon um das Jahr 1827. Roman. 1981 ***
Denkwürdigkeiten über Napoleon. Fragmente. 1981 ***
Eine Geldheirat. Kurzgeschichten. 1981 ***
Die Kartause von Parma. Roman. 1981 ***
Leben des Henri Brulard. Autobiographie. 1981 ***
Über die Liebe. Essay. 1981
Lucian Leuwen. Romanfragment. 1981 ***
Rot und Schwarz. Eine Chronik des 19. Jahrhunderts. 1981
• Außerdem erschien:
Über Stendhal. 1981 ***

Sterchi, Beat
Blösch. Roman. 1983

Sterne, Laurence
Tristram Shandy. Roman. 1982

Stevenson, Robert Louis
Dr. Jekyll und Mr. Hyde. Erzählung. 1996
Meistererzählungen. 1994
Werke in 12 Bänden in Kassette. 1979 ***
Der gefährliche Archipel. In der Südsee I. Roman. 1987 *** (vorm.: In der Südsee I. 1979)

Catriona.
Eine Fortsetzung zu ›Die Entführung‹.
Roman. 1979 ***
Dr. Jekyll und Mr. Hyde und andere Geschichten. 1990 *** (vorm.: Der Pavillon auf den Dünen / Dr. Jekyll und Mr. Hyde. 1979)
Die Entführung.
Roman. 1979 ***
Der Flaschenteufel und andere Geschichten. 1979
Die Herren von Hermiston.
Roman (Fragment). 1979
Der Junker von Ballantrae.
Roman. 1979 ***
Der Leichenräuber und andere Geschichten. 1979
Die tollen Männer und andere Geschichten. 1979 ***
Der Palast der vielen Frauen. In der Südsee II. Roman. 1987 *** (vorm.: In der Südsee II. 1979)
Die Schatzinsel.
Roman. 1979
Der Selbstmörderklub / Der Diamant des Rajahs.
Geschichten. 1979 ***

Stifter, Adalbert
Bergkristall. 1986 ***
Meistererzählungen. 1988

Straub, Maria Elisabeth & Martina Borger
Katzenzungen. Roman 2001

Strittmatter, Thomas
Raabe Baikal.
Roman. 1990
Viehjud Levi und andere Stücke. 1992
Viehjud Levi.
Volkstheaterstück. 2000

Süskind, Patrick
Der Kontrabaß. 1984
Das Parfum.
Die Geschichte eines Mörders. 1985
Die Taube. 1987
Drei Geschichten und eine Betrachtung. 1995
Die Geschichte von Herrn Sommer. Mit Bildern von Sempé. 1991

Suter, Martin
Business Class.
Geschichten aus der Welt des Managements. 2000
Die dunkle Seite des Mondes. Roman. 2000
Ein perfekter Freund.
Roman. 2002
Richtig leben mit Geri Weibel. Erzählungen. 2001
Richtig leben mit Geri Weibel. Neue Folge. Erzählungen. 2002
Small World. Roman. 1997

Swift, Jonathan
Gullivers Reisen. 1993

Szczypiorski, Andrzej
Europa ist unterwegs.
Essays und Reden. 1996
Feuerspiele. Roman. 2000
Die schöne Frau Seidenman. Roman. 1988
Eine Messe für die Stadt Arras. Roman. 1988
Nacht, Tag und Nacht.
Roman. 1991
Notizen zum Stand der Dinge. 1990
Den Schatten fangen.
Roman. 1993
Selbstportrait mit Frau.
Roman. 1994
Der Teufel im Graben.
Roman. 1993
Amerikanischer Whiskey.
Erzählungen. 1989

Tamaro, Susanna
Anima mundi. Roman. 1997
Cara Mathilda. Briefe an eine Freundin. 1999
Die Demut des Blicks.
Wie ich zum Schreiben kam. 1995
Geh, wohin dein Herz dich trägt. Roman. 1995
Eine Kindheit.
Erzählung. 1996
Kopf in den Wolken.
Roman. 1995
Leopoldo und der Bücherberg.
(Mit Bildern von Tony Ross). 1999
Love.
Fünf Erzählungen. 1992
Der kugelrunde Roberto. 1995
(Mit Bildern von Tony Ross. 1993 ***)
Tobias und der Engel.
(Mit Bildern von Ute Krause) 2000
Der Zauberkreis.
Ein Märchen für große und kleine Kinder. 1996

Teresa von Avila
Die innere Burg. 1979

Thompson, Jim
After Dark, My Sweet.
Roman. 1993 ***
Es war bloß Mord.
Roman. 1995
Getaway. Roman. 1992 ***
Kein ganzer Mann.
Roman. 1996
Kill-off. Roman. 1995 ***
Der King-Clan.
Roman. 1996
Eine klasse Frau.
Roman. 1994 ***
Der Mörder in mir.
Roman. 1992 ***
Muttersöhnchen.
Roman. 1995
Revanche. Roman. 1994
Ein Satansweib.
Roman. 1996
Zwölfhundertachtzig schwarze Seelen.
Roman. 1992
Gefährliche Stadt.
Roman. 1992 ***

Thoreau, Henry David
Über die Pflicht zum Ungehorsam gegen den Staat und andere Essays. 1967
Vom Spazieren. Ein Essay. 2001
Walden oder Leben in den Wäldern. 1971

Tietz, Johann Daniel
hat übersetzt:
Essais von M. Montaigne. Nebst des Verfassers Leben nach der Ausgabe von Pierre Coste. 3 Bände in Schuber. 1992

Tokarjewa, Viktorija
Die Diva. Zehn Geschichten über die Liebe. 1995
Happy-End. Erzählung. 1991 ***
Lampenfieber. Künstlergeschichten. 1999
Lebenskünstler und andere Erzählungen. 1992 ***
Mara. Erzählung. 1991 ***
Der Pianist. Erzählungen. 1997
Sentimentale Reise. Erzählungen. 1994
Sag ich's oder sag ich's nicht? Erzählungen. 1993 ***
Zickzack der Liebe. Erzählungen. 1990

Tolstoi, Leo
Anna Karenina. Roman. 1985
Auferstehung. Roman. 1993
Denken mit Tolstoi. 1985 ***
Krieg und Frieden. Roman. 1991 ***
Meistererzählungen 1989 (vorm.: Die besten Geschichten von... 1984)
Der Tod des Iwan Iljitsch. Eine Erzählung. 1983 ***
Gesammelte Erzählungen in 6 Bänden in Kassette. 1985 ***
Hadschi Murat und andere Erzählungen. 1985 ***
Herr und Knecht. Volkserzählungen. 1985
Kindheit / Knabenjahre / Jugendzeit. Erzählungen. 1985 ***
Die Kosaken und andere Erzählungen. 1985 ***
Die Kreutzersonate und andere Erzählungen. 1985 ***
Der Schneesturm und andere Erzählungen. 1985 ***
• Außerdem erschien:
Das Leben Tolstois. Von Romain Rolland. 1994 ***

Topor, Roland
Der schönste Busen der Welt. Zweiundfünfzig Geschichten und eine Utopie. 1987 ***
Leonardo hat's gewußt. Ein Drama. 1985 ***
Le grand macabre. Bühnenbild- und Kostüm-Entwürfe für die Oper von György Ligeti. 1980 ***
Memoiren eines alten Arschlochs. 1977
Der Mieter. Roman. 1976 ***
Phallunculi oder Vom We-sen des Dinges. 1975 ***
Tagträume. 1975 ***
Therapien. Zeichnungen 1970–1981. 1982 ***
Topor, Tod und Teufel. 1985 ***
Toxicologie. 1970 ***
Tragödien. Zeichnungen 1958–1968. 1972 ***
• Von Topor illustriert:
Grünmantel. Von John Buchan. 1971 ***
Mr. Standfast oder Im Westen was Neues. Von John Buchan. 1972 ***
Kleine Geschichten für Weiberfeinde. Von Patricia Highsmith. 1975

Traven, B.
Die Geschichte einer Bombe. Gesammelte Abenteuergeschichten I. 1981 ***
Indianertanz im Dschungel. Gesammelte Abenteuergeschichten II. 1981 ***
Meistererzählungen. 1990 (vorm.: Die besten Geschichten von... 1985. Abenteuergeschichten. 1976)
Nachtbesuch im Busch. Mexikanische Erzählungen. 1967 ***
Werkausgabe in 15 Bänden in Kassette. 1983 ***
Werkausgabe in 16 Bänden in Kassette. 1988 ***
Aslan Norval. Roman. 1982 ***
Die Baumwollpflücker. Roman. 1982 ***
Die Brücke im Dschungel. Roman. 1983 ***
Die Carreta. (Der Karren). Roman. 1982 ***
Ein General kommt aus dem Dschungel. Roman. 1982 ***
Land des Frühlings. Reisebericht. 1984 ***
Der Marsch ins Reich der Caoba. Roman. 1982
Die Rebellion der Gehenkten. Roman. 1982
Regierung. Roman. 1982 ***
Der Schatz der Sierra Madre. Roman. 1982 ***
Das Totenschiff. Roman. 1982
Trozas. Roman. 1982
Die Weiße Rose. Roman. 1982
Die Geschichte vom unbegrabenen Leichnam. Erzählungen I. 1982 ***
Ungeladene Gäste. Erzählungen II. 1982 ***
Der Banditendoktor. Erzählungen III. 1982 ***
• Außerdem erschien:
B. Traven. Biographie eines Rätsels. Von Karl S. Guthke. 1991 ***

Traxler, Hans
Aus dem Leben der Gummibärchen. 1992

Freud in der Krise.
18 Bildergeschichten.
1988 ***
Der Große Gorbi.
1990 ***
Leute von Gestern.
1981 ***
Ode an Hemingway.
22 Bildergeschichten.
1989 ***
Wie Adam zählen lernte.
Eine Kulturgeschichte in Bildern. 1993
Die Wiederkehr der Gummibärchen. 1994
• Kinderbücher:
Der mächtige Max.
Von Peter Knorr.
1984 ***
Paula die Leuchtgans. 1998
Wenn Kühe Propeller hätten. 1995

Turgenjew, Iwan
Meistererzählungen. 1983

Twain, Mark
Gesammelte Werke
in 5 Bänden in Kassette.
1985 ***
Adams Tagebuch / Die romantische Geschichte der Eskimomaid.
Eine klassische und eine moderne Liebesgeschichte. 1983
Die Arglosen im Ausland.
1990 ***
Bummel durch Europa.
1990
Durch Dick und Dünn.
1990 ***
Der gestohlene weiße Elefant und andere Erzählungen. 1987
Huckleberry Finns Abenteuer. Roman. 1985
Kannibalismus auf der Eisenbahn und andere Erzählungen. 1987
Leben auf dem Mississippi.
1990
Meistererzählungen. 1990
(vorm.: Die besten Geschichten von... 1984.
Adams Tagebuch. 1966.
Schöne Geschichten. 1959)
Menschenfresserei in der Eisenbahn. 1981 ***
Die Eine-Million-Pfund-Note und andere Erzählungen. 1987
Die Million-Pfund-Note.
Skizzen und Erzählungen 1. 1981 ***
Der Prinz und der Bettelknabe.
Eine Erzählung für junge Menschen jeden Alters.
1987 ***
Eine Rigibesteigung.
1971 ***
Tom Sawyers Abenteuer.
Roman. 1985
Ein Yankee aus Connecticut an König Artus' Hof.
Roman. 1990

Uhlman, Fred
Der wiedergefundene Freund. Erzählung. 1988
The Making of an Englishman. Erinnerungen eines deutschen Juden. 1998

Ungerer, Tomi
• Autobiographische Bilderbücher:
Die Gedanken sind frei.
Meine Kindheit im Elsaß. 1993
Heute hier, morgen fort. 1983
• Bilderbücher für Erwachsene:
Slow Agony. 1983
America. Zeichnungen 1956–1971. 1975 ***
Babylon. The Book To End All Books. 1979 ***
Derby. 1987
Eva und Adam.
1984 *** (vorm.: Adam und Eva. 1974)
Fornicon. 1970
Freut Euch des Lebens.
101 Studien für ein deutsches Volks- und Kinderliederbuch.
1975 ***
frisch, frosch, fröhlich, frei. 1985 ***
Der erfolgreiche Geschäftsmann.
1976 ***
Der Herzinfarkt.
Ein Stundenbuch für Geschäftsleute. 1962 ***
Ho Ho Hochzeit.
1971 *** (vorm.: Der schönste Tag. 1960)
Das Kamasutra der Frösche. 1982
The Party. 1969
politrics. 1979 ***
Portfolio 1. Mappe mit 12 Blättern. 1970 ***
Poster. 1994
The Poster Art of Tomi Ungerer. 1972 ***
Rigor Mortis. Totentänze der Neuzeit. 1983 ***
Schutzengel der Hölle.
1986
Der Sexmaniak.
77 böse Zeichnungen aus dem Geheimen Skizzenbuch. 1971
Spiegelmensch.
Ein neues deutsches Wintermärchen.
1973 ***
Symptomatics.
Dr. Ungerers Diagnosen symptomatischer Zeiterscheinungen.
1982 ***
Tomi Ungerer.
Eine Retrospektive. 1991
Tomi Ungerer's Frauen.
1984 ***
Tomi Ungerer's Kompromisse. 1970
Tomi Ungerer's Tierleben. 1990
Tomi Ungerer's Weltschmerz.
Eine Bilanz der traurigen Errungenschaften des Fortschritts. 1961 ***
Totempole. Erotische Zeichnungen. 1976 ***
The Underground Sketchbook. 1982 ***
(vorm.: Tomi Ungerer's Geheimes Skizzenbuch. 1968)

Warteraum.
Wiedersehen mit dem Zauberberg. 1985 ***
Femme Fatale.
Ein Skizzenbuch aus viktorianischer Zeit. (Unter dem Pseudonym Roberto Trulli.) 1984 ***
• Bilderbücher für alle:
Das große Buch vom Schabernack.
Mit Janosch. 1990 ***
Das große Katzenbuch.
Die schönsten Geschichten, Gedichte und Aphorismen aus der Weltliteratur. 1995
Das große Liederbuch. 1976
Schnipp Schnapp oder Was ist was? 1989 ***
• Bilderbücher für Kinder:
Alle Abenteuer der Familie Mellops. 5 Bände und ein Quartett-Spiel in einer Kassette. 1978 ***
Familie Mellops feiert Weihnachten. 1978 ***
Familie Mellops findet Öl. 1978 ***
Die Mellops als Höhlenforscher. 1978 ***
Die Mellops auf Schatzsuche. 1978 ***
Mr. Mellops baut ein Flugzeug. 1978 ***
Tomi Ungerers Mellops-Quartett. 1978 ***
Adelaide das fliegende Känguruh. 1980 ***
Allumette. 1974
Basil Ratzki.
Eine Fabel. 1967 ***
Der Bauer und der Esel. 1971 ***
Das Biest des Monsieur Racine. 1972
Crictor. 1963
Emil der hilfreiche Krake. 1980 ***
Flix. 1997
Der Hut. 1972
Kein Kuß für Mutter. 1974
Das kleine Kinderliederbuch. 1979
Das kleine Liederbuch. 1977
Der Mondmann. 1966
Orlando. Der brave Geier. 1980 ***
Otto. Autobiographie eines Teddybären. 1999
Papa Schnapp und seine noch-nie-dagewesenen Geschichten. 1973
Die drei Räuber. 1963
Rufus die farbige Fledermaus. 1980 ***
Sechs kleine Schweine. 1963 ***
Tomi Ungerers fünf fabelhafte Fabeltiere. 1980 ***
Tomi Ungerers Märchenbuch. 1975 ***
Tremolo. 1998
Vieles gibt's das jederzeit vier Jahre alte Kinder freut. 1969 ***
Die blaue Wolke. 2000
Zeraldas Riese.
Die Bekehrung eines Menschenfressers. 1970
• Von Tomi Ungerer illustriere Kinderbücher:
Heidis Lehr- und Wanderjahre. Von Johanna Spyri. 1978 ***
Heidi kann brauchen, was es gelernt hat. Von Johanna Spyri. 1978 ***
Der flache Franz.
Von Jeff Brown. 1980 ***
Der Zauberlehrling.
Von Barbara Hazen. 1971 ***
Kleopatra fährt Schlitten.
Von André Hodeir. 1982 ***
Warwick und die 3 Flaschen. Von André Hodeir. 1967 ***
Das große Buch der kleinen Tiere. Von Bernhard Lassahn. 1989 ***
• Außerdem erschien:
Heidi. 8 Offsetlithos. 1978 ***
Das Tomi Ungerer Bilder- und Lesebuch. 1981 ***
• Von Tomi Ungerer illustriert:
Meistererzählungen. Von Ambrose Bierce. 1993 (vorm.: Die Spottdrossel. 1963)
Kneipenlieder. Von Rainer Brambach und Frank Geerk. 1974 ***
New York für Anfänger. Von Herbert Feuerstein. 1969 ***
Die allerliebsten Kätzchen. Von Anne Schmucke. 1983 ***
Gerechtigkeit und Freiheit. Von George Orwell. 1991 (vorm.: Denken mit George Orwell. 1982)
Die Autopest.
Von Hanspeter Padrutt. 1978 ***
Amerika für Anfänger.
Von Paul Rothenhäusler. 1966 ***
Erlesene Verbrechen und makellose Morde. Von Henry Slesar. 1964
Ein Bündel Geschichten für lüsterne Leser. Von Henry Slesar. 1976
Aschenbrödels Küche.
Von Alice Vollenweider. 1971. ***
Der gestohlene Bazillus.
Von H. G. Wells. 1969 ***

Vercors
Das Schweigen des Meeres. Erzählung. 1985

Vermeulen, John
Die Elster auf dem Galgen. Ein Roman aus der Zeit des Pieter Bruegel. 1995

Verne, Jules
Das erstaunliche Abenteuer der Expedition Barsac. Roman. 1978 ***
Die Eissphinx. Roman. 1985
Die Erfindung des Verderbens. Roman. 1968

Fünf Wochen im Ballon. 1972
Die Gestrandeten. Roman in zwei Bänden. 1968 ***
Die Insel der Milliardäre. Roman. 1985 ***
Das Karpathenschloß. Roman. 1973 ***
Die Kinder des Kapitäns Grant. Roman in zwei Bänden. 1970 ***
Der Kurier des Zaren. Michael Strogoff. Roman in zwei Bänden. 1969 ***
Die Leiden eines Chinesen in China. Roman. 1967 ***
Meistererzählungen. 1991 (vorm.: Der ewige Adam. 1967)
Die fünfhundert Millionen der Begum. Roman. 1967 ***
Reise um die Erde in achtzig Tagen. Roman. 1966
Reise um den Mond. Roman. 1969
Reise zum Mittelpunkt der Erde. Roman. 1971
Robur der Eroberer. Roman. 1970 ***
Die großen Seefahrer und Entdecker. Eine Geschichte der Entdeckung der Erde im 18. und 19. Jahrhundert. 1974 ***
Von der Erde zum Mond. Direkte Fahrt in siebenundneunzig Stunden und zwanzig Minuten. Roman. 1966
Zwanzigtausend Meilen unter Meer. Roman in zwei Bänden. 1966 ***
Zwei Jahre Ferien. Roman. 1973

Villon, François
Lieder und Balladen. Das Kleine Testament / Die Balladen / Das Große Testament. 1987

Vine, Barbara
Astas Tagebuch. Roman. 1994
Die im Dunkeln sieht man doch. Roman. 1988
Der schwarze Falter. Roman. 1999
Es scheint die Sonne noch so schön. Roman. 1989
Das Haus der Stufen. Roman. 1990
Heuschrecken. Roman. 2001
Keine Nacht dir zu lang. Roman. 1995
König Salomons Teppich. Roman. 1993
Schwerfelhochzeit. Roman. 1997
Liebesbeweise. Roman. 1991

Vollard, Ambroise
Erinnerungen eines Kunsthändlers. 1957

Voltaire
Briefe aus England. 1994
Candide oder Der Optimismus. 1991
Gedanken regieren die Welt. Eine Auswahl. 1987

Waechter, Friedrich Karl
- Bilderbücher für Erwachsene:

Der Frosch und das Mädchen. 2000
Die Geschichte vom albernen Hans. 2000
Mein 1. Glas Bier. 1998
Männer auf verlorenem Posten. 1983 ***
Mich wundert, daß ich fröhlich bin. 1991 ***
Nur den Kopf nicht hängen lassen und andere Bildergeschichten. 1984 ***
Steinhauers Fuß. Ein Märchen. 2001
Glückliche Stunde. 1986
Der Traum der Bergfrösche. 1990 *** (vorm.: Es lebe die Freihei. 1981.)
Die Schöpfung. 2002
Wahrscheinlich guckt wieder kein Schwein. 1978
- Bilderbücher für Kinder:

Der Anti-Struwwelpeter oder listige Geschichten und knallige Bilder. 1982
Die Bauern im Brunnen. 1978 ***
Da bin ich. 1997
Der kleine im Glaspott. 1999
Der rote Wolf. 1998
Kiebich und Dutz. Das Buch zum Stück. 1979 ***
Die Mondtücher. Ein Märchen. 1988
Die Reise. 1980
- Von Friedrich Karl Waechter illustriert:

Die Farm der Tiere. Von George Orwell. 1982

Walser, Robert
Maler, Poet und Dame. Aufsätze über Kunst und Künstler. 1981
Der Spaziergang. Ausgewählte Geschichten. 1967

Wang Shuo
Oberchaoten. Roman. 1997
Herzklopfen heißt das Spiel. Roman. 1995

Waugh, Evelyn
Auf der schiefen Ebene. Roman. 1984
Charles Ryders Tage vor Brideshead. Erzählungen. 1985
Eine Handvoll Staub. Roman. 1986
Helena. Roman. 1988
Gilbert Pinfolds Höllenfahrt. Ein Genrebild. 1987
Der Knüller. Roman. 1984
Lust und Laster. Roman. 1984
Mit Glanz und Gloria. Roman. 1987

Tod in Hollywood. Eine anglo-amerikanische Tragödie. 1984
Schwarzes Unheil. Roman. 1986
Wer zuerst kommt, mahlt zuerst. Erzählungen. 1985

Wells, H. G.
Der gestohlene Bazillus. Neun Erzählungen. 1969 ***
Die Geschichte unserer Welt. 1975***
Der Krieg der Welten. Roman. 1974
Das Land der Blinden. Erzählungen. 1976 ***
Meistererzählungen. 1996
Der Unsichtbare. Roman. 1974 ***
Die Zeitmaschine. Eine Erfindung. 1974***

Wesley, Valerie Wilson
Ein Engel über deinem Grab. Ein Fall für Tamara Hayle. Roman. 1996
In Teufels Küche. Ein Fall für Tamara Hayle. Roman. 1998
Todesblues. Ein Fall für Tamara Hayle. Roman. 1999
Auf dem Weg nach oben. Ein Fall für Tamara Hayle. Roman. 2000
Es wird alles anders bleiben. Roman 2001.

West, Nathanael
Eine glatte Million oder die Demontage des Mister Lemuel Pitkin. Roman. 1972 ***
Schreiben Sie Miss Lonelyhearts. Roman. 1961
Tag der Heuschrecke. Ein Hollywood-Roman. 1964

Whitman, Walt
Grashalme. 1985

White, E.B.
Klein Stuart. Die Geschichte einer ungewöhnlichen Familie. 1978
Wilbur und Charlotte. 1976

Widmer, Urs
Alois. Erzählung. 1968 ***
Alois / Die Amsel im Regen im Garten. Zwei Erzählungen. 1988 ***
Die Amsel im Regen im Garten. Erzählung. 1971 ***
Auf auf, ihr Hirten! Die Kuh haut ab! Kolumnen. 1988 ***
Die Forschungsreise. Ein Abenteuerroman. 1974
Der Geliebte der Mutter. Roman. 2000
Indianersommer. Erzählung. 1985
Im Kongo. Roman. 1996
Der Kongreß der Paläolepidopterologen. Roman. 1989
Das enge Land. Roman. 1981
Liebesbrief für Mary. Erzählung. 1993
Liebesnacht. Erzählung. 1982
Die gelben Männer. Roman. 1976 ***
Die lange Nacht der Detektive. Ein Stück. 1973 ***
Nepal. Ein Stück in der Basler Umgangssprache. 1977 ***
Das Normale und die Sehnsucht. Essays und Geschichten. 1972
Das Paradies des Vergessens. Erzählung. 1990
Die sechste Puppe im Bauch der fünften Puppe im Bauch der vierten und andere Überlegungen zur Literatur. Grazer Vorlesungen 1991. 1995
Die gestohlene Schöpfung. Ein Märchen. 1984
Schweizer Geschichten. 1977
Shakespeare's Geschichten. Band II. 1980
Der blaue Siphon. Erzählung. 1992
Das Verschwinden der Chinesen im neuen Jahr. 1987 ***
Vom Fenster meines Hauses aus. Prosa. 1977
Vor uns die Sintflut. Geschichten. 1998
Züst oder die Aufschneider. Ein Traumspiel. Hochdeutsche und schweizerdeutsche Fassung. 1980 ***
• Außerdem erschien: *Das Urs Widmer Lesebuch.* 1980 ***

Wilde, Oscar
Die Lust des Augenblicks. Aphorismen. 1999
Das Bildnis des Dorian Gray. Roman. 1986
De profundis. Epistola: in carcere et vinculis sowie ›Die Ballade vom Zuchthaus zu Reading‹. 1987
Sämtliche Erzählungen sowie 35 philosophische Leitsätze zum Gebrauch für die Jugend. 1982 (vorm.: Die Sphinx ohne Geheimnis. 1970)
Extravagante Gedanken. Eine Auswahl. 1988
Das Gespenst von Canterville. Eine materialistisch idealistische Geschichte. 1957 ***
Der Sozialismus und die Seele des Menschen. Ein Essay. 1970

Winter, Leon de
Der Himmel von Hollywood. Roman. 1998
Hoffmans Hunger. Roman. 1994
Leo Kaplan. Roman. 2001
Sokolows Universum. Roman. 1999
Serenade. Roman. 1996
SuperTex. Roman. 1994
Zionoco. Roman. 1997

Woolrich, Cornell
Die wilde Braut. Roman. 1991
Der schwarze Engel. Roman. 1988
Das Fenster zum Hof und vier weitere Kriminalstories. 1989
Ich heiratete einen Toten. Roman. 1989
Im Dunkel der Nacht. Kriminalstories. 1989
Die Nacht hat tausend Augen. Roman. 1989
Der schwarze Pfad. Roman. 1988
Rendezvous in Schwarz. Roman. 1990
Der schwarze Vorhang. Roman. 1988
Walzer in die Dunkelheit. Roman. 1989

Yoshimoto, Banana
Amrita. Roman. 2000
Dornröschenschlaf. Drei Erzählungen von der Nacht. 2001
Kitchen. 1992
N·P. Roman. 1993
Tsugumi. Roman. 1996

Zimnik, Reiner
Die Ballade von Augustus und den Lokomotiven. 1967 ***
Das große Reiner Zimnik Geschichtenbuch. 1980 ***
Geschichten vom Lektro. 1979
Neue Geschichten vom Lektro. 1979 ***
Lektro und der Eiskönig. Ein freundliches Bilderbuch. 1965 ***
Lektro und die Feuerwehr. Ein freundliches Bilderbuch. 1964 ***
Die Maschine. Die Geschichte einer Maschine, die allen Geist der Zeit in sich vereinigt und an der alle Menschen enden. 1981 ***
Der kleine Millionär. Eine interplanetarische Weihnachtsgeschichte. 1969 ***
Professor Daniel J. Koopermans' Entdeckung und Erforschung des Schneemenschen. 1971 ***
Sebastian Gsangl. Meinungen eines gutmütig-grantligen Bayern mit Bürger-Mut. 1975
Winterzeichnungen. 1971 – 1975. 1975 ***

- Bilderbücher für Kinder:

Der Bär auf dem Motorrad. 1963 ***
Bills Ballonfahrt. 1972
Die Geschichte vom Käuzchen oder ein Vogel als Lebensretter. 1963 ***
Pasteten im Schnee. Von Beatrice Schenk de Regnierts. 1963 ***

- Von Reiner Zimnik illustriert:

Ein besonders schönes Bein… Von Adriaan Morriën. 1957 ***
Salzburg für Anfänger. Von Erik G. Wickenburg. 1963 ***
Kennen Sie die Milchstraße? Von Karl Wittlinger. 1961 ***

Diese Bibliographie vereint alle im Diogenes Verlag erschienenen Titel der im *Autoren Album* vorgestellten Autorinnen und Autoren.

Anhang

Autorenregister

Fotonachweis

Annie Assouline – *Djian* · Eric Bachman – *Ambler* · Jerry Bauer – *Aiken, Grünberg, Moore, Spark, Starr* · Jane Bedford – *Van der Post* · Miriam Berkley – *Arjouni, De Carlo, De Winter* · Hal Boucher – *Millar* · Kate Butler – *Lewin* · Henri Cartier-Bresson – *McCullers* · Roberto Cecchini – *Leon* · Nancy Crampton – *Hill* · M. L. de Decker – *Topor* · Daniel Dedave – *Nothomb* · Marco Delogu – *Tamaro* · Gerald Derlath – *Strittmatter* · Jillian Edelstein – *Fine* · Editions Fayard, Paris – *Ellenberger* · Ehapa Verlag, Stuttgart – *Goscinny* · Efrat Eshel – *Hedaya* · Fay Godwin's Photo Files – *McEwan* · Marianne Fleitmann – *Lange* · Michael Forcher, Haymon, Innsbruck – *Lanthaler* · Fondation Simenon, Liège – *Simenon* · Brigitte Friedrich – *Kettenbach, Widmer* · Jerry Galea – *Maloney* · Billi Glaser (Photosell) – *Durlacher* · Roland Gretler – *Meienberg* · Claus Gretter – *Komarek* · Hans-Gustav Harksen – *Markaris* · Gerhard Hinterleitner – *Hackl* · Charles Hopkinson/Camera Press/Keystone – *Vine* · Donald E. Johnson – *White* · Pit de Jonge – *Vermeulen* · Klaus Kallabis – *Murschetz* · Archiv Dr. Wolfgang Kasack – *Turgenjew* · Philipp Keel – *Süskind* · Oskar Küfner – *Dörrie* · Hanne Kulessa – *Waechter* · Candid Lang – *Sendak* · Elżbieta Lempp – *Lempp* · Limmat Verlag, Zürich – *Glauser* · Inge Morath (Magnum, Paris) – *Steinberg* · Betta Morelli – *De Crescenzo* · Daniel Mordzinski – *Díaz Eterovic* · Stefan Moses – *Marcuse* · Martin Müller – *Steger* · Nadar – *Flaubert* · Alexey Nagajew (as) – *Dankowtsewa* · Isolde Ohlbaum – *Andersch, Brodkey, Coelho, Irving, Loetscher, Mulot, Noll, Shalev, Suter, Szczypiorski, Tokarjewa* · Simone Oppliger – *Mrożek* · Peter Peitsch – *Lessing, Borger & Straub* · Punktum Bildarchiv – *Bräker, Keller* · Hartmut Radel – *Richartz* · Johnny Ricci – *Pisani* · Vernon Richards – *Orwell* · Eduard Rieben – *Dürrenmatt* · Lex van Rossum – *Palmen* · Edward Rozzo – *Pericoli* · Marc Sagnol Hadas – *Kurkow* · Eiichiro Sakata (Kadokawa Shoten Publishing) – *Yoshimoto* · Roger Schall – *Brunhoff* · Martin Schoeller (SABA NY) – *Wesley* · Karl Schöndorfer – *Deix* · Fritz Senn – *Mac Laverty, Sinowjew, Traxler* · Vladimir Spacek – *Keel* · Corinne Stahel – *Morweiser* · Andreas Sterzing – *Matussek* · Klaus-Peter Studré – *Schlink* · Horst Tappe – *Jägersberg, Rosendorfer, Sillitoe* · Topix – *Brown* · Ullstein Bilderdienst – *Austen* · Archiv für Kunst und Geschichte – *Meister Eckehart* (Mittelalterlicher Dominikaner im Unterricht; von Meister Eckehart ist kein authentisches Bildnis bekannt) · Thomas Victor – *Lurie* · Dirk Vogel – *Nabb* · Gerd Völker – *Hauptmann* · Gerald Wesolowski – *Sterchi* · Elfie Wollenberger – *Slesar* · Regula Zimmermann-Meier – *Schnack*

Alle übrigen Diogenes-Archiv.
Rechteinhaber, die nicht ermittelt werden konnten, sind gebeten, sich mit dem Verlag in Verbindung zu setzen.

Inhalt

Bitte beachten Sie
auch die folgenden Seiten

Monographien und Materialien im Diogenes Verlag

● Eric Ambler

Ambler by Ambler. Eric Ambler's Autobiographie. Aus dem Englischen von Matthias Fienbork
Wer hat Blagden Cole umgebracht? Lebens- und Kriminalgeschichten von Eric Ambler. Deutsch von Matthias Fienbork
Über Eric Ambler. Zeugnisse von Alfred Hitchcock bis Helmut Heißenbüttel. Herausgegeben von Gerd Haffmans unter Mitarbeit von Franz Cavigelli. Mit Chronik und Bibliographie

● Alfred Andersch

Alfred Andersch. Eine Biographie von Stephan Reinhardt. Mit zahlreichen Abbildungen, Anmerkungen und Zeittafel

● Honoré de Balzac

Balzac – Leben und Werk. Zeugnisse und Aufsätze von Victor Hugo bis Georges Simenon. Mit einem Repertorium der wichtigsten Romanfiguren. Chronik und Bibliographie. Herausgegeben von Claudia Schmölders. Erweiterte Neuausgabe 1993

● Ludwig Börne

Ludwig Börne. Aus der Frühzeit der deutschen Demokratie. Von Ludwig Marcuse

● Ulrich Bräker

Der arme Mann im Tockenburg. Lebensgeschichte und Natürliche Ebentheuer des armen Mannes im Tockenburg. Herausgegeben von Samuel Voellmy. Mit einem Vorwort von Hans Mayer

● Christy Brown

Mein linker Fuß. Aus dem Englischen von Leonharda Gescher. Mit einem Vorwort von Robert Collis

● Martin Buber

Martin Buber. Leben, Werk, Wirkung. Von Gerhard Wehr

● Frank Capra

Autobiographie. Aus dem Amerikanischen von Sylvia Höfer. Mit zahlreichen Abbildungen sowie einem Nachwort von Norbert Grob

● Anton Čechov

Anton Čechov. Sein Leben in Bildern. Mit 739 Abbildungen, einem Anhang mit Daten zu Leben und Werk und einem Personenregister
Čechov-Chronik. Leben und Werk von Anton Čechov. Von Peter Urban. Der Anhang bringt ein Nachwort, das Inhaltsverzeichnis der ersten russischen Gesamtausgabe und eine Bibliographie aller deutschen Übersetzungen
Über Čechov. Essays, Zeugnisse und Notizen. Mit einer Chronik zum Leben, Werk und zu den Erstaufführungen sowie einer Bibliographie. Herausgegeben von Peter Urban

● Charlie Chaplin

Chaplin. Sein Leben, seine Kunst. Von David Robinson. Aus dem Englischen von Brigitte Mentz und Matthias Müller

● Paulo Coelho

Bekenntnisse eines Suchenden. Juan Arias im Gespräch mit Paulo Coelho. Aus dem Spanischen von Maralde Meyer-Minnemann

● Eugène Delacroix

Mein Tagebuch. Aus dem Französischen von Erich Hancke, einem Essay von Charles Baudelaire sowie einem Personenregister

● Friedrich Dürrenmatt

Friedrich Dürrenmatt. Schriftsteller und Maler
Friedrich Dürrenmatt. Stationen seines Werkes. Von Elisabeth Brock-Sulzer. Mit Fotos, Zeichnungen, Faksimiles
Über Friedrich Dürrenmatt. Essays, Zeugnisse und Rezensionen von Gottfried Benn bis Saul Bellow. Mit Chronik und Bibliographie. Herausgegeben von Daniel Keel
Gespräche 1961 – 1990. 4 Bände in Kassette. Herausgegeben von Heinz Ludwig Arnold
Herkules und Atlas. Lobreden und andere Versuche über Friedrich Dürrenmatt. Herausgegeben von Daniel Keel
Querfahrt mit Friedrich Dürrenmatt. Aufsätze und Vorträge. Von Heinz Ludwig Arnold.

• William Faulkner
William Faulkner. Sein Leben. Sein Werk. Von Stephen B. Oates. Aus dem Amerikanischen von Matthias Müller. Mit vielen Fotos, Werkverzeichnis, Chronologie und Register

• Federico Fellini
Federico Fellini. Herausgegeben von Lietta Tornabuoni. Aus dem Italienischen von Linde Birk, Ulrich Hartmann und Renate Heimbucher
Fellini. Eine Biographie von Tullio Kezich. Mit vielen Fotos, Filmographie und Register. Aus dem Italienischen von Sylvia Höfer

• Franz von Assisi
Franz von Assisi. Denken mit dem Herzen. Von Walter Nigg

• Robert van Gulik
Robert van Gulik. Ein Leben mit Richter Di. Von Janwillem van de Wetering. Aus dem Amerikanischen von Klaus Schomburg. Mit vielen Bildern, Bibliographie und Lebensdaten

• Heinrich Heine
Heinrich Heine. Melancholiker, Streiter in Marx, Epikureer. Von Ludwig Marcuse

• Patricia Highsmith
Patricia Highsmith – Leben und Werk. Zeugnisse von Graham Greene bis Peter Handke. Mit Bibliographie, Filmographie und zahlreichen Fotos. Herausgegeben von Franz Cavigelli und Fritz Senn
Suspense oder Wie man einen Thriller schreibt. Aus dem Amerikanischen von Anne Uhde

• Ignatius von Loyola
Ignatius von Loyola. Ein Soldat der Kirche. Von Ludwig Marcuse. Mit Zeittafel

• John Irving
Die imaginäre Freundin. Vom Ringen und Schreiben. Aus dem Amerikanischen von Irene Rumler
My Movie Business. Mein Leben, meine Romane, meine Filme. Mit zahlreichen Fotos aus dem Film *Gottes Werk und Teufels Beitrag.* Deutsch von Irene Rumler

• Jesus
Das Leben Jesu. Von Ernest Renan. Vom Verfasser autorisierte Übertragung aus dem Französischen

• Samuel Johnson
Dr. Samuel Johnson. Leben und Meinungen. Von James Boswell. Mit dem Tagebuch einer Reise nach den Hebriden. Herausgegeben und aus dem Englischen von Fritz Güttinger. Mit zahlreichen Abbildungen

• Carl Gustav Jung
Carl Gustav Jung. Leben, Werk, Wirkung. Von Gerhard Wehr
C.G. Jung, der Mensch und seine Geschichte. Von Laurens van der Post. Aus dem Englischen von Gertie Siemsen

• Sören Kierkegaard
Sören Kierkegaard. Dichter, Büßer und Denker. Von Walter Nigg

• Akira Kurosawa
So etwas wie eine Autobiographie. Aus dem Amerikanischen von Michael Bischoff. Mit 18 Fotos

• D. H. Lawrence
Mr. Noon. Autobiographischer Roman. Aus dem Englischen von Nikolaus Stingl

• Loriot
Loriot. Mit einem Vorwort von Patrick Süskind und einem Nachwort von Loriot
Möpse & Menschen. Eine Art Biographie

• Ludwig Marcuse
Nachruf auf Ludwig Marcuse
Mein zwanzigstes Jahrhundert. Auf dem Weg zu einer Autobiographie. Mit Personenregister

• W. Somerset Maugham
Die halbe Wahrheit. Keine Autobiographie. Aus dem Englischen von Matthias Fienbork

• Michel de Montaigne
Michel de Montaigne. Eine Biographie von Wilhelm Weigand
Über Montaigne. Aufsätze und Zeugnisse von Blaise Pascal bis Elias Canetti. Herausgegeben von Daniel Keel. Deutsch von Irene Holicki und Linde Birk. Mit Chronik und Bibliographie

• Wolfgang Amadeus Mozart
Mozart. Eine Biographie von Dorothea Leonhart

● Friedrich Nietzsche

Friedrich Nietzsche. Von Walter Nigg. Mit einem Nachwort von Max Schoch

● George Orwell

George Orwell. Eine Biographie von Michael Shelden. Aus dem Englischen von Matthias Fienbork
Der Hellseher. George Orwells Werk und Wirken. Von George Woodcock. Aus dem Englischen von Matthias Fienbork

● Pablo Picasso

Picasso und seine Freunde. Erinnerungen aus den Jahren 1905–1913 von Fernande Olivier. Vorwort von Paul Léautaud. Aus dem Französischen von Gertrud Droz-Rüegg. Mit Reproduktionen von 30 Bildern, Plastiken, Dokumenten und 28 Fotos auf Tafeln und 16 Zeichnungen im Text
Leben mit Picasso. Von Françoise Gilot & Carlton Lake. Aus dem Amerikanischen von Anne-Ruth Strauß. Mit 23 Reproduktionen von Bildern, Zeichnungen und Fotos

● Auguste Renoir

Mein Vater Auguste Renoir. Von Jean Renoir. Aus dem Französischen von Sigrid Stahlmann. Mit 50 Reproduktionen von Bildern, Zeichnungen, Fotos und mit einem Namensregister

● Jean Renoir

Mein Leben und meine Filme. Aus dem Französischen von Frieda Grafe und Enno Patalas. Mit zahlreichen Fotos und einem Register der Filmtitel und der Personen

● Georges Simenon

Als ich alt war. Tagebücher 1960–1963. Aus dem Französischen von Linde Birk
Stammbaum. Pedigree. Autobiographischer Roman. Deutsch von Hans-Joachim Hartstein
Simenon. Eine Biographie von Stanley G. Eskin. Mit zahlreichen bisher unveröffentlichten Fotos, Lebenschronik, Bibliographie, ausführlicher Filmographie, Anmerkungen, Namen- und Werkregister. Aus dem Amerikanischen von Michael Mosblech
Simenon auf der Couch. Fünf Ärzte verhören den Autor sieben Stunden lang. Aus dem Französischen von Irène Kuhn. Mit einer Vita in 43 Bildern, einer Bibliographie und Filmographie

● Muriel Spark

Curriculum vitae. Selbstportrait der Künstlerin als junge Frau. Aus dem Englischen von Otto Bayer. Mit einem Bildteil

● Stendhal

Leben des Henri Brulard. Autobiographie. Aus dem Französischen von Adolf Schirmer. Mit Nachwort, Anmerkungen sowie Namen- und Sachverzeichnis von Wilhelm Weigand

● Teresa von Avila

Teresa von Avila. Eine leidenschaftliche Seele. Von Walter Nigg

● Leo Tolstoi

Das Leben Tolstois. Von Romain Rolland. Aus dem Französischen von O.R. Sylvester

● B. Traven

B. Traven. Biographie eines Rätsels. Von Karl S. Guthke. Mit vielen Abbildungen, Anmerkungen, Bibliographie und Namenregister. Vom Autor revidierte Taschenbuchausgabe

● Fred Uhlman

The Making of an Englishman. Erinnerungen eines deutschen Juden. Herausgegeben und aus dem Englischen übertragen von Manfred Schmid

● Tomi Ungerer

Heute hier, morgen fort. Deutsch von Hans-Joachim Hartstein und Christa Hotz
Die Gedanken sind frei. Meine Kindheit im Elsaß

• Jack London
Aus dem Amerikanischen von Erwin Magnus. Mit einem Vorwort von Herbert Eisenreich

• Carson McCullers
Ausgewählt von Anton Friedrich. Aus dem Amerikanischen von Elisabeth Schnack

• Katherine Mansfield
Ausgewählt, aus dem Englischen und mit einem Nachwort von Elisabeth Schnack

• W. Somerset Maugham
Ausgewählt von Gerd Haffmans. Aus dem Englischen von Kurt Wagenseil, Tina Haffmans und Mimi Zoff

• Guy de Maupassant
Ausgewählt, aus dem Französischen und mit einem Nachwort von Walter Widmer

• Meistererzählungen aus Amerika
Geschichten von Edgar Allan Poe bis John Irving. Herausgegeben von Gerd Haffmans. Mit einleitenden Essays von Edgar Allan Poe und Ring Lardner, Zeittafel, bio-bibliographischen Notizen und Literaturhinweisen. Erweiterte Neuausgabe 1995

• Meistererzählungen aus Irland
Geschichten von Frank O'Connor bis Bernard Mac Laverty. Herausgegeben von Gerd Haffmans. Mit einem Essay von Frank O'Connor, bio-bibliographischen Notizen und Literaturhinweisen. Erweiterte Neuausgabe 1995

• Herman Melville
Aus dem Amerikanischen von Günther Steinig. Nachwort von Hans-Rüdiger Schwab

• Frank O'Connor
Aus dem Englischen und mit einem Nachwort von Elisabeth Schnack

• Liam O'Flaherty
Aus dem Englischen und mit einem Nachwort von Elisabeth Schnack

• George Orwell
Ausgewählt von Christian Strich. Aus dem Englischen von Felix Gasbarra, Peter Naujack, Alexander Schmitz, Nikolaus Stingl u.a.

• Konstantin Paustowski
Aus dem Russischen von Rebecca Candreia und Hans Luchsinger

• Luigi Pirandello
Ausgewählt und mit einem Nachwort von Lisa Rüdiger. Aus dem Italienischen von Percy Eckstein, Hans Hinterhäuser und Lisa Rüdiger

• Edgar Allan Poe
Ausgewählt und mit einem Vorwort von Mary Hottinger. Aus dem Amerikanischen von Gisela Etzel

• Alexander Puschkin
Aus dem Russischen von André Villard. Mit einem Fragment ›Über Puschkin‹ von Maxim Gorki

• Joachim Ringelnatz
Ausgewählt von Winfried Stephan

• Joseph Roth
Ausgewählt von Daniel Keel. Mit einem Nachwort von Stefan Zweig

• Saki
Aus dem Englischen von Günter Eichel. Mit einem Nachwort von Thomas Bodmer und Zeichnungen von Edward Gorey

• Arthur Schnitzler
Herausgegeben und mit einem Nachwort von Hans Weigel

• Alan Sillitoe
Aus dem Englischen von Hedwig Jolenberg und Wulf Teichmann

• Georges Simenon
Aus dem Französischen von Wolfram Schäfer, Angelika Hildebrandt-Essig, Gisela Stadelmann, Linde Birk und Lislott Pfaff

• Henry Slesar
Aus dem Amerikanischen von Thomas Schlück und Günter Eichel

• Muriel Spark
Aus dem Englischen von Peter Naujack und Elisabeth Schnack

● Stendhal
Aus dem Französischen von Franz Hessel, M. von Musil und Arthur Schurig. Mit einem Nachwort von Maurice Bardèche

● Robert Louis Stevenson
Aus dem Englischen von Marguerite und Curt Thesing. Mit einem Nachwort von Lucien Deprijck

● Adalbert Stifter
Mit einem Nachwort von Julius Stöcker

● Leo Tolstoi
Ausgewählt von Christian Strich. Aus dem Russischen von Arthur Luther, Erich Müller und August Scholz

● B. Traven
Ausgewählt von William Matheson

● Iwan Turgenjew
Herausgegeben, aus dem Russischen übersetzt und mit einem Nachwort versehen von Johannes von Guenther

● Mark Twain
Mit einem Vorwort von N.O. Scarpi

● Jules Verne
Aus dem Französischen von Erich Fivian

● H. G. Wells
Ausgewählt von Antje Stählin. Aus dem Englischen von Gertrud J. Klett, Lena Neumann und Ursula Spinner